Business Engineering

Herausgegeben von U. Baumöl, H. Österle, R. Winter

Springer-Verlag Berlin Heidelberg GmbH

Business Engineering

V. Bach, H. Österle (Hrsg.)
Customer Relationship Management in der Praxis
2000. ISBN 3-540-67309-1

H. Österle, R. Winter (Hrsg.)
Business Engineering, 2. Auflage
2003. ISBN 3-540-00049-6

R. Jung, R. Winter (Hrsg.)
Data-Warehousing-Strategie
2000. ISBN 3-540-67308-3

E. Fleisch
Das Netzwerkunternehmen
2001. ISBN 3-540-41154-2

H. Österle, E. Fleisch, R. Alt
Business Networking in der Praxis
2002. ISBN 3-540-41370-7

S. Leist, R. Winter (Hrsg.)
Retail Banking im Informationszeitalter
2002. ISBN 3-540-42776-7

C. Reichmayr
Collaboration und WebServices
2003. ISBN 3-540-44291-X

O. Christ
Content-Management in der Praxis
2003. ISBN 3-540-00103-4

Eitel von Maur · Robert Winter
Herausgeber

Data Warehouse Management

Das St. Galler Konzept zur ganzheitlichen Gestaltung der Informationslogistik

Mit 103 Abbildungen
und 12 Tabellen

Springer

Dr. Eitel von Maur
Prof. Dr. Robert Winter
Universität St. Gallen
Institut für Wirtschaftsinformatik
Müller-Friedberg-Strasse 8
CH-9000 St. Gallen
http://www.iwi.unisg.ch
Eitel.vonMaur@unisg.ch
Robert.Winter@unisg.ch

ISBN 978-3-540-00585-8 ISBN 978-3-642-55477-3 (eBook)
DOI 10.1007/978-3-642-55477-3

Bibliografische Information Der Deutschen Bibliothek
Die Deutsche Bibliothek verzeichnet diese Publikation in der Deutschen Nationalbibliografie; detaillierte bibliografische Daten sind im Internet über <http://dnb.ddb.de> abrufbar.

Springer-Verlag Berlin Heidelberg New York
ein Unternehmen der BertelsmannSpringer Science+Business Media GmbH

http://www.springer.de

Ursprünglich erschienen bei Springer-Verlag Berlin Heidelberg New York 2003

SPIN 10915547 42/3130/DK – 5 4 3 2 1 0 – Gedruckt auf säurefreiem Papier

Vorwort

In nur ca. fünfzehn Jahren ist Data Warehousing von einem innovativen IT-Konzept zu einem festen Bestandteil der betrieblichen Informationsverarbeitung geworden. In den ersten Jahren standen naturgemäss neue Software- und sogar Hardwarelösungen sowie Pionierprojekte im Vordergrund. Danach folgte eine Phase der fachlichen Aufarbeitung, z.B. hinsichtlich Referenzarchitekturen, Wirtschaftlichkeitsanalyse, Organisation und Entwicklungsmethodik. Mittlerweile befindet sich Data Warehousing in einer Reifephase, die durch weitgehende Diffusion auch in kleinere Unternehmen und Projekte sowie durch Standardisierung, offene Schnittstellen, Best Practices und Bestreben nach Konsolidierung und Reengineering geprägt ist.

Welche Herausforderungen stellt das Data Warehousing in dieser Phase aus fachlicher Sicht? Ganzheitliches proaktives Datenqualitätsmanagement und integriertes Metadatenmanagement sind ebenso zu gestalten wie Datenschutz und Datensicherheit, die im Data-Warehouse-Umfeld neue Bedeutung erlangt haben. Darüber hinaus zeigt sich, dass die bisherige isolierte Betrachtung des Data Warehouse zu kurz greift. Stattdessen bestehen zahlreiche Überschneidungen mit Customer Relationship Management, Enterprise Application Integration und Knowledge Management, deren Synergiepotenziale es zu realisieren und in einen ganzheitlichen Ansatz zu integrieren gilt.

Das Kompetenzzentrum Data Warehousing 2 (CC DW2) des Insitituts für Wirtschaftsinformatik der Universität St. Gallen (IWI-HSG) hat sich zum Ziel gesetzt, diese Gestaltungsbedarfe methodisch zu unterstützen und Best Practices zu identifizieren. An diesem Kompetenzzentrum nahmen die folgenden acht Partnerunternehmen in den Jahren 2001 und 2002 aktiv teil:

- ARAG Lebensversicherungs-AG
- Credit Suisse
- Mummert Consulting
- Rentenanstalt/Swiss Life
- Swiss Re Group
- UBS AG
- Winterthur Versicherungen
- Wüstenrot & Württembergische AG

Die Ergebnisse wurden primär durch die jeweiligen Arbeitsgruppenmitglieder jedes Partnerunternehmens sowie sechs Wissenschaftliche Mitarbeiter am Institut für Wirtschaftsinformatik unter Leitung von Dr. Eitel von Maur erarbeitet. Als Leitungsgremium fungierten je ein Beiratsmitglied pro Partnerunternehmen sowie Professor Dr. Robert Winter als Lehrstuhlinhaber. Wichtige Voraussetzung hierbei ist nicht nur das Commitment von Wissenschaftlern und Praktikern, gemeinsam eine Methodik erarbeiten zu wollen, sondern auch insbesondere die Bereitschaft, die praktischen Erfahrungen der Partnerunternehmen (Erfolge, aber auch Fehlschläge) mit den jeweils anderen Mitgliedern der Arbeitsgruppe auszutauschen. Die hier dargestellten Ergebnisse entstanden in bilateralen Projekten, in gemeinsamen Workshops und bei der Vorbereitung von Publikationen. Viele wichtige Ideen stammen auch aus den regelmässig in St. Gallen stattfindenden Data-Warehouse-Foren, der Konferenz Data Warehousing 2002 (DW2002) und aus dem Austausch mit in- und ausländischen Experten, wie z. B. Dr. Barry Devlin, Prof. Dr. Alfred Büllesbach und Larry English. Eine weitere Quelle für inhaltliche Anregungen im CC DW2 bildete der Dialog mit anderen Forschergruppen in der Wirtschaftsinformatik, der seinen Niederschlag u. a. im Beitrag der Bamberger Gruppe in diesen Buch findet.

Im ersten Teil des Buches werden die erarbeiteten Konzepte und Methoden dargestellt. Zu Beginn kennzeichnen VON MAUR, SCHELP und WINTER die Rolle des Data Warehousing in der gesamten betrieblichen Informationsverarbeitung. Die Autoren zeichnen ein Gesamtbild einer integrierten Informationslogistik und verdeutlichen die konzeptionellen Gemeinsamkeiten von Data Warehousing und anderen Integrationsansätzen, wie Enterprise Application Integration und Business Networking. Sie liefern damit Hinweise auf zu realisierende Synergiepotenziale im Informationsmanagement und zeigen notwendige Entwicklungsperspektiven auf.

Im darauf folgenden Artikel stellen KLESSE und VON MAUR den unternehmerischen Entscheidungsprozess in den Vordergrund, um die Synergieeffekte aufzuzeigen, die eine Integration von Data Warehousing und Knowledge-Management-Systemen im Hinblick auf eine ganzheitliche Unterstützung dieses Prozesses realisieren kann. Wesentliches Augenmerk wird hierbei auf die Integration von Informationen gelegt, unabhängig davon, wie diese strukturiert sind.

Nicht nur für die Integration von Informationen, sondern auch zur Lösung vieler Problemstellungen, die das Data Warehousing in der Reifephase aufwirft, ist Metadatenmanagement ein grundlegendes Instrument. Ein gezieltes und umfassendes Management von Metadaten erfordert ein hohes Mass an Abstimmung unter den beteiligten Personen. Um diese Abstimmungsvorgänge effektiv und effizient zu gestalten, ist es erforderlich, explizite Prozesse für den Umgang mit Metadaten zu definieren. Der Beitrag von AUTH beschreibt den Entwurf eines konzeptionellen Prozessmodells für die Aufbereitung und Bereitstellung von Metadaten, das auf den Nutzenpotentialen des Metadatenmanagements für das Data Warehousing basiert. MELCHERT zeigt anschliessend mit dem Common Warehouse Metamodel der OMG einen Standard für Metadaten, der geeignet sein könnte, diese Nutzenpotenziale umzusetzen.

Die Artikel von RUPPRECHT und HAFNER beschäftigen sich mit Themenfeldern im Data Warehousing, die ohne Metadatenmanagement kaum wirksam umsetzbar sind: Der Zugriffskontrolle und der Datenschutzproblematik im Data Warehousing, zwei Themen, denen bisher kaum die angemessene und mittlerweile auch notwendige Beachtung geschenkt wurde.

Den Abschluss des ersten Teils bildet der Gastartikel von BÖHNLEIN, KNOBLOCH und ULBRICH-VOM ENDE, die ihrerseits eine Bestandsaufnahme der vielfältigen Synergieeffekte zwischen Data Warehouse, OLAP und Data Mining vornehmen und ein Gesamtbild dieser Analysekonzepte entwickeln. Dabei werden mögliche Integrationsformen und die dadurch erreichbaren Nutzenpotenziale untersucht.

Im zweiten Teil des Buches werden u. a. praktische Realisierungen bei den beteiligten Partnerunternehmen beschrieben, wobei jedes Unternehmen in Zusammenarbeit mit den Wissenschaftlichen Mitarbeitern ein Projekt genauer beleuchtet. Den thematischen Schwerpunkt bilden hier wiederum Beiträge, die sich mit dem Metadatenmanagement beschäftigen.

Danken möchten wir allen Beteiligten, die zu dem grossen Erfolg des Kompetenzzentrums beigetragen haben – vor allen anderen den Beiräten und Arbeitsgruppenmitgliedern unserer Partnerunternehmen sowie den Wissenschaftlichen Mitarbeitern Gunnar Auth, Clemens Herrmann, Mario Klesse, Florian Melchert, Josef Rupprecht und Christian Wilhelmi für ihren unermüdlichen Einsatz und die stets hervorragenden Ergebnisse.

Eitel von Maur, Robert Winter St. Gallen, im März 2003

Inhaltsverzeichnis

Teil I: Fachbeiträge

Teil II: Praxisbeiträge

Teil I: Fachbeiträge

Integrierte Informationslogistik – Stand und Entwicklungstendenzen

Eitel von Maur, Joachim Schelp, Robert Winter

Universität St. Gallen

Als Konsequenz reger Innovations- und Marketingaktivitäten von Softwareindustrie und Beratung ist die Diskussion integrierter Informationslogistik durch eine Vielzahl sehr unterschiedlicher Konzeptionen und Instrumente dominiert. Da die Besonderheiten jeder Konzeption und jedes Instruments herausgestellt werden, geht mitunter das Verständnis für die konzeptionelle Ähnlichkeit der verschiedenen Integrationsszenarien und der angewandten Lösungsansätze verloren. In diesem Beitrag wird versucht, das Data Warehousing, die Kopplung von Anwendungssystemen (Enterprise Application Integration) und die unternehmensübergreifende Integration (Business Networking) als konzeptionell verwandte Integrationsansätze darzustellen. Dazu werden zunächst die relevanten Beschreibungsebenen identifiziert und die begrifflichen Grundlagen erarbeitet. Danach werden in drei Abschnitten die jeweiligen Integrationsansätze konzeptualisiert, Entwicklungstendenzen zusammengefasst und der aktuelle Forschungsbedarf aus Sicht des Informationsmanagements wird beschrieben. Im abschliessenden Abschnitt wird ein Gesamtkonzept integrierter Informationslogistik skizziert, das die Gemeinsamkeiten der beschriebenen Integrationsansätze verdeutlicht und Hinweise auf Synergien im Informationsmanagement liefert.

1 Einleitung

Integration ist ein „Urthema“ der Wirtschaftsinformatik. Bereits in den 70er Jahren des 20. Jahrhunderts wurden mit dem Kölner Integrationsmodell (Grochla 1974) sowie den Arbeiten von SCHEER („Datenbank des Fertigungsbereichs“ (Scheer 1976), später Referenzmodell des Industriebetriebs (Scheer 1995)) und MERTENS (später Referenzmodell des Industriebetriebs (Mertens 1995)) Integrationsansätze mit dem Ziel einer detaillierten, möglichst vollständigen, unternehmensweiten Modellierung von Daten bzw. Funktionen als Grundlage der Entwicklung integrierter Anwendungssysteme erarbeitet. Ende der 80er Jahre des 20. Jahrhunderts erlebte diese Diskussion in Zusammenhang mit unternehmensweiten (Daten-)Modellen (z. B. Scheer, Hars 1992) und computerintegrierter Fertigung (z. B. Scheer 1990; Becker 1991) einen ersten Höhepunkt. Neben rein daten-, datenfluss-, funktions-, prozess-, methoden- oder programmorientierten Integrationsansätzen (Mertens, Holzner 1992; Ferstl, Sinz 1998, S. 213-225; Mertens 1995, S. 1 ff.) wurden Anfang der 90er Jahre des 20. Jahrhunderts Gesamtarchitekturen mit einer Vielzahl von Integrationssichten und -ebenen vorgeschlagen (z. B. ARIS (Scheer 1991), Zachman-Framework (Zachman 1987)). Zur gleichen Zeit standen auch erstmals (CASE-)Werkzeuge zur Verfügung, um derart komplexe Modelle erstellen und warten zu können.

Der Euphorie hochintegrierter Gesamtmodelle folgte jedoch bald die Ernüchterung, dass monolithische Integrationsmodelle in komplexen Organisationen nicht mit vertretbarem Aufwand erstellt und insbesondere gewartet werden können. Einerseits fehlten für einige Modelle die dazu notwendigen Verdichtungs- und Verfeinerungsoperationen (Boßhammer, Winter 1995). Andererseits schien die Tendenz zu dezentraler Informationsverarbeitung den Sinn unternehmensweiter Modelle grundsätzlich in Frage zu stellen.

Zu dem traditionellen Verständnis der Integration, das auf die Verknüpfung eng gekoppelter Komponenten zu einer – zumindest logischen – Einheit (Mertens 1995, S. 1) hinausläuft, wurde Ende der 80er Jahre des 20. Jahrhunderts eine Alternative entwickelt, die auf die Entkopplung lose gekoppelter Komponenten bei gleichzeitiger Sicherstellung konsistenter Datenversorgung zielt. Der Data-Warehouse-Ansatz (Devlin, Murphy 1988) zielt auf die Schaffung eines zentralen „Hub“ ab, der eine Vielzahl operativer Applikationen (als Datenquellen) mit einer Vielzahl analytisch-dispositiver Applikationen (als Datennutzer) mit Hilfe einer minimalen Zahl von Schnittstellen verbindet. Das Data Warehouse bildet im Hub-and-Spoke-Konzept ein logisch zentrales, dediziertes Integrationssystem, dass analytisch-dispositiven Applikationen konsistente, integrierte, historisierte Daten verfügbar macht.

Die Auseinandersetzung mit Integrationsfragen erfolgt im Informationsmanagement aktuell in mindestens drei unterschiedlichen Bereichen: (Winter 2003a)

- Die Aufarbeitung fachlicher Aspekte des Data Warehousing läuft zeitlich versetzt der Entwicklung von Werkzeugen und Technologien nach. Während erste Arbeiten grundsätzliche Aspekte wie z. B. Wirtschaftlichkeitsfragen, Organisationsgestaltung oder Datenqualitätsmanagement adressierten (ein Überblick findet sich in (Jung, Winter 2000b)), arbeiten aktuelle Beiträge (u. a. in diesem Band) Entwicklungen wie z. B. die Nutzung des Data Warehouse zu operativen Zwecken, Fragen der Datensicherheit bzw. des Datenschutzes oder Architekturaspekte auf.

- Während das Data-Warehouse-System als Integrationssystem zur effizienten Kopplung operativer Applikationen und analytisch-dispositiver Applikationen dient, werden Techniken zur Kopplung operativer Applikationen untereinander unter dem Begriff „Enterprise Application Integration“ (EAI) zusammengefasst (Linthicum 2000, S. 3-17). Auch in diesem Fall wird ein logisch zentraler „Hub“ geschaffen, durch dessen Nutzung sich bilaterale Schnittstellen zwischen operativen Applikationen erübrigen und nur Schnittstellen zwischen Applikationen und Integrationssystem zu entwickeln bzw. zu unterhalten sind.

Während die Integration durch das Data-Warehouse-System ausschliesslich datenorientiert erfolgt, werden EAI-Systeme je nach Leistungsanforderungen und Art der zu koppelnden Applikationen als Mischform datenorientierter und nachrichten- bzw. ereignisorientierter Komponenten implementiert.

- Sowohl Data Warehousing wie auch EAI haben eine explizit unternehmensinterne Ausrichtung. Als dritter Integrationsbereich wird deshalb die Schaffung von Infrastrukturen für die unternehmensübergreifende Integration von Geschäftsprozessen und Applikationen betrachtet, die sog. „Business Collaboration Infrastructure" (BCI) (Käsar et al. 2002). Da eine solche Infrastruktur keinem der beteiligten Unternehmen gehört, wird sie in Form von Standards und Web Services, also mit anderen Mitteln als das Data Warehouse-System oder die EAI-Infrastruktur realisiert.

In diesem Beitrag werden die aktuellen Entwicklungstendenzen und Forschungsbedarfe dieser drei Integrationsbereiche aus Sicht des Informationsmanagements untersucht. Dazu wird zunächst in Abschnitt 2 ein Modell integrierter Informationslogistik aus Prozess- und Applikationssicht vorgestellt (zur Definition von Prozess- und Applikationsebene siehe (Österle, Winter 2000)). In Abschnitt 3 werden der Stand der Forschung im Hinblick auf die Entkopplung operativer und analytisch-dispositiver Applikationen, die Integration operativer Applikationen und die unternehmensübergreifende Integration beschrieben. Für alle Bereiche wird zudem der absehbare weitere Forschungsbedarf kurz angerissen. Der Beitrag wird in Abschnitt 4 durch eine Zusammenfassung abgeschlossen.

2 Integrierte Informationslogistik aus Prozess- und Applikationssicht

Die im Business Engineering zu betrachtenden Gestaltungsebenen (Geschäfts-) „Strategie", (Geschäfts-)„Prozess" und (Informations- und Kommunikations-)„System" (Österle 1995) unterscheiden sich fundamental hinsichtlich der jeweils zu modellierenden Informationsobjekte und Beziehungen. Während auf Strategieebene Produkte, Märkte, Kanäle, Preismodelle, Kundensegmente etc. abzubilden sind, fokussiert die Modellierung auf Prozessebene auf Prozessschritte, Organisationseinheiten, Prozessleistungen, Führungsgrössen etc. Auf Systemebene ist es sinnvoll, zwischen einer Applikationsebene und einer Softwareebene i. e. S. zu unterscheiden. Während die Applikationsebene Informations- und Kommunikationssysteme aus betriebswirtschaftlicher Sicht, d. h. hinsichtlich Funktionalitäten, Datenflüssen, Verantwortlichkeiten etc. beschreibt, dient die Modellierung der Softwaresystemebene der effizienten Strukturierung von Modulen, Nachrichten, Datenelementen etc. (bzw. ihrer konzeptionellen Pendants) aus Sicht der Systementwicklung (Leist, Winter 2000, S. 159-160).

Die meisten der traditionellen Unternehmensmodelle der Wirtschaftsinformatik (z. B. Scheer 1995; Mertens 1995) haben ihren Schwerpunkt auf der Applikationsebene, d. h. beschreiben – teilweise auf Grundlage eines übergeordneten, verknüpfenden Prozessmodells – hauptsächlich Daten und Funktionen von Informations- und Kommunikationssystemen aus fachlicher Sicht. Als Konsequenz wird die Integrationsproblematik traditionell hauptsächlich aus Daten-, Funktions- oder Prozesssicht interpretiert.

Um der Komplexität der betrieblichen Realität und dem daraus resultierenden Zwang zu mehrstufiger Modellierung gerecht zu werden, sollten auf jeder Gestaltungsebene Modelle unterschiedlichen Detaillierungsgrades unterschieden werden. Da dieser Beitrag die Integrationsproblematik aus der (aggregierten) Sicht des Informationsmanagements untersucht, werden im Folgenden nur Architekturmodelle (sog. „Modelle der Gesamtheit“ (Winter 2003b)) betrachtet. Das Business Engineering kennt die Geschäftsarchitektur, die Prozessarchitektur und die Applikationsarchitektur. Da Informationsobjekte, der Gegenstand integrierter Informationslogistik, im allgemeinen auf der Strategieebene noch nicht betrachtet werden, erfolgt die folgende Analyse aus Prozess- und Applikationssicht.

2.1 Prozesssicht

Unternehmensmodelle, die den Prozessaspekt in den Vordergrund stellen, existieren aus Sicht der Managementlehre (z. B. Rüegg-Stürm 2002) und aus Sicht der Wirtschaftsinformatik (z. B. Scheer 1995). Auf aggregierter Ebene lassen sich dabei auf Grundlage von (Porter 1986) die folgenden Prozesstypen unterscheiden (Österle 1995; Rüegg-Stürm 2002):

- *Leistungsprozesse* (oder Geschäftsprozesse im engeren Sinne) erzeugen Leistungen für Prozesskunden. Der Kundenbegriff schliesst dabei interne Kunden (z. B. andere als die zu modellierende Geschäftseinheit) ein.
- *Unterstützungsprozesse* unterstützen die Leistungsprozesse durch Vorleistungen, d. h. durch Leistungen innerhalb des betrachteten Unternehmens bzw. der betrachteten Geschäftseinheit.
- *Führungsprozesse* koordinieren die Leistungserstellung, d. h. messen die Zielerfüllung von Leistungs- und Unterstützungsprozessen, intervenieren bei Zielabweichungen und entwickeln das gesamte Leistungssystem weiter.

Aus Prozesssicht werden EAI und BCI als Integrationsmechanismen betrachtet, wenn verschiedene Komponenten eines Leistungsprozesses miteinander verknüpft werden. Data Warehousing stellt dagegen keine Integration dar, sondern vielmehr eine Verknüpfung von Führungsprozessen und Leistungsprozessen zur Gewährleistung effizienter Informationsflüsse.

2.2 Applikationssicht

Unternehmensmodelle, die den Applikationsaspekt in den Vordergrund stellen, existieren aus Sicht der Wirtschaftsinformatik (z. B. Chamoni, Gluchowski 1999, S. 10-13; Winter 2000b, S. 29-36) und der Informatik bzw. Softwareentwicklung (z. B. Zachman 1987). Auf aggregierter Ebene lassen sich dabei die folgenden Applikationstypen unterscheiden:

- *Operative Applikationen* (auch: Administrationssysteme (Mertens 1995, S. 11), operative Systeme (Scheer 1995, S. 5), operative Informationssysteme (Chamoni, Gluchowski 1999, S. 11) unterstützen Leistungs- oder Unterstützungsprozesse unmittelbar (z. B. durch Automatisierung).
- *Analytisch-dispositive Applikationen* (auch: Dispositions-, Planungs- und Kontrollsysteme (Mertens 1995, S. 11-13), Berichts-, Kontroll-, Analyse-, Planungs- und Entscheidungssysteme (Scheer 1995, S. 5), analytische Informationssysteme (Chamoni, Gluchowski 1999, S. 11), entscheidungsunterstützende Applikationen (Winter 2000a, S. 31), Management Support Systeme (von Maur 2000, S. 33-36)) unterstützen Führungsprozesse.

Die heterogene Klasse der analytisch-dispositiven Applikationen wird nicht weiter unterteilt, da in der Realität die Trennung zwischen dispositiven Applikationen, Berichts- und Kontrollapplikationen, Planungsapplikationen und analytischen Applikationen zunehmend verschwindet (Scheer 1995, S. 4f.; Chamoni, Gluchowski 1999, S. 10 f.).

2.3 Integration vs. Entkopplung

Abbildung 1 stellt den Prozess- und Applikationsaspekt gegenüber. Operative Applikationen unterstützen Unterstützungsprozesse und Geschäftsprozesse, während analytisch-dispositive Applikationen hauptsächlich Managementprozesse unterstützen.

Bei der Analyse von Integrationsproblemen muss zwischen folgenden Gestaltungsaufgaben unterschieden werden (Winter 2003a):

- *Applikationsbildung* (sog. „Mikrointegration“ (Winter 2003a)): Diese kann z. B. auf Grundlage von Verantwortungsbereichen, Produkten, Kunden(prozessen), Daten oder Funktionalitäten erfolgen. Ziel ist, eng gekoppelte Bereiche in Form einer Applikation bzw. eines Applikationsclusters zusammenzufassen und schwach gekoppelte Bereiche in verschiedene Applikationen bzw. Applikationscluster zu trennen. Eine typische Methode zur applikationsbildenden Integration ist Business Systems Planning (IBM 1984).
- *Applikationsintegration* (sog. „Makrointegration“ (Winter 2003a)): Diese erfolgt, um die bei der Applikationsbildung „durchschnittenen“, schwachen Verknüpfungen effizient zu implementieren.

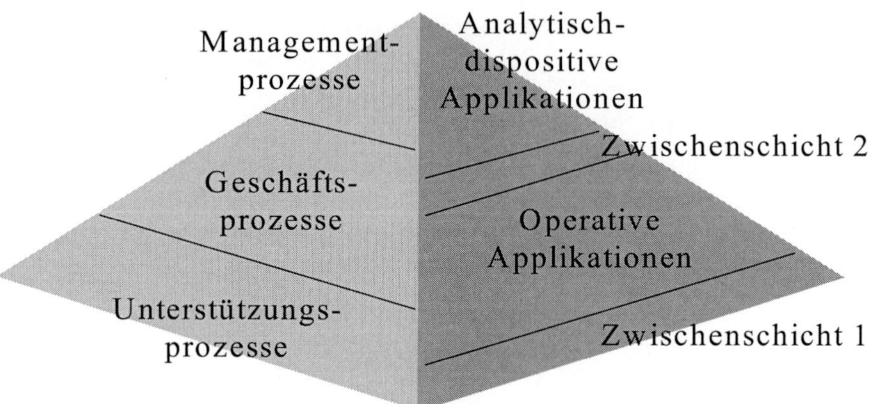

Abb. 1: Prozess- vs. Applikationssicht

Im Bereich der Unterstützung von Geschäfts- und Unterstützungsprozessen sollte unterschieden werden, ob die Applikationsbildung (Winter 2000a, S. 27-32)

- bestimmte Verantwortungsbereiche, Produktabwicklungen, Kundenprozesse etc. zusammenführt und damit „vertikale operative Applikationen“ erzeugt (z. B. Abwicklung von Hypothekarverträgen, Schadenbearbeitung in einem Versicherungsunternehmen),
- bestimmte Querschnittfunktionen auf identischen Daten zusammenführt und damit Querschnittapplikationen erzeugt, die durch andere operative Applikationen wiederverwendet werden können (z. B. Produktkonfigurierung, Kunden-/ Lieferantendatenverwaltung) oder
- die Funktionalitäten bestimmter Interaktions- bzw. Vertriebskanäle zusammenführt und damit „horizontale operative Applikationen“ erzeugt (z. B. Call Center Support, WWW-Portal für Kunden oder Mitarbeiter, WAP-Portal, SB-Automaten-Support)

3 State of the Art und weiterer Forschungsbedarf

3.1 Data Warehouse

Zunächst erfolgt eine Darstellung des aktuellen Forschungsstandes bezogen auf die Datenintegration für die analytisch-dispositiven Applikationen. In einem zweiten Unterabschnitt wird der absehbare, zusätzliche Forschungsbedarf skizziert.

3.1.1 State of the Art

Die vertikale Integration dient dem Zweck der für die analytisch-dispositiven Applikationen notwendigen Schaffung einer integrierten rekonziliierten Datenbasis. Dabei hat sich gezeigt, dass eine „Hub-and-Spoke-Architektur“ (siehe Abb. 2), der bis zu diesem Zeitpunkt üblichen „Spider-Web-Architektur“ (Inmon 1996, S. 7f.) in vielerlei Hinsicht überlegen ist (Devlin 1997; Inmon, Hackathorn 1994; Inmon 1996; Kelly 1996). Im Zentrum dieser Architektur steht das Data Warehouse, welches die für die analytisch-dispositiven Applikationen notwendigen Daten integriert.

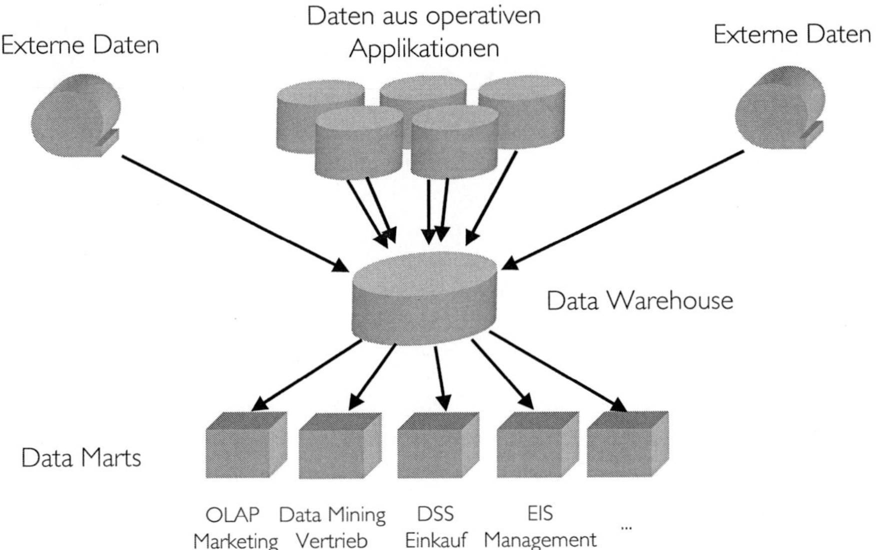

Abb. 2: Beispiel einer Hub-and-Spoke-Architektur

Neben der Reduzierung der Schnittstellenproblematik zwischen den Quellsystemen und den analytisch-dispositiven Applikationen (von ursprünglich n * m Schnittstellen zu n + m Schnittstellen) wurde damit in vielen Fällen überhaupt erst eine gemeinsame Sicht respektive integrierte Verarbeitung der Daten ermöglicht, welche die in der Spider-Web-Architektur unvermeidlichen Inkonsistenzen (Inmon 1996, S. 7-18) beseitigt, und die Voraussetzungen geschaffen, um auf organisatorischer Ebene effizientere Strukturen bzw. Konzepte realisieren zu können (von Maur 2000, S. 196 ff.).

Die Inhalte des Data Warehouse unterscheiden sich von denen der operativen Applikationen nicht nur in der Art des Zugriffs (bspw. Datensatzfokus bei operativen Applikationen versus Massenzugriff bei analytisch-dispositiven Applikationen), sondern auch vor allem inhaltlich und strukturell.

So beschränkt sich das Data Warehouse auf jene Daten der operativen Applikationen, die sinnvoll für die analytisch-dispositiven Applikationen verwendet werden können. Ausserdem werden auch zunehmend externe Datenbestände in das Data Warehouse integriert, was aufgrund ihrer Relevanz im Zusammenhang mit analytisch-dispositiven Fragestellungen einen bedeutenden Faktor darstellt (Uhr, Breuer 1998, S. 7). Mithin geht das Data-Warehouse-Konzept über eine vertikale Integration im Sinne der Anwendungssystempyramide (Mertens, Griese 2000, S. 1) hinaus.

Weiterhin werden die Data-Warehouse-Daten entsprechend den Bedürfnissen der analytisch-dispositiven Applikationen historisiert und versioniert sowie über längerfristige Zeiträume (von Maur, Rieger 2000, S. 131) gespeichert. Gerade die letztgenannten Punkte bedingen eine von den Datenbeständen der operativen Applikationen abweichende Strukturierung respektive Modellierung der Data-Warehouse-Daten und in dieser Folge auch erheblich differierende Daten respektive Data-Warehouse-Inhalte selbst.

State of the Art bei der Data-Warehouse-Forschung ist auch die Erkenntnis, dass ein Data Warehouse allein auf den Data Warehouse-Daten i. e. S. nicht sinnvoll betrieben werden kann und auf ein bedeutendes Informations-Potenzial (etwa bei der Datenverwendung durch die Endanwender) verzichtet wird. Die Einbeziehung der Metadaten in den Data-Warehousing-Prozess stellt deshalb einen weiteren erfolgskritischen Faktor dar (Rieger et al. 2000, S. 372 f.).

DEVLIN unterscheidet dabei drei Arten von Metadaten: Built-Time Metadata, Control Metadata und Usage Metadata (Devlin 1997, S. 54-57). Built-Time und Control Metadata sind dabei im Wesentlichen technischer Natur, während Usage Metadaten, oftmals auch als Geschäftsmetadaten bezeichnet (Do, Rahm 2000), mehr die Bedeutung bzw. die Verwendung der Daten beschreiben (Rieger et al. 2000). Zur Handhabung der technischen Metadaten gibt es bereits einige gebrauchsfähige Lösungen (Do, Rahm 2000). Für den Bereich der Geschäftsmetadaten ist bisher noch keine den Erfordernissen entsprechende Lösung in Sicht (Rieger et al. 2000, S. 372).

Die Data-Warehouse-Architektur lässt sich in fünf Schichten unterteilen: die Quellsysteme, die ETL-Schicht (Extraktion, Transformation, Laden), das Kern-Data-Warehouse, die Data-Mart-Schicht und die analytisch-dispositiven Applikationen (siehe Abb. 3).

In der ETL-Schicht werden die Quelldaten aus den heterogenen Datenbasen extrahiert, bereinigt, in das Datenmodell des Kern-Data Warehouse transformiert und in die Datenbasis geladen, weshalb DEVLIN das Kern-Data Warehouse als Reconciled Data Layer bezeichnet (Devlin 97, S. 69 f.). Der ETL-Prozess wird heute in der Regel durch umfangreiche Werkzeuge unterstützt. Aus dem Kern-Data-Warehouse werden unterschiedliche abteilungs-, analyseform- und/oder endbenutzerwerkzeugspezifische Ausschnitte gebildet, die je nach Zielsetzung vom Kern-Data-Warehouse abweichend semantisch modelliert werden (z. B. in mehrdimensionalen Datenmodellen (Schelp 2000, S. 158-204)). Die analytisch-dispositiven Applikationen greifen auf die Datenbestände der Data Marts zu.

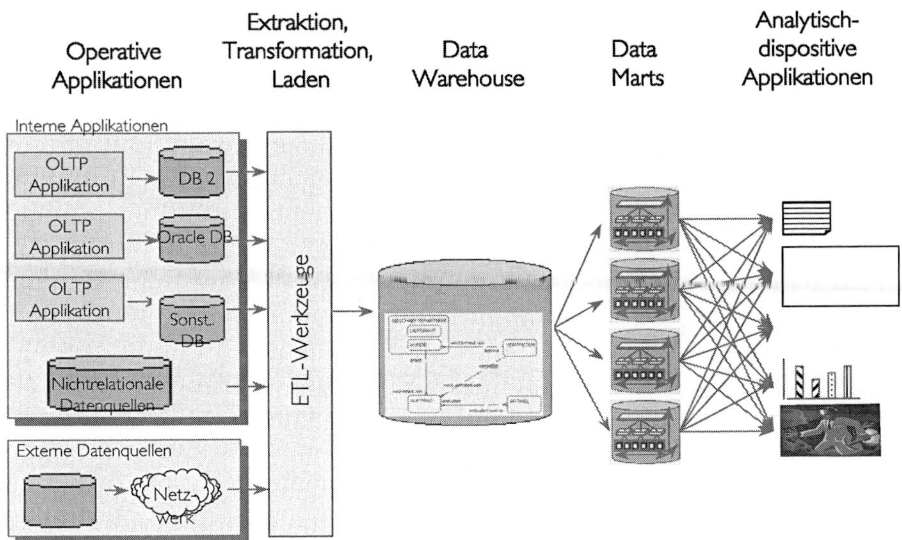

Abb. 3: Data-Warehouse-Architektur

3.1.2 Forschungsbedarf aus Sicht des Informationsmanagements

Der Data-Warehouse-Bereich ist nicht nur in der Forschungslandschaft ein seit Jahren intensiv behandeltes Thema, sondern gehört längst zur normalen betrieblichen Praxis (Jung, Winter 2000a; Jung, Winter 2000b). Auch wenn viele der zahlreichen Data-Warehouse-Projekte gescheitert sind, so lässt sich dies in vielen Fällen – wie bei anderen Softwareprojekten auch – u. a. mit psycho-sozialen Faktoren erklären und weniger mit einem grundsätzlichen Problem des Data-Warehouse-Ansatzes. Es stellt sich sogar die Frage, ob der Verzicht auf ein Data Warehouse in der betrieblichen IT-Landschaft heute nicht schon ähnlich unmöglich ist, wie der Verzicht auf die operativen Applikationen.

Trotzdem sind bei weitem noch nicht alle wesentlichen Probleme in der Data Warehouse-Forschung gelöst. So ergab eine Umfrage unter etwa zwanzig Grossunternehmen in der Schweiz und Deutschland, dass die derzeit drängendsten Probleme in den Data-Warehouse-Abteilungen die folgenden sind:

- Inwieweit ist die strikte (Ab-)Trennung der analytisch-dispositiven von der operativen „Welt" noch aufrechtzuerhalten, nachdem Horizontalapplikationen zunehmend an Bedeutung gewinnen und insbesondere in diesem Zusammenhang eine verstärkte „Durchmischung" von operativen mit analytisch-dispositiven Aufgaben respektive Prozessen stattfindet? Und in Verbindung damit, wie eine Gesamtarchitektur für die historisch vertikale Applikationslandschaft und der neuentstandenen horizontalen Applikationslandschaft mit der Data-Warehouse-Architektur gestaltet werden kann.

- Wie ein umfassendes Datenqualitäts-Management gestaltet und insbesondere organisatorisch implementiert werden kann.
- Wie ein Metadaten-Management gestaltet werden muss und welche Werkzeugunterstützung für ein integriertes Metadaten-Management-System benötigt wird. Dabei stehen vor allem Lösungen für die Geschäftsmetadaten im Vordergrund und wie eine solche Lösung organisatorisch umgesetzt werden kann.
- Die Frage nach dem Datenschutz im Zusammenhang mit dem Data Warehousing und nach Autorisierungskonzepten respektive inwieweit es möglich ist Autorisierungsregeln zumindest teilautomatisiert aus den operativen Applikationen abzuleiten.
- Inwieweit kann beim Data Warehousing eine Abgrenzung von Entwicklung und Betrieb stattfinden, da es sich nicht um klassische Projekte mit begrenzter Entwicklungszeit handelt, sondern vielmehr um einen ständigen Prozess, in den sowohl die IT-Abteilung wie auch die Business-Unit eingebunden ist?
- Auf welche Weise können unabhängige Data Marts oder auch Data Warehouses gekoppelt respektive integriert werden, die aufgrund von getrennten Entwicklungen oder etwa Unternehmensfusionen entstanden sind?
- Wie können die Daten im Data Warehouse historisiert bzw. Datenstrukturen versioniert werden, damit auch mittel- bis langfristig sinnvoll verwertbare Datenbestände erhalten bleiben?
- Inwieweit können anstelle einer strukturierenden Integration der Daten in das Data Warehouse auch Suchfunktionen, etwa im Zusammenhang mit dem Datenbestand des WWW, in das Data Warehouse-Konzept integriert werden?
- Inwieweit können bzw. müssen auch Konzepte des Dokumenten- und Knowledge Managements mit der Data-Warehouse-Konzeption gekoppelt werden, wobei insbesondere Konzepte zur Integration von semi- und schlecht-strukturierten Daten in das Data Warehouse eine Rolle spielen?

3.2 Enterprise Application Integration

Auch hinsichtlich der Integration operativer Applikationen untereinander wird zunächst der Stand der Forschung skizziert, bevor in einem weiteren Unterabschnitt ein Ausblick auf den absehbaren weiteren Forschungsbedarf versucht wird.

3.2.1 State of the Art

Die horizontale Integration innerhalb der Applikationspyramide (siehe Abb. 1) bezieht sich auf die Kopplung operativer Applikationen entlang der betrieblichen Wertschöpfungskette (Mertens 1991, S. 5). Die vollständige Integration über sämtliche Stufen dieser Wertschöpfungskette hinweg ist das Ziel integrierter betrieblicher Applikationen (ERP-Systeme) wie z. B. SAP R/3. Systeme dieses Typs verfügen über eine integrierte Datenhaltung und vermeiden so die Probleme, die bei nicht-integrierten, heterogenen Systemen auftreten: Inkonsistente Daten aufgrund redundanter Datenhaltung, syntaktische und semantische Heterogenität (Müller 2000, S. 172-190) zwischen unterschiedlichen Applikationen, Medienbrüche bei dem Austausch von Daten zwischen den Systemen, abteilungs- statt prozessorientierte Bearbeitung der Vorgänge etc.

Vor allem die integrierte Datenhaltung ermöglicht eine prozessorientierte Bearbeitung der Vorgänge entlang der Wertschöpfungskette sowie eine beschleunigte Bearbeitung dieser Vorgänge. Erforderlich ist dafür allerdings ein komplexer Anpassungsprozess dieser Anwendungssysteme (Customizing), der oftmals mit einer Überarbeitung der betrieblichen Prozesse verbunden ist (Keller 1999).

Das Ziel einer vollständigen Integration über die gesamte Wertschöpfungskette eines Unternehmens hinweg wird in der Praxis jedoch nicht immer erreicht. So wurde bspw. im Rahmen einer Untersuchung festgestellt, dass bei Data-Warehouse-Projekten auf Basis einer ERP-Lösung durchschnittlich 38 Prozent der im Data Warehouse enthaltenen Daten aus Nicht-ERP-Systemen stammen (ohne Verfasser 2001, S. 48), die Integration der operativen Systemen miteinander ist in den betreffenden Unternehmen somit nicht vollständig.

Getrieben durch die rasanten Entwicklung des Internets gesellen sich zu den bestehenden operativen Applikationen in den Unternehmungen eher neue Applikationstypen hinzu: Netzwerke von Selbstbedienungsautomaten (ATM-Netzwerke), Portal-, Call Center-, WWW- oder WAP-Applikationen greifen quer über die betriebliche Wertschöpfungskette hinweg auf operative Anwendungsdaten zu (Winter 2000a, S. 31 f.). Da die bestehenden operativen Systeme nur in den seltensten Fällen über entsprechende Portalfunktionalitäten verfügen, müssen diese zusätzlichen Systeme an die bestehenden operativen Vorsysteme angebunden werden (vgl. auch Schelp, Winter 2002). Sofern im Bereich der Vorsysteme keine vollständig integrierte betriebswirtschaftliche Applikation eingesetzt wird, entsteht an dieser Stelle schnell ein Schnittstellenproblem (siehe Abb. 4).

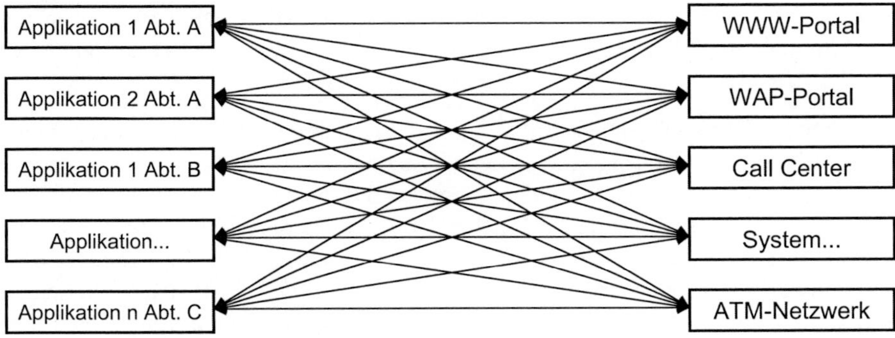

Abb. 4: Schnittstellen zwischen vertikalen und horizontalen Applikationen

Diese Problemstellung, die zur Zeit auch unter dem Stichwort Enterprise Application Integration diskutiert wird (Linthicum 2000; Ruh et al. 2000), ist der im Data-Warehouse-Umfeld ähnlich – für eine Zusammenführung der operativen Daten ist eine logische Gesamtsicht auf die operativen Applikationen erforderlich. Daher kann an dieser Stelle überlegt werden, ob nicht die Lösungsansätze des Data Warehousing auch auf diese Situation übertragen werden können. Mit dem Konzept des Operational Data Store bietet sich eine Lösung an, die zu einer Architektur wie in Abb. 5 dargestellt führt.

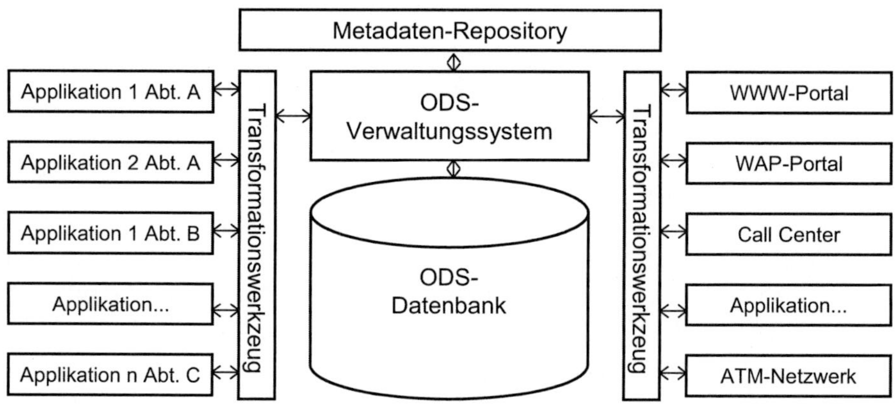

Abb. 5: Architektur eines Operational Data Stores

In einer solchen Architektur werden in der ODS-Datenbank die Daten vorgehalten, die sich aus der Schnittmenge der Anwendungsdaten der beteiligten operativen Applikationen ergeben. Ähnlich wie im Data Warehouse ist eine Transformationsschicht zwischen den operativen Applikationen und der zentralen Datenbank notwendig. In dieser Schicht können die syntaktische und die semantische Heterogenität der betroffenen Systeme bereinigt werden. Ein Metadaten-Repository enthält dabei alle für den Datenaustausch und die Transformationsschritte notwendigen Informationen. Es stellt sich jedoch die Frage, ob eine solche einfache Übernahme des Data-Warehouse-Konzeptes im operativen Umfeld hinreichend ist. Eine genauere Betrachtung zeigt, dass die Eigenschaftsprofile unterschiedlich gestaltet sind (siehe Abb. 6).

Während im Data Warehouse komplexe und auch aggregierte Informationsobjekte im Vordergrund stehen, sind dies in den vertikalen operativen Applikationen die atomaren Transaktionsdaten, die zudem möglichst in Echtzeit zu verarbeiten sind. Darüber hinaus werden die zumeist aktuellen Daten in den operativen Vorsystemen isoliert von anderen Systemen verarbeitet, wogegen im Data Warehouse die Daten gerade integriert und auch mit einer ggf. umfangreichen Historie vorliegen müssen. Im Gegensatz zum Data Warehouse ist bei den operativen Systemen auch ein schreibender Zugriff auf die Daten notwendig.

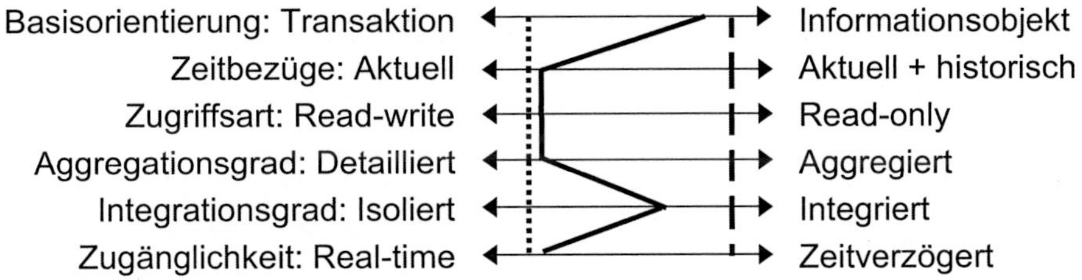

Abb. 6: Eigenschaftsprofile verschiedener operativer, ODS- und Data-Warehouse-Systeme (in Anlehung an Winter 2000a, S. 34)

Der Operational Data Store kann nun hinsichtlich seines Eigenschaftsprofils weder den operativen Vorsystemen noch dem Data Warehouse eindeutig zugeordnet werden (siehe auch Abb. 6): Neben dem aktuellen Zeitbezug mit Lese- und Schreibzugriff in Echtzeit bezogen auf die detaillierten Daten wie in den Vorsystemen ist wie im Data Warehouse eine Integration notwendig.

Scheint der Verzicht auf historisierte Daten und der damit einhergehenden Probleme im Data-Warehouse-Bereich eine Umsetzung der Data-Warehouse-Lösung eher leichter zu gestalten, so ergeben sich aus dem Echtzeitgedanken sowie dem Lese- und Schreibzugriff massive Probleme: Das zeitnahe Update eines Data Warehouse ist in der Praxis ein grosses Problem. Nicht selten werden Updates in der Praxis nur täglich durchgeführt (z. B. Garzotto 2000, S. 147f.). Darüber hinaus führt das für Schreibzugriffe notwendige Locking der Daten zu weiteren Verzögerungen beim gleichzeitigen Zugriff auf diese.

In der Praxis haben sich daher neben den datenzentrierten ODS-Konzepten sogenannte Messaging-Lösungen als weitere Alternative zur Kopplung der operativen Systeme miteinander etabliert (siehe Abb. 7).

Aber auch diese Lösung ist nicht unproblematisch. Dadurch, dass die einzelnen Nachrichten in sogenannten Message-Stacks zwischengespeichert und dann sequentiell ausgeführt werden, sind Änderungen der Daten bei gleichzeitig parallelem Lesezugriff auf diese problembehaftet.

Darüber hinaus kann eine hohe Kapazitätsauslastung der operativen Vorsysteme wie u. a. bei (Inmon 1996, S. 25) beschrieben, zu weiteren Problemen führen. Das Erfordernis schneller Antwortzeiten vieler WWW-Nutzer beispielweise konfliktiert mit den langsamen Reaktionszeiten älterer operativer Applikationen. In solchen Fällen kann es angezeigt sein, eine Mischform aus daten- und nachrichtenorientierter Lösung zu wählen, wie sie in der folgenden Abb. 8 skizziert ist.

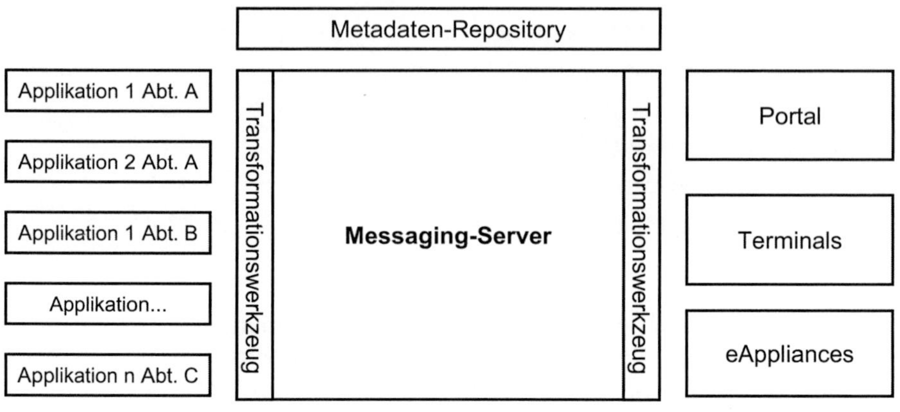

Abb. 7: Messagingorientierte Kopplung operativer Systeme

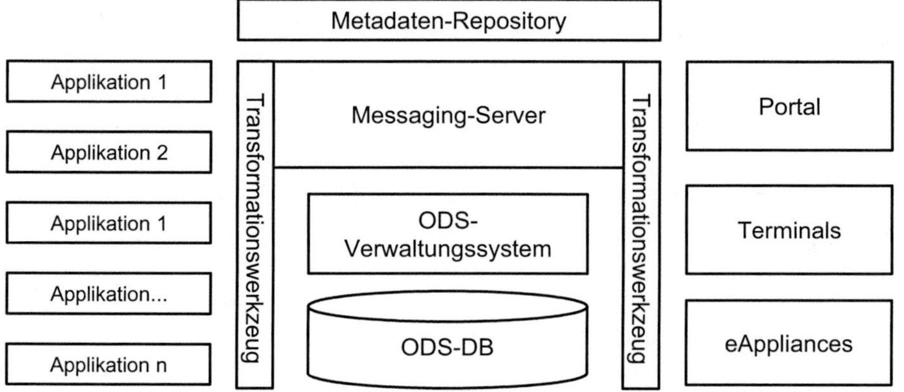

Abb. 8: Mischform aus ODS- und Messaging-Lösung

So können beispielsweise die sich nicht so schnell ändernden Kundenprofile im ODS zwischengespeichert werden, während die aktuellen Bestandsdaten für die Auftragsdurchführung aus den Vorsystemen extrahiert werden. Wenn nur vergleichsweise wenige Daten in Echtzeit aus den Vorsystemen benötigt werden, kann der Zugriff auf diese über ein ODS auch bei Kapazitätsengpässen der Vorsysteme leichter performant gestaltet werden.

3.2.2 Forschungsbedarf aus Sicht des Informationsmanagements

Neben der zuvor angeschnittenen Frage nach der Architektur einer solchen Enterprise Application Integration lassen sich eine Reihe weiterer Fragestellungen formulieren – sie ergeben sich dabei sowohl in Analogie aus den im vorhergehenden Abschnitt zum Data Warehouse skizzierten, eher betriebswirtschaftlich geprägten Problembereichen wie aus eher informatik-bezogenen Fragestellungen, die im Zusammenhang mit Data Warehousing immer wieder angesprochen werden (Widom 1995; Dinter et al. 1999):

- Können die Vorgehensmodelle zur Konzeption und Realisierung einer Integrationslösung aus dem Data Warehouse übernommen werden oder bedürfen sie ggf. einer Modifikation?
- Wie lassen sich die heterogenen Applikationslandschaften gestalten, die durch die Einführung weiterer Komponenten (EAI-Infrastruktur etc.) eher an Komplexität gewinnen?
- Gibt es Integrationsmuster, die bei wiederkehrenden Integrationsprojekten wiederverwendet werden können?
- Welche Metadaten sind bei der horizontalen Integration – auch im Unterschied zum Data Warehousing – zu berücksichtigen?
- Können die Erkenntnisse hinsichtlich der Sicherstellung der Datenqualität aus dem Data-Warehouse-Bereich übernommen werden?
- Welche Besonderheiten existieren in Bezug auf Sicherheits- und Zugriffskonzepte?
- Welche Implikationen haben die Performance-Probleme hinsichtlich der zum Einsatz kommenden Speicher- und Kommunikationstechniken?
- Welche Update-Anomalien etc. sind in heterogenen Umgebungen vorzufinden und wie kann ihnen wirkungsvoll begegnet werden?
- Welche organisatorischen Massnahmen sind notwendig hinsichtlich der fortlaufend zu erwartenden Änderungen innerhalb der und zwischen den zahlreichen beteiligten Applikationen?

Diese Fragen sind keineswegs abschliessend. Sie ergeben sich aber vor dem Hintergrund der im Data Warehouse-Umfeld diskutierten Fragestellungen, die ebenfalls erst teilweise gelöst sind (u. a. Dinter et al. 1999). Da die Ausgangsproblemstellung bei der Integration operativer Systeme miteinander wie ausgeführt Berührungspunkte zu den Problemfeldern im Data-Warehouse-Bereich hat, sollten die dort erarbeiteten Lösungsansätze im Einzelfall darauf geprüft werden, ob sie nicht auch im Enterprise Application Integration-Bereich sinnvoll angewandt werden können.

Darüber hinaus gibt es eine Reihe von Fragestellungen, die über den Fokus der Data-Warehouse-Sicht hinausgehen: Beispielsweise wie eine Integrationsarchitektur modelliert oder eine IS-Architektur insgesamt gestaltet werden kann, wenn durch EAI-Technologien eine Flexibilisierung der Applikationslandschaft möglich wird und Applikationen in schnellerer Folge ein- und ausgewechselt werden. Neue, sich schnell verbreitende Technologien wie bspw. Web Services sollten darauf untersucht werden, ob sie als Basistechnologien zum Aufbau einer Integrationsinfrastruktur geeignet sind und wie darauf basierende IS-Architekturen zu gestalten sind. Generell ergeben sich aus der EAI-Thematik eine Reihe von Fragestellungen, die in die Architekturgestaltung und das Architekturmanagement zielen (vgl. auch Schelp 2003).

3.3 Unternehmensübergreifende Integration

Gestaltungsaktivitäten auf Strategie-, Prozess- und Systemebene beschränken sich traditionell meist auf die Grenzen der jeweils betrachteten Unternehmung. Im Informationszeitalter tritt die Vernetzung von Unternehmungen jedoch immer mehr in den Mittelpunkt (Österle, Winter 2000, S. 8-9). Schon seit vielen Jahren hat z. B. eine steigende Zahl von Konsumenten im Finanzdienstleistungsbereich mehr als vier Bankverbindungen und baut damit individuelle „Leistungsnetzwerke“ auf (Friedman, Langlinais 1999). In letzter Zeit werden z. B. durch Aggregatoren unterschiedlichste Basis-Finanzdienstleistungen (z. B. Zahlungsverkehr, Kreditgewährung, Bargeldversorgung) zu kundenprozess-orientierten Lösungen integriert, wodurch Leistungsnetzwerke institutionalisiert werden (Leist, Winter 2000, S. 152-154).

Unternehmensübergreifende („zwischenbetriebliche“) Integration wurde schon früh als logische Fortsetzung innerbetrieblicher Integration erkannt (z. B. Mertens 1985, S. 81; Mertens 1995, S. 7). Allerdings litt die Umsetzung lange Zeit

- an der Bottom-up-Sicht auf unternehmensübergreifende Integration, die mit der Standardisierung und Automatisierung von Systemschnittstellen beginnt (siehe die Beispiele in (Mertens 1985)) und nicht Top-down durch die Definition unternehmensübergreifender Geschäftsarchitekturen und unternehmensübergreifender Prozesse geleitet wird, sowie
- an der fehlenden Verfügbarkeit nicht-proprietärer, einfacher, kostengünstiger und verbreiteter Standards.

Beide Voraussetzungen wurden in den letzten Jahren geschaffen: Einerseits liegen heute ausführliche Konzeptionen für die Gestaltung unternehmensübergreifender Geschäftsmodelle und insbesondere unternehmensübergreifender Prozesse vor (z. B. Österle et al. 1999). Andererseits bilden sich in den verschiedensten Branchen Standards nicht nur in Form von Kommunikationsprotokollen und Nachrichtentypen, sondern auch in Form standardisierter Prozessschnittstellen (bzw. eingebundener Prozessschritte) oder in letzter Zeit sogar in Form standardisierter Schnittstellen (bzw. Einbindungskonzepte) auf Geschäftsebene aus. Ein Beispiel für den letztgenannten, aus Sicht einer ganzheitlichen, Top-down betriebenen Unternehmensmodellierung wichtigsten Gestaltungsbereich sind konzeptionelle Vertragsmodelle, standardisierte Service Level Agreements oder standardisierte Prozessketten der eBXML-Initiative.

Die unternehmensübergreifende Integration kann koppelnd (d. h. im Sinne von EAI) oder entkoppelnd zur Sicherung der Informationsversorgung (d. h. im Sinne von Data Warehousing) erfolgen. Welches Konzept jeweils vorzuziehen ist, richtet sich danach, ob Komponenten eines übergreifenden Prozesses zu verknüpfen sind oder ob Informationsflüsse zwischen Prozessen effizient zu gestalten sind. Sowohl im Data Warehousing wie auch im noch jüngeren Gebiet des EAI werden jedoch

Probleme unternehmensübergreifender Integration fast überhaupt nicht adressiert, sodass hier der grösste Handlungsbedarf gesehen wird.

4 Zusammenfassung und Ausblick

Die aufgeführten Problemstellungen respektive die angerissenen Forschungsbedarfe aus Sicht des Informationsmanagement ergeben ein Bild von Forschungsthemen, die im Detail zu klären sein werden und erheblichen Einsatz von Forschung und Praxis erfordern. Deutlich wird aber auch, dass die Grenzen zwischen den an der Informationslogistik beteiligten Applikationstypen nicht mehr in der bisherigen klaren Form gezogen werden können und ebenso, dass eine ausschliesslich isolierte Betrachtung von Data Warehouse bzw. analytisch-dispositiven Applikationen und EAI bzw. vertikalen und horizontalen operativen Applikationen nicht sinnvoll sein kann. Weiterhin muss die unternehmensübergreifende Integration Berücksichtigung finden, was die bisherige weitgehend isolierte Vorgehensweise zusätzlich infrage stellt.

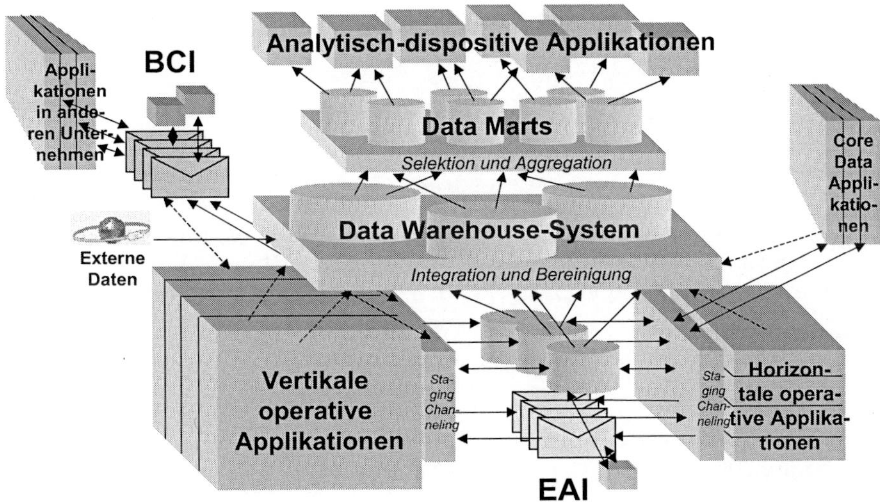

Abb. 9: Integrierte Informationslogistik (Winter 2003a)

Abbildung 9 illustriert die Vision einer Referenzarchitektur integrierter Informationslogistik, wie sie in (Winter 2003a) aus qualitativen Untersuchungen zur Integrationskosten-minimalen Applikationsbildung (Mikrointegration) und Applikationsintegration (Makrointegration) abgeleitet wird. Operative Applikationen verschiedener Typen werden durch Operational Data Stores (symbolisiert durch Datenspeicher-Symbole) sowie nachrichten- bzw. ereignisorientierte Middleware (symbolisiert durch Briefumschlag-Symbole) gekoppelt. Diese Zwischenschicht bildet die Basis für die Bereitstellung integrierter Daten aus verschiedenen operativen Applikationen sowie externer Daten für analytisch-dispositive Applikationen durch das Data-Warehouse-System. Neben Extraktion und Transformation sind für die Informationsversorgung analytisch-dispositiver Applikationen die bekannten zusätzlichen Schritte wie Bereinigung, Selektion, Aggregation und vor allem Qualitätssicherung notwendig. Die Integrationsschicht operativer Applikationen (Zwischenschicht 1 in Abb. 1) muss von der Entkopplungsschicht zur Versorgung analytisch-dispositiver Applikationen (Zwischenschicht 2 in Abb. 1) unterschieden werden, da sich beide Schichten u. a. durch die maximal tolerierbare Dauer des Datenaustausches, den Umfang der notwendigen Qualitätssicherung, das Volumen und den Detaillierungsgrad der auszutauschenden Daten, die Volatilität der Daten und das Ausmass der Abstraktion von konkreten Geschäftsvorfällen unterscheiden. Ein weiteres Element der Referenzarchitektur bildet die BCI, die im Form von Standards (symbolisiert durch Briefumschläge) und Web Services implementiert wird.

Die quantitative Validierung der Gestaltungsregeln in (Winter 2003a) und damit der Referenzarchitektur steht allerdings aus. Die Nachfolgeprojekte des Kompetenzzentrums Data Warehousing 2 werden hierzu hoffentlich einen wichtigen Beitrag leisten.

Literatur

Becker, Jörg: CIM-Integrationsmodell. Springer, Berlin 1991.

Boßhammer, Manfred; Winter, Robert: Formale Validierung von Verdichtungsoperationen in konzeptionellen Datenmodellen. In: König, Wolfgang (Hrsg.): Wirtschaftsinformatik '95. Physica, Heidelberg 1995, S. 223-241.

Cäsar, M.; Alt, R.; Grau, J.: Collaboration in the consumer product goods industry - Analysis of marketplaces. In: Proceedings of 10th European Conference on Information Systems (ECIS), Gdansk 2002.

Chamoni, Peter; Gluchowski, Peter: Analytische Informationssysteme – Einordnung und Überblick. In: Chamoni, Peter; Gluchowski, Peter (Hrsg.): Analytische Informationssysteme. 2. Auflage, Springer, Berlin 1999, S. 3-25.

Devlin, B., Murphy, P.: An Architecture For a Business and Information System. In: IBM Systems Journal, 27 (1988) 1, S. 60-80.

Devlin, B.: Data Warehouse — From Architecture to Implementation, Addison Wesley, 1997.

Dinter, Barbara; Sapia, Carsten; Blaschka, Markus; Höfling, Gabi: OLAP Market and Research: Initiating the Cooperation. In: Journal of Computer Science and Information Management, 2. Jg., Nr.3 (1999). URL: http://www.forwiss.tu-muenchen.de/~system42/publications/jcsim.pdf (4.3.2003).

Do, H.H; Rahm, E.: On Metadata Interoperability in Data Warehouses. In: Technical Report 01-2000. Dept. of Computer Science, Univ. of Leipzig, March 2000.

Ferstl, Otto K.; Sinz, Elmar J.: Grundlagen der Wirtschaftsinformatik. 3. Aufl., Band 1, Oldenbourg, München-Wien:1998.

Friedman, J.P.; Langlinais, T.: Best intentions - A business model for the eEconomy. Outlook 11 (1999) 1, S. 34-41.

Garzotto, Andreas: MASY – Ein Erfahrungsbericht zum Thema Data Warehouse. In: Jung, Reinhard; Winter, Robert: Data Warehousing Strategie – Erfahrungen – Methoden – Visionen, Springer, Berlin et al. 2000, S. 161-167.

Grochla, E. und Mitarbeiter: Integrierte Gesamtmodelle der Datenverarbeitung. Hanser, München 1974.

IBM Corp.: Business Systems Planning - Information Systems Planning Guide. 4th ed., IBM-Form GE20-0527-4, Atlanta 1984.

Inmon, W., Hackathorn, R.: Using the Data Warehouse. Wiley, New York et al. 1994.

Inmon, William H.: Building the Data Warehouse. 2. Aufl., Wiley, New York et al. 1996.

Jung, Reinhard; Winter, Robert (Hrsg.): Data Warehousing 2000. Springer, Berlin et al. 2000

Jung, Reinhard; Winter, Robert (Hrsg.): Data Warehousing Strategie – Erfahrungen – Methoden – Visionen. Springer, Berlin et al. 2000.

Kelly, S.: Data Warehousing — The Route to Mass Customization. New York et al. 1996.

Keller, Gerhard: SAP R/3 prozessorientiert anwenden – Iteratives Prozess-Prototyping mit ereignisgesteuerten Prozessketten und knowledge maps, 3. Aufl. Addison-Wesley, Bonn et al. 1999.

Leist, Susanne; Winter, Robert: Finanzdienstleistungen im Informationszeitalter – Vision, Referenzmodell und Transformation. In: Belz, Christian; Bieger, Thomas (Hrsg.): Dienstleistungskompetenz und innovative Geschäftsmodelle. Texis, St.Gallen 2000, S. 150-166.

Linthicum, David S.: Enterprise Application Integration. Addison-Wesley, Reading, Massachusetts 2000.

von Maur, E.; Rieger, B: Data Warehouse. In: Mertens, P. (Haupt-Hrsg.), Back, A.; Becker, J.; König, W.; Krallmann, H.; Rieger, B.; Scheer, A.; Seibt, D.; Stahlknecht, P.; Strunz, H.; Thome, R., Wedekind, H. (Hrsg.): Lexikon der Wirtschaftsinformatik. 4. Auflage. Springer, New York et al. 2001, S. 131-132.

von Maur, Eitel: Object Warehouse – Konzeption der Basis objektorientierter Management Support Systems am Beispiel von Smalltalk und dem ERP Baan., Osnabrück 2000. URL: http://www.eitelvonmaur.de/owh (12.1.2003).

Mertens, Peter: Zwischenbetriebliche Integration der EDV. In: Informatik-Spektrum 8 (1985) 2, S. 81-90.

Mertens, Peter: Integrierte Informationsverarbeitung 1 – Administrations- und Dispositionssysteme in der Industrie. 8. Aufl. Gabler, Wiesbaden 1991.

Mertens, P.; J. Holzner: Eine Gegenüberstellung von Integrationsansätzen der Wirtschaftsinformatik. In: Wirtschaftsinformatik 34 (1992) 2, S. 5 ff.

Mertens, Peter: Integrierte Informationsverarbeitung 1, 10. Aufl., Gabler, Wiesbaden 1995.

Mertens, Peter; Griese, Joachim: Integrierte Informationssysteme 2 – Planungs- und Kontrollsysteme in der Industrie. 8. Aufl., Gabler, Wiesbaden 2000.

Müller, Jochen: Transformation operativer Daten zur Nutzung im Data Warehouse. Gabler DUV, Wiesbaden 2000.

Österle, Hubert: Business Engineering. Band 1: Entwurfstechniken. Springer, Berlin 1995.

Österle, Hubert; Fleisch, Elgar; Alt, Rainer (Eds.): Business Networking - Shaping Enterprise Relationships on the Internet. Springer, New York 1999.

Österle, Hubert; Winter, Robert: Business Engineering. In: Österle, Hubert; Winter, Robert (Hrsg.): Business Engineering. Springer, Berlin 2000, S. 3-20.

Ohne Verfasser: User ziehen Data Warehouse ihrer ERP-Anbieter vor – Enterprise Resource-Planning und Analyse wachsen zusammen. In: Computerwoche 27 (2001) 5, 2. Februar 2001, S. 47-48.

Porter, M.: Wettbewerbsvorteile. Campus, Frankfurt 1986.

Rieger, Bodo; Kleber, Anja; von Maur, Eitel: Metadata-Based Integration of Qualitative and Quantitative Information Resources Approaching Knowledge Management. In: Proceedings der ECIS 2000 (European Conference on Information Systems) in Wien 2000, S. 372-378.

Ruh, William A.; Maginnis, Francis X.; Brown, William J.: Enterprise Application Integration – A Wiley Tech Brief, Wiley, New York 2000.

Rüegg-Stürm, Johannes: Das neue St. Galler Management-Modell, Haupt, Bern etc. 2002.

Scheer, August-Wilhelm: Produktionsplanung auf der Grundlage einer Datenbank des Fertigungsbereichs. München-Wien 1976.

Scheer, August-Wilhelm: CIM – Der computergestützte Industriebetrieb. 4. Aufl., Springer, Berlin 1990.

Scheer, August-Wilhelm: Architektur integrierter Informationssysteme. Springer, Berlin 1991.

Scheer, August-Wilhelm; Hars, Alexander: Extending Data Modeling to Cover the Whole Enterprise. In: Communications of the ACM 35 (1992) 9, S. 166-172.

Scheer, August-Wilhelm: Wirtschaftsinformatik Studienausgabe. Springer, Berlin 1995.

Schelp, J.: Modellierung mehrdimensionaler Datenstrukturen analyseorientierter Informationssysteme. Gaber, DUV, Wiesbaden 2000.

Schelp, J.; Winter, R.: Enterprise Portals und Enterprise Application Integration – Begriffsbestimmung und Integrationskonzeptionen. In: Meinhard, S.; Popp, K. (Hrsg.): Enterprise-Portale & Enterprise Application Integration, zugl. HMD – Praxis der Wirtschaftsinformatik, 39. Jg., Nr. 225, 2002, S. 6-20.

Schelp, J.: Konzept und Idee des CC AIM, Universität St. Gallen, St. Gallen 2003. URL: http://aim.iwi.unisg.ch/konzept.php (01.03.2003).

Uhr, W., Breuer, S. (Hrsg.): Tagungsband der Wirtschaftsinformatik Fachtagung Integration externer Informationen. In: Management Support Systems, Technische Universität Dresden 1998.

Ulrich, H.; Krieg, W.: St. Galler Management-Modell. 3. Auflage, Haupt, Bern 1974.

Widom, Jennifer: Research Problems in Data Warehousing. In: Proceedings of the International Conference on Information and Knowledge Management (CIKM), 28. November 1995, Balitmore USA, S. 25-30.

Winter, Robert: Zur Positionierung und Weiterentwicklung des Data Warehousing in der betrieblichen Applikationsarchitektur. In: Jung, Reinhard; Winter, Robert (Hrsg.): Data Warehousing Strategie – Erfahrungen – Methoden – Visionen, Springer, Berlin et al. 2000a, S. 127-139.

Winter, Robert: Zur Positionierung und Weiterentwicklung des Data Warehousing in der betrieblichen Applikationsarchitektur. In: Schmidt, Herrad (Hrsg.): Modellierung betrieblicher Informationssysteme (Proc. der MobIS-Fachtagung 2000). Rundbrief der GI-Fachgruppe 5.10 7 (2000b) 1, S. 23-38.

Winter, Robert: Ein Architekturmodell zur Unterstützung von Integrationsentscheidungen auf Anwendungssystemebene. Arbeitsbericht, Institut für Wirtschaftsinformatik, Universität St. Gallen 2003a. URL: http://www.iwi.unisg.ch (25.02.2003).

Winter, Robert: Modelle, Techniken und Werkzeuge im Business Engineering. Erscheint 2003 in: Österle, H.; Winter, R. (Hrsg.): Business Engineering – Auf dem Weg zum Unternehmen des Informationszeitalters, 2. Aufl., Springer, Berlin, 2003b.

Zachman, John A.: A framework for information systems architecture. In: IBM Systems Journal 26 (1987), 3; reprinted in IBM Systems Journal 38 (1999), 2&3, pp. 454-470.

Informationsintegration für Entscheidungsprozesse im Corporate Knowledge Center

Mario Klesse, Eitel von Maur

Universität St. Gallen

Der Beitrag beschreibt Motivation und Ansätze zur Konzeption eines Corporate Knowledge Centers (CKC), mit welchem versucht wird, Entscheidungsprozesse im Unternehmen ganzheitlich zu unterstützen. Ausgangspunkt der Betrachtung stellt eine Integration von Management Support Systems (MSS) und Knowledge Management Systems dar. Nach einer Ursachenforschung für den geringen Erfolg bisheriger diesbezüglicher Integrationsbemühungen wird genauer auf die eigentliche Zielsetzung von MSS eingegangen und die CKC-Stossrichtung daraus abgeleitet. Es wird das wesentliche Potenzial eines CKC herausgearbeitet; mögliche Architekturen werden entwickelt. Schliesslich wird der auf dieser Grundkonzeption aufbauende Forschungsbedarf abgeleitet und damit eine Basis für CKC-Realisierungen geschaffen.

1 Einleitung

Management Support Systems (MSS) und Knowledge Management Systems (KMS) sind in vielfacher Weise verbunden. Diese Tatsache scheint intuitiv leicht nachvollziehbar. Es bestehen ähnliche Zielsetzungen und synergetisches Potenzial. Jeweils wird versucht, Daten, Informationen und Wissen zu „managen", also aus einzelnen Quellen „herauszulösen", längerfristig verfügbar zu machen und aufgabengerecht zu verteilen. Darüber hinaus ist die Generierung neuer Information bzw. zusätzlichen Wissens eine wichtige Zielsetzung. Vielfach gibt es auch bei den verwalteten Inhalten starke Überschneidungen, wie dies bspw. beim Metadatenmanagement deutlich wird, das in beiden Konzepten eine tragende Rolle spielt. Auch die Zielgruppen von MSS und KMS sind nicht grundlegend verschieden. Letztlich wird mit beiden Ansätzen eine Verbesserung bzw. Unterstützung des im SI-

MON'schen Sinne (Simon 1977) verstandenen Entscheidungsprozesses[1] zu erreichen versucht.

Doch trotz dieser Gemeinsamkeiten sind die Ausprägungen beider „Systemtypen" deutlich unterschiedlich und Umsetzungen, welche die synergetischen Potenziale realisieren, bisher nur in geringem Masse öffentlich in Erscheinung getreten bzw. im Praxisumfeld kaum realisiert. Diese offensichtliche Diskrepanz von möglicher Kosteneinsparung, Qualitätssteigerung und Prozessbeschleunigung auf der einen und mangelnder praktischer Umsetzung auf der anderen Seite, wirft in der Folge Fragen auf: Welches sind die Gründe, die Implementierungen bisher verhindern und warum sind diese Gründe derart gewichtig? Sind diese Ursachen im Schwerpunkt organisatorisch, psycho-sozial oder technisch? Sind diese Hemmnisse prinzipieller Natur und verhindern eine Realisierung grundsätzlich oder lassen sich entsprechende Lösungen dafür finden? Und die entscheidende Frage ist letztlich: Bleibt die im Grundsatz gute Idee, beide Ansätze zu verbinden, im Endeffekt undurchführbar, also von utopischem Charakter?

Die Autoren beschäftigen sich seit längerem mit dieser Problematik, konnten potenzielle Projektpartner aus der Industrie bisher allerdings nicht erfolgreich von einem entsprechenden Vorhaben überzeugen. Dabei haben sich insbesondere die folgenden Argumente herauskristallisiert[2]:

- Es bestehen organisatorische Barrieren.
- Der Business Case eines solchen Projekts ist unklar.
- Die Kalkulation eines entsprechenden Projekts ist nicht ohne weiteres möglich, da insbesondere die Preisfindung für Information/Wissen als extrem problematisch angesehen wird. In der Konsequenz müsste ein solches Projekt als mittel- bzw. langfristiges Infrastrukturprojekt durchgeführt werden, wobei diese Art von Projekten schwer durchsetzbar zu sein scheint.
- Der laufende Betrieb eines solchen integrierten Systems ist nicht mehr einzelnen Organisationseinheiten zuzuordnen und daher nur schwer intern verrechenbar.
- Jede der beiden miteinander zu integrierenden Systemwelten MSS/Data Warehouse und KMS weist mittlerweile eine Komplexität auf, die für sich genommen schon als schwer beherrschbar eingeschätzt wird. Als Beispiel seien hier für den Bereich Data Warehousing die bisher nur geringen Erfolge im Metada-

1 Zur Erläuterung dieses Prozesses siehe Abschnitt 3.1. In diesem Artikel werden Entscheidungsprozesse als kollaborativer Prozess verstanden, der nicht ohne menschliche Interaktion auskommt und dessen Aufgabenabfolge vorher nicht bestimmt ist.

2 Die nachfolgend genannten Punkte stammen aus einem Workshop, der mit 30 Teilnehmern im Rahmen des Kompetenzzentrums Data Warehousing 2 zum Thema „Integration von Knowledge Management und Data Warehousing" durchgeführt wurde.

tenmanagement genannt. Durch die Integration würde ein weitaus komplexeres System entstehen, dessen Beherrschung noch weitaus schwieriger sein dürfte.

- Die Perspektive aus MSS- respektive KM-Sicht unterscheidet sich erheblich, was zu psycho-sozialen Abwehrmechanismen führt, die auch in der Wissenschafts-Community zu beobachten sind.
- Der Wille für eine Sponsorenschaft in der Geschäftsleitung wäre zwar Voraussetzung für das Gelingen eines solchen Projekts, ist jedoch aus den oben genannten Gründen meist nicht vorhanden.
- Die technischen Hürden bei der Integration von Systemen aus dem MSS- und KMS-Umfeld erscheinen kaum überwindbar.

Die genannten Gründe führen fast zwangsläufig zu einer Abkehr vom Ansatz des Corporate Knowledge Centers, welches als Sinnbild der Integration dieser beiden Systemwelten und Unterstützungskonzepte bereits auf der Konferenz Data Warehousing 2002 (von Maur, Winter 2002) Gegenstand der Diskussion war.[3] Sollte sich eine, zumindest praktische, Undurchführbarkeit dieses Vorhabens erweisen, wäre (dann auch) ein konzeptioneller Entwurf von begrenztem Interesse. Auf der anderen Seite ist eine isolierte Betrachtung von Management Support und Knowledge Management nicht sinnvoll. Als Konsequenz erscheint es den Autoren deshalb essenziell, die grundlegende Fragestellung zu modifizieren, was auf den ersten Blick nicht wesentlich scheint, wie sich zeigen wird, in der Konsequenz allerdings entscheidend ist. Denn die Frage, *ob* dieses Integrationsvorhaben sinnvoll ist oder nicht, weist in die falsche Richtung. Die bessere Frage lautet: *Inwieweit* lassen sich diese Ansätze kombinieren? Daran anschliessen sollten die Fragestellungen, wie entsprechende Kriterien für die Wahl des Integrationsgrades gefunden werden können und wie eine tatsächliche Realisierung aussehen kann.

Zu diesem Zweck wird zunächst herausgearbeitet werden, welchem Einsatzzweck MSS dienen, um darauf aufbauend auch die Zielsetzung eines CKC definieren zu können (Kapitel 2). Auf dieser Basis wird untersucht, inwiefern in der Praxis bestehende Systeme die Zielsetzung, Entscheidungsprozesse zu unterstützen, erreichen. Dazu werden unterschiedliche Systemklassen von MSS bzw. KM hinsichtlich der Anforderungen, welche dieser Prozess stellt, betrachtet (Kapitel 3). Anschliessend wird das Potenzial der Integration bestehender Systeme an zwei Beispielen erläutert und aufgezeigt, dass bei der Integration nicht das *ob*, sondern das *wie* und *wie weit* der Kernpunkt ist (Kapitel 4). Daraufhin wird eine den entwickelten Anforderungen genügende Architektur entworfen (Kapitel 5). Als abschliessender Beitrag erfolgt in Kapitel 6 eine Strukturierung des weiteren Forschungsbedarfs aus Sicht der Autoren.

---

3 Paneldiskussion „Corporate Knowledge Center – Near Future or Impracticable Vision?" vom 13. November 2002 auf der Konferenz Data Warehousing 2002 in Friedrichshafen. Teilnehmer: Prof. Dr. J Becker, Dr. B. Devlin, Prof. Dr. G. Dueck, Prof. Dr. R. Jung, PD Dr. U. Reimer, Prof. Dr.-Ing. B. Rieger.

2 Synergetische Zielsetzungen von Management Support Systems und Knowledge Management Systems

An dieser Stelle soll nicht der Versuch unternommen werden, MSS an sich näher zu erläutern, zu untersuchen oder gar deren Funktionalitäten en détail zu klassifizieren, um auf dieser Grundlage eine Kriteriensammlung zur Unterscheidung „richtiger“ und „falscher“ MSS anbieten zu können. Auch der Versuch einer Nominaldefinition soll hier nicht erfolgen. Zu vielfältig sind die Auffassungen über diesen Begriff und die damit verbundenen Ab- bzw. Unterarten, wie (um nur die geläufigsten zu benennen) Decision Support Systems (DSS), Executive Information Systems (EIS), Management Information Systems (MIS), Managed Query Environments (MQE) und Konzepte wie Business Intelligence (BI), Business Performance Management (BPM), Online Analytical Processing (OLAP) oder Data Mining (DM).[4] Stattdessen soll die Überlegung erfolgen, welches die grundlegende Zielsetzung von MSS ist, was essenziell wird, wenn es um die konkrete Ausgestaltung der Systeme respektive des MSS-Forschungsgebietes geht. Aus diesem Grund sehen die Autoren den dringenden Bedarf die herrschende Lehrmeinung (Rieger 1993; Gluchowski et al. 1997; Rieger, Mentrup 2001; Krallman et al. 2001), zu überdenken.[5]

Die ursprüngliche Zielsetzung von MSS bestand darin, das Management oder sogar das Top-Management insoweit mit Informationstechnologie zu versorgen, wie dies die zugrunde liegenden Managementprozesse erfordern (Scott Morton 1983). Das vordringliche Anliegen dabei war eine ganzheitliche und integrierte Unterstützung, wie dies auch bei Riegers Konzeption des Rechnerunterstützten Arbeitsplatzes der Fall ist (vgl. Rieger 1993). Bei dieser MSS-Konzeption wurde insbesondere auf die spezifischen Bedürfnisse von Managern eingegangen, wie beispielsweise sehr einfache Bedienbarkeit (GUI, Exception Reporting, Drill Down etc.) und ständige Verfügbarkeit. Heutige Definitionen, wie z. B. (Gluchowski et al. 1997, S. 1f. und S. 152, Stahlknecht 2001, Krallmann et al. 2001) bestätigen diesen Fokus auf die Anwenderklasse.

Tatsächlich wurde in der Praxis die angesprochene Top-Management-Klientel in der Regel nicht erreicht (vgl. Oppelt 1995 und Back, Seufert 1997, S. 9), wohingegen die entsprechenden Systeme heutzutage in weiten Teilen der Unternehmen und auf unterschiedlichen Hierarchiestufen ein breites Einsatzspektrum erfahren (vgl. Wat-

4 Vergleiche etwa (Gluchowski et al. 1997; Krallmann et al. 2001; von Maur 2000; Rieger, Mentrup 2001; Turban, Aronson 2001).

5 Management Support Systems sollen in dieser Arbeit als Oberbegriff für die oben erwähnten Toolklassen (DSS, EIS, MIS, MQE, BI, BPM, OLAP, DM) verstanden werden, wie dies auch von Krallmann, Mertens und Rieger (Krallmann et al. 2001) vorgeschlagen wird. Ausserdem soll der Unterscheidung in Data Support i. e. S. und Entscheidungsunterstützung i. e. S. gefolgt werden.

son et al. 1997, S. 14). Neuinterpretationen des Begriffes EIS, dem Akronym für Executive Information System, als Enterprise oder gar Everybody's Information System (vgl. Watson et al. 1997, S. 14) und die Uminterpretation von Management i. S. von „to manage" (vgl. Back, Seufert 1997, S. 1) erscheinen daher als treffendere Charakterisierung der entsprechenden Systemklasse[6] und verdeutlichen, dass die entstandenen Systeme von der ursprünglichen MSS-Zielsetzung abweichen. Obwohl letztere ihre volle Berechtigung hat, sollte aus Gründen der Zweckmässigkeit die anwenderklassen-spezifische Definition aufgegeben werden.[7] Stattdessen erscheint es sinnvoll, sich auf frühere Zielrichtungen des Systemtyps zurückzubesinnen, die eine möglichst umfassende Unterstützung des Entscheidungsprozesses vorsahen, wie ihn bereits SIMON definiert hat (vgl. Simon 1977). Durch diese Festlegung im Sinne einer Zweckgerichtetheit ergibt sich, dass das Ziel von MSS (und MSS-Unterklassen) darin besteht, den Entscheidungsprozess möglichst ganzheitlich durch MSS-Werkzeuge abzudecken. Diese Definition hat zwei Vorteile: Erstens stellt sie den kleinsten gemeinsamen Nenner der im MSS-Umfeld existierenden Zielsetzungen dar. Zweitens kann sie als Bezugspunkt herangezogen werden, um die bisherigen Ansätze bzgl. der Abdeckung des Gesamtprozesses „Entscheidung" zu beurteilen und mögliche Lücken aufzudecken.

Knowledge Management (KM) hat sich von Anfang an auf keine anwenderklassen-spezifische Definition fixiert, sondern definiert als Zielgruppe alle Mitarbeiter im Unternehmen (vgl. Probst et al. 1999, Haun 2002). Zielsetzung des KM ist die Entwicklung, Erhaltung, die Erweiterung und das Nutzbarmachen des Wissens im Unternehmen (vgl. Haun 2002, S. 99-110). KM setzt als Managementkonzept ganzheitlich, auf Strategie-, Prozess- und Systemebene an.[8] Auf Systemebene besteht die Idee, das Organizational Memory, d. h. eine Datenbank oder Dokumentenbasis mit dem explizierten, strukturierten und somit wiederverwendbaren Wissen zu schaffen. Speziell angepasste Content-Management- und Groupware-Systeme nehmen in der Praxis diese Aufgabe wahr.

Zwar fokussiert KM nicht explizit auf die Unterstützung von Entscheidungsprozessen, jedoch handelt es sich bei Entscheidungsprozessen i. S. der MSS um wis-

---

6 Bei dieser sehr allgemeinen Definition besteht jedoch die Gefahr, die wesentlichen, aber schwer zu realisierenden Aspekte zugunsten leicht umsetzbarer Bestandteile von eher peripherer Bedeutung zu vernachlässigen. Die nur unzureichende Integration von DSS-Funktionalitäten in MSS-Werkzeuge mag ein Beispiel hierfür sein.

7 Es soll betont werden, dass es hierbei nicht um die Frage von falschen oder richtigen Definitionen geht, sondern alleine um die Frage der POPPER'schen Zweckmässigkeit für ein damit verfolgtes Ziel (Popper 1994, S. 20ff.). Dies scheint für den MSS-Begriff gegeben zu sein, da es die Grundlage einer möglichen CKC-Konzeption bildet, d. h. die tatsächliche Ausgestaltung determiniert.

8 Der Fokus dieses Artikels liegt jedoch im Wesentlichen auf der System- und z. T. auf der Prozessebene, d. h. den Teilen des KM, welche durch Systeme, wie z. B. Groupware, Dokumenten-Repositories etc., unterstützungsfähig sind.

sensintensive und semistrukturierte Prozesse, welche wiederum explizit durch KM unterstützt werden sollen. Des Weiteren enthalten Beschreibungen von Anforderungen an KM-Systeme Unterstützungsbedarf einer Vielzahl von Planungs- und Entscheidungsprozessen (vgl. Haun 2002, S. 279), was das hohe Synergiepotenzial verdeutlicht. MSS-verwandte Konzepte werden daher auch von verschiedenen Autoren direkt in das Knowledge Management eingeordnet (vgl. z. B. Maier 2002, S. 80f., von Maur 2000, S. 32 und Gabriel, Dittmar 2001, S. 24f.).

3 Informationsversorgung in Entscheidungsprozessen

Wesentlicher Bestandteil von Managementprozessen aber auch vieler operativer Prozesse ist der Planungs-, Entscheidungs- bzw. Problemlösungsprozess.[9] Dieser Prozess ist der Kernprozess, der durch das Corporate Knowledge Center unterstützt werden soll. Im Folgenden wird der Entscheidunprozess skizziert und in der Praxis geläufige Systeme, die diesen Prozess unterstützen können, im Hinblick auf die Vollständigkeit der Abdeckung desselben untersucht.

3.1 Entscheidungs- und Problemlösungsprozess

Als Entscheidungsprozess wird der Prozess vom Erkennen eines Problems bis zur Durchsetzung eines gefundenen Lösungsvorschlags bezeichnet (Adam 1996, S. 31). ADAM (Adam 1996, S. 31-42) strukturiert den Entscheidungsprozess ähnlich wie SIMON (Simon 1977) in vier bzw. fünf Phasen, denen verschiedenen Teilaufgaben zugeordnet werden können:

- Anregungsphase (Adam 1996) bzw. Intelligence-Phase (Simon 1977),
- Suchphase (Adam 1996) bzw. Design-Phase (Simon 1977),
- Entscheidungsfindungsphase (Adam 1996) bzw. Choice-Phase (Simon 1977),
- Durchsetzungsphase (Adam 1996), Implementation-Phase (Simon 1977) und
- Kontrollphase (Adam 1996), Monitoring-Phase (Simon 1977), wobei diese Phase wieder der Anregungsphase zugerechnet werden kann.

Diese Phasen werden keineswegs streng sequenziell durchlaufen, vielmehr sind Rückverweise in bereits durchlaufene Phasen die Regel bzw. müssen bereits erle-

[9] Die Begriffe Entscheidungs- und Problemlöseprozess sollen hier angelehnt an (Turban, Aronson 2001, S. 33) als gleichwertig angesehen werden. Planungs- und Managementprozesse bestehen im Wesentlichen aus Entscheidungsprozessen (vgl. Turban, Aronson 2001, S. 33).

digte Teilaufgaben erneut durchgeführt werden, um Ergebnisse der Phasen auf den Entscheidungsprozess rückzukoppeln (Adam 1996, S. 32).

Auslöser eines Entscheidungsprozesses sind Probleme, die in der Anregungsphase aufgenommen werden. Dies geschieht durch kontinuierliche Analyse der bestehenden Situation des Unternehmens im inner- und ausserbetrieblichen Kontext sowie durch das ständige Abschätzen von zukünftigen Problemstellungen.[10] Die Suchphase widmet sich der Suche von Entscheidungsinformationen und der Vereinfachung des Problems durch das Festlegen von Annahmen. Angelehnt an ADAM (Adam 1996) und SIMON (Simon 1977) sollen in der Suchphase mögliche Handlungsalternativen, Zielinformationen[11] und Entscheidungsparameter[12] gesammelt werden. In der Entscheidungsphase werden die identifizierten Handlungsalternativen nach den ermittelten Entscheidungsparametern bewertet. Unter den gegebenen Rahmenbedingungen werden anschliessend die aus Sicht des Entscheiders optimalen Handlungsalternativen sowie deren Aktionsniveau ausgewählt. Die Bewertung *optimal* bezieht sich in diesem Schritt jedoch noch auf das vereinfachte gedankliche Modell des Problems und muss sich in der Realität noch bewahrheiten (Adam 1996). In der Durchsetzungsphase werden die gewählten Alternativen auf die Wirklichkeit übertragen. Die abstrakten Handlungsalternativen werden hier in konkrete Massnahmen umgesetzt.

An die Durchführung schliesst sich die Erfolgskontrolle der getroffenen Massnahmen an. Diese Phase kann mit der Anregungsphase gleichgesetzt werden, da es die Informationen, die zur Kontrolle verwendet werden, als interne Anregungsinformationen aufgefasst werden können (vgl. Adam 1996, S. 36f.).

3.2 Charakteristika des Entscheidungsprozesses

An dem skizzierten Problemlöseprozess sind meist mehrere Personen beteiligt, wobei sich die Rollen Überwacher, Analyst, Entscheider und Handlungsträger identifizieren lassen. Überwacher kontrollieren die Situation des Unternehmens und die Arbeit der Handlungsträger und stellen darüber Daten zur Verfügung. Sie sind vorwiegend in der Anregungsphase bzw. Kontrollphase des Entscheidungsprozesses tätig. Analysten arbeiten mit den Daten, bilden Modelle, verifizieren diese und bereiten Entscheidungen vor, indem sie aus den Daten entscheidungs- bzw. handlungsrelevante Informationen ableiten. Sie übernehmen im Wesentlichen die Aufgaben der

[10] Das Bilden von Prognosen, das Aufnehmen von aktuellen Themen und die Beachtung von Gerüchten inner- und ausserhalb des Unternehmens nehmen hier einen besonderen Stellenwert ein, da diese unsicheren, weichen Informationen oft erst ein proaktives Handeln ermöglichen. (Mintzberg 1991, S. 31-35)

[11] Es muss klar sein, welche Ziele mit der Lösung des Problems verfolgt werden sollen.

[12] Dazu gehören Restriktionen, mögliche Konfliktsituationen, zu erwartende relevante Konsequenzen von Handlungsalternativen, eine Einschätzung der Machbarkeit der Alternativen und Kriterien für die Bewertung von Handlungsalternativen.

Suchphase. Entscheider treffen anhand der vorbereiteten Informationen eine Entscheidung und delegieren die Umsetzung der Entscheidung an die Handlungsträger. Der Entscheidungsprozess ist damit als kollaborativer Prozess aufzufassen.[13]

Je nach Komplexität des Entscheidungsprozesses lässt er sich in die Kategorien strukturiert bzw. automatisierbar oder semistrukturiert bzw. nicht-automatisierbar einordnen. Dieser Artikel fokussiert im Folgenden auf semistrukturierte Entscheidungsprozesse, die nicht ohne menschliche Interaktion auskommen. Diese Art von Entscheidungsprozessen sind dadurch gekennzeichnet, dass der Prozess nicht bis auf Aufgabenebene vorherbestimmt ist. Zusätzliche Schwierigkeiten entstehen, wenn mehrere Entscheidungsprozesse voneinander abhängig sind.

Ein wesentlicher Faktor in Entscheidungsprozessen sind Informationen. Die Fähigkeit, diese integriert zu verarbeiten, ist dabei von zentraler Bedeutung. Diese Tatsache spiegelt auch die Auffassung wider, dass man den Entscheidungsprozess auch als Informationsverarbeitungsprozess auffassen kann (vgl. Adam 1996, S. 36f.).

3.3 Resultierende Anforderungen an die Informationsversorgung

In der Anregungsphase müssen interne und externe Informationsquellen kontinuierlich überwacht werden (Turban, Aronson 2001, S. 68). Abweichungen von einem Sollzustand sollten teilautomatisiert erkannt und gemeldet werden. Um das Erkennen von Problemen aus der Vielzahl der vorhandenen Informationsquellen zu erleichtern, sollten möglichst nur relevante Informationen geliefert und präsentiert werden. Wichtig ist in dieser Phase, dass das Potenzial (vgl. Mertens 1999, S. 1) genutzt wird, interne und externe Daten zu integrieren. Dabei sollten unterschiedliche Strukturierungsgrade der Daten kein Hindernis darstellen. Besonders relevant werden in diesem Zusammenhang sogenannte weiche Informationen, wie z. B. Spekulationen, Nachrichten, Meinungen, Prognosen und Gerüchte, eingestuft, die von Entscheidenden oft als Frühwarnsystem genutzt werden (Mintzberg 1991, S. 31-35). Die Tatsache, das für Entscheidungen immer weniger Zeit zur Verfügung steht (Gluchowski et al. 1997, S. 27), impliziert die Notwendigkeit, entscheidungsrelevante Informationen sofort nach ihrer Entstehung bereitzustellen.

In der Suchphase kommt es vor allem darauf an, für das gefundene Problem möglichst geeignete Handlungsalternativen zu identifizieren. Hierbei besteht ein wesentliches Potenzial darin, bereits gemachte Erfahrungen zu adaptieren und auf die neue Problemstellung anzupassen. Daher sollten Informationen bereitstehen, wie bisher auf die gefundene Situation reagiert wurde und welche Erfolge, Misserfolge bzw. Schwierigkeiten bei der Anwendung der Problemlösung aufgetreten sind. Dar-

[13] Diese Auffassung stützt auch HABERSTOCK, indem er eine verstärkte Teamorientierung im Controlling feststellt, die es durch Systeme zu unterstützen gilt (vgl. Haberstock 2000, S. 28-36).

über hinaus erscheint es sinnvoll, Modelle und Zielsysteme, die für die Lösung ähnlicher Probleme gebildet wurden, wieder heranziehen zu können.

Für die Vorbereitung der eigentlichen Entscheidung in der Entscheidungsphase sollten Lösungsverfahren und das Arbeiten innerhalb der gebildeten Modelle (z. B. das Bilden von Szenarien) informationstechnisch unterstützt werden.

In der Durchsetzungsphase müssen unter anderem Informationen darüber bereitgestellt werden, wie bzw. durch welche Massnahmen der gewählte Lösungsweg verwirklicht werden soll. Ein wesentlicher Akzeptanz- und Erfolgsfaktor bei der Durchführung von Massnahmen ist die Kommunikation darüber, aus welchem Grund diese durchgeführt werden (Problembeschreibung) und wie sie dazu beitragen, das Problem zu lösen. Für diese Aufgabe ist eine geeignete Kommunikations- und Präsentationsplattform nötig. Darüber hinaus müssen die Personen identifiziert werden, die für die Durchsetzung der Massnahmen unerlässlich sind und in besonderem Masse für die vorgeschlagene Problemlösung gewonnen werden müssen. In der Durchsetzungsphase sollte das Informationssystem die Kontrolle der Implementierung der gewählten Handlungsalternativen unterstützen, indem bspw. Messkriterien und -werte oder Projektberichte gespeichert und verarbeitet werden können.

3.4 Bestehende Konzepte für Systeme zur Entscheidungsunterstützung

Dieser Abschnitt soll untersuchen, inwiefern bestehende Systeme den skizzierten Entscheidungsprozess unterstützen. Folgende Klassen von Systemen stehen derzeit in der Unternehmenspraxis zur Unterstützung von Managementaufgaben zur Verfügung: Die in Abschnitt 2 beschriebenen klassischen MSS[14], Decision Support Systems (DSS), Expertensysteme, Wissensbasierte Systeme, Content Management Systeme und Groupware.

Das statische Berichtswesen, multidimensionale Analysewerkzeuge und Data Mining-Werkzeuge unterstützen im Wesentlichen die Anregungsphase. Das statische Berichtswesen eignet sich nur im geringen Masse zur Unterstützung von Entscheidungen, da die vorgefertigten Berichte kaum Ursache-Wirkungs-Zusammenhänge erkennen lassen. Multidimensionale Analysewerkzeuge unterstützen die Anregungsphase umfangreicher als statische Berichte, indem sie eine dynamisch navigierbare Sicht auf die gleichen Daten in verschiedenen Detaillierungsstufen ermöglichen. Data Mining Werkzeuge sollen helfen, grosse Datenbestände zu erforschen, indem statistisch signifikante Zusammenhänge aufgedeckt werden. Sie dienen somit ebenfalls vor allem der Anregungsphase. In der Suchphase können sie zur Unterstützung der Modellbildung eingesetzt werden, indem sie Zusammenhänge aufdecken, aus denen anschliessend ein Modell gebildet werden kann. Basis dieser Sys-

[14] Insbesondere statisches Berichtswesen (MIS), multidimensionale Analysewerkzeuge (OLAP) und Data Mining Werkzeuge.

temkategorie bildet idealerweise ein Data Warehouse (DWH). Ein Data Warehouse bildet als „single, complete, and consistent store of data obtained from a variety of sources“ (Devlin 1997, S. 20) eine rekonziliierte Datenbasis für Analysen, sodass die darauf aufsetzenden Informationssysteme einerseits konsistente Ergebnisse präsentieren und andererseits eine vollständigere Sicht auf die Entscheidungssituation ermöglichen, indem verschiedene Datenquellen integriert werden. Diese Art Integration bedingt jedoch, dass alle Informationen nach einem einzigen gemeinsamen Prinzip, in der Praxis i. d. R. dem Relationenmodell, strukturiert werden müssen, in dem sich nicht alle Arten von Daten zweckmässig darstellen lassen. Ein Problem dieser Data-Warehouse-basierten Informationssysteme besteht in der dadurch eingeschränkten Sichtweise auf eine Entscheidungssituation, die sich aufgrund der eingesetzten Technologien und Integrationsprinzipien nur schwer aufheben lässt.

Decision Support Systems sind interaktive EDV-gestützte Systeme, die Entscheidungsträger mit Modellen, Methoden und problembezogenen Daten in ihrem Entscheidungsprozess unterstützen (Gluchowski et al. 1997, S. 168). DSS bestehen aus einer Methodenbank zur Speicherung der ausführbaren Verfahren, einer Modellbank, welche die logische Struktur der Wirkungszusammenhänge beschreibt, und einer Datenbank mit den Problemdaten (vgl. Chamoni, Gluchowski 1999, S. 357). DSS unterstützen vor allem Entscheidungsprozesse, in denen mit Hilfe eines quantitativen Modells eine Lösung gefunden werden kann (z. B. Operations Research). DSS sind meist auf Teilprobleme spezialisiert und unterstützen deren Lösung mit viel Kompetenz (Gluchowski 1997, S. 199), sind jedoch somit nur schwer auf andere Entscheidungsprozesse übertragbar.

Expertensysteme nutzen in einem Computer gespeichertes menschliches Wissen, um Probleme zu lösen, die normalerweise menschliche Erfahrung benötigen (Turban, Aronson 2001, S. 402). Dieses Wissen kann auf verschiedene Art und Weise vorgehalten werden: In Form von Regeln (Regelbasierte Systeme), als Modell (Modellbasierte Systeme) und in Form von Fällen aus der Vergangenheit (Case Based Reasoning). Expertensysteme sind in Hinblick auf die Unterstützung von Entscheidungsprozessen immer auf eine bestimmte Problemdomäne beschränkt. Werden Sie ausserhalb dieser eingesetzt, liefern Sie im Allgemeinen falsche Ergebnisse.

Der Begriff Content Management System soll in diesem Beitrag im Kontext des Wissensmanagements verstanden werden. Content Management Systems dienen der strukturierten Verwaltung elektronische Inhalte (z. B. Daten, Dokumente, Bilder) mit unterschiedlichem Strukturierungsgrad und speichern so expliziertes Wissen in Form von Daten und Metadaten. Ein weiterer Schwerpunkt von CMS liegt in der Unterstützung des ‚Content Lifecycle' (Büchner et. al. 2001), der sich über die Phasen Erstellung, Bearbeitung, Publikation, Nutzung und Archivierung erstreckt. Content Management Systems können im Entscheidungsprozess einerseits dazu dienen, um in der Anregungs- und Suchphase auf weniger stark strukturierte und qualitative Daten zurückgreifen zu können. In der Durchsetzungsphase können sie dazu verwendet werden, die Entscheidung und durchzuführenden Massnahmen zu kommunizieren.

Eine weitere Systemkategorie, welcher vor allem vor dem Hintergrund Beachtung zu Teil werden sollte, dass Entscheidungsprozesse i. d. R. nicht von einer einzigen Person durchgeführt werden, sind Groupware-Systeme, insbesondere dann, wenn Sie mit Content-Management-Funktionalität ausgerüstet sind (siehe dazu auch das Beispiel in Kapitel 4).

Die vorgenannten Systeme sind i. d. R. nicht integriert, obwohl sich in allen Systemen entscheidungsrelevante Informationen finden lassen. Zusätzlich besteht die noch immer als forschungsrelevant anzusehende Problematik der Integration externer, semistrukturierter Daten (z. B. aus dem Internet, aber auch aus Datenbanken von Kooperationspartnern) (vgl. Meier 2000, S. 117f.).

Durch die fehlende Integration entscheidungsrelevanter Informationen und der sie verarbeitenden Systeme wird der Entscheidungsprozess in seinem Ablauf und bezüglich der Informationsbereitstellung nur punktuell unterstützt, wie folgende in der Praxis auftretenden Probleme illustrieren:

- Die gesammelte Information ist nicht vollständig. Die Folge kann gegenüber einer ausreichend vollständigen Informationslage ein völlig gegensätzlicher Ausgang einer Entscheidung sein. (Vgl. Mertens 1999, S. 406.)
- Die gesammelten Informationen sind inkonsistent bzw. widersprüchlich. So ist z. B. denkbar, dass der sich aus DWH-Daten ermittelbare Umsatz eines spezifischen Bezugsobjektes im als akzeptabel definierten Bereich befindet, während im Knowledge Management System die Absatzzahlen gemessen am Marktanteil als zu niedrig diskutiert werden.
- Existierende Zusammenhänge oder Widersprüche werden nicht aufgedeckt. So könnte bspw. ein Umsatzrückgang bei einem eigenen Produkt auf eine Verbesserung bei einem Artikel eines Mitbewerbers zurückzuführen sein.
- Der Suchprozess ist sehr aufwändig. Für jede Aufgabe im Entscheidungsprozess muss eine Vielzahl an Systemen konsultiert werden. Unter Umständen sind dem Anwender gar nicht alle Systeme bekannt, die relevante Inhalte enthalten, Suchanfragen müssen mehrfach eingegeben und deren Ergebnisse manuell konsolidiert werden.
- Die Navigationsmöglichkeiten in Datenbeständen sind nicht einheitlich. OLAP-Systeme orientieren sich an betriebswirtschaftlichen, hierarchischen Dimensionen, KMS bieten die Dokumente nach Schlagworten indiziert an, wobei die Schlagworte die Inhalte möglichst genau beschreiben sollten.
- Ergebnisse aus einem System sind in einem anderen System oft nicht verwendbar. So werden bspw. aktive OLAP-Reports in eine Grafik konvertiert, welche dann per E-Mail an andere Entscheidungsträger weitergeleitet werden, wobei die Interaktions- bzw. Explorationsmöglichkeiten des ursprünglichen OLAP-Berichtsobjektes verloren gehen.

Zusammenfassend ist also festzustellen, dass der Entscheidungsprozess in seinem Ablauf nur punktuell durch bestehende Systeme unterstützt wird. Die Zusammenarbeit verschiedener Beteiligter an Entscheidungsprozessen wird ebenfalls kaum unterstützt.

Der folgende Teil arbeitet das Potenzial heraus, das durch Integration dieser nicht-integrierten Systeme und Konzepte realisiert werden kann und illustriert dieses an zwei Beispielen.

4 Semantische und funktionale Integration für eine ganzheitliche Entscheidungsunterstützung

Bei der Unterstützung des betrieblichen Entscheidungsprozesses geht es insbesondere um die Ganzheitlichkeit im Sinne der Unterstützung sämtlicher SIMON'scher Teilprozesse. Der Einsatz eines allumfassenden Werkzeugs wäre hierbei in gewisser Weise eine ideale Lösungsalternative. So könnte z. B. über eine einheitliche Benutzeroberfläche auf einen integrierten Pool aus strukturierten und semistrukturierten Daten und Metadaten zugegriffen und die Entscheider durch eine einheitliche Benutzerführung systematisch unterstützt werden. Ausserdem liessen sich auf diese Weise nicht nur methodische, sondern auch semantische und physische Brüche (z. B. Medienbrüche) vermeiden und so die Effizienz der Entscheidungsfindung und ggf. auch die Qualität der Entscheidung verbessern.

Dem monolithischen Ansatz entgegen stehen erstens die sehr unterschiedlichen funktionalen Anforderungen der einzelnen Teilprozesse. Während in der Intelligence-Phase z. B. hauptsächlich die Gewinnung und Aufbereitung von Daten erfolgt, wird in der Design-Phase eine methodische Unterstützung der Alternativenbewertung benötigt. Selbst innerhalb einer Phase werden i. d. R. verschiedene Methoden verwendet, die unterschiedliche Werkzeuge erfordern.[15] Gerade Decision Support Systems, die mehrere Phasen des Entscheidungsprozesses abdecken, sind oftmals methodisch hoch spezialisiert. Zweitens sind die i. d. R. deutlich unterschiedlichen Nutzerbedürfnisse verschiedener am Entscheidungsprozess beteiligter Personen zu beachten. Drittens würde eine monolithische Lösung einen enormen Komplexitätsgrad aufweisen und schwer wartbar sein. Aus diesen Gründen erscheint es zweckmässiger, die Trennung in spezialisierte Einzelkomponenten aufrechtzuerhalten und diese miteinander zu integrieren, anstatt sie durch ein allumfassendes System zu ersetzen. Während im folgenden Kapitel auf unterschiedliche

[15] Beispielsweise kann innerhalb der Design-Phase die Alternativen-Bewertung durch Erneutes Heranziehen und Adaptieren bisheriger Lösungsansätze, durch die Simulation von Szenarien oder/und durch das Bilden eines rechnerischen Modells durchgeführt werden.

Ebenen der Integration eingegangen wird, soll an dieser Stelle die essenzielle Bedeutung der Integration an sich herausgearbeitet werden. Die folgenden Beispiele illustrieren diese Bedeutung.

Als Datenbasis von Management Support Systems dient heute häufig ein Data Warehouse, in dem Daten verschiedener Quellsysteme zu einer integrierten Datenbasis zusammengeführt werden. Dabei werden die Daten entsprechend eines unternehmensweiten Datenmodells neu strukturiert, welches speziell auf Basis der Anforderungen an MSS entwickelt wurde. Diese über das DWH realisierte neue Ordnung der Quelldaten kann als wesentliche Integrationsleistung des DWH-Einsatzes angesehen werden. Auf diese Weise wird eine umfassende Sicht auf Unternehmensdaten realisiert, wie sie ohne ein DWH in dieser Form nicht möglich wäre. Darüber hinaus bieten sich durch die entsprechenden, auf der DWH-Struktur basierenden MSS-Funktionalitäten zusätzliche Möglichkeiten der Datenanalyse. Obgleich dieser unumstrittenen Leistungen stellen Data Warehouses nicht in jedem Fall eine optimale Lösung dar, da sie die weiterhin bestehenden Datenspeicher der separat agierenden Quellsysteme nicht ersetzen sondern lediglich ergänzen. Insofern repräsentiert das DWH-Konzept einen Kompromiss zwischen den Extremen *separate Datenhaltung* und *gemeinsame Datenhaltung,* welcher von den möglichen Integrationsszenarien ein günstiges Verhältnis von Kosten und Nutzen aufweist.

Als zweites Beispiel sei ein kombiniertes Groupware- und Content-Management-Werkzeug[16], wie z. B. Lotus Notes, angeführt, dessen Potenzial ebenfalls in der Integration liegt. So bietet dieses die Möglichkeit, Kalendereinträge, Adressen, E-Mails, Aufgaben, Berechtigungen und expliziertes Wissen (z. B. in Form von Dokumenten) in einem System zu verwalten und über Links miteinander zu verknüpfen. Dadurch besteht die Chance, diese eher semistrukturierten Daten mit zusätzlicher Struktur anzureichern, also zu ordnen. Der Mehrwert, den Lotus Notes gegenüber mehreren, auf Teilaufgaben spezialisierten Einzelapplikationen bietet, liegt gerade in der Integration der Daten verschiedenen Typs sowie der zugehörigen Funktionalitäten zur Bearbeitung dieser Daten in einem einzigen System. Die Integration und Strukturierung eröffnet dem Anwender eine bessere Verknüpfung zusammengehöriger Daten und verbessert dementsprechend seinen Informationsstand gegenüber einem Szenario, in dem zusammengehörige Daten in verschiedenen Einzelapplikationen unverknüpft vorliegen und durch den Anwender selbst zueinander in Beziehung gesetzt werden müssen. Betrachtet man allerdings den Grad der Integration, stellt auch Lotus Notes lediglich einen Kompromiss dar. So ermöglicht das System z. B. die Ablage von Spreadsheet- oder Bilddateien, die eigentliche Dateibearbeitung muss jedoch in einer separaten Anwendung erfolgen, da auf die Integration der entsprechenden Funktionalität verzichtet wurde.

[16] Ein derart kombiniertes Werkzeug stellt gleichzeitig einen Vertreter von Knowledge Management Systems dar.

Die Beispiele demonstrieren zum einen den Nutzen, den Integration stiften kann, zum anderen aber auch, dass konkrete Integrationsszenarios (wie das DWH-Konzept und das Beispiel Lotus Notes) i. d. R. einen Kompromiss zwischen Maximal- und Minimalforderungen darstellen, welcher ein akzeptables Verhältnis von Kosten und Nutzen aufweist. Den Massstab dieses Verhältnisses repräsentiert der optimale Integrationsgrad. Dementsprechend wird der in einem konkreten Anwendungsszenario zu wählende Integrationsgrad determiniert durch die ökonomische Vorteilhaftigkeit der entsprechenden Lösungsalternative gegenüber den übrigen zur Verfügung stehenden Alternativen. Die ökonomische Bewertung der Integrationsalternativen wird als wesentliche und bisher nur unzureichend thematisierte Herausforderung eines Integrationsvorhabens gesehen. Ziel muss es also sein, den Entscheidungsprozess ganzheitlich zu unterstützen und Systeme und Daten bis zu einem gewissen Grad, gemessen an der ökonomischen Vorteilhaftigkeit, zu integrieren.

5 Konzeption eines Corporate Knowledge Centers

Kapitel 5 stellt dar, wie ein Informationssystem gestaltet werden könnte, das den Entscheidungsprozess besser unterstützt als bestehende Ansätze. Intensiver beleuchtet werden die Integrationsmöglichkeiten von semistrukturierten und strukturierten Daten, wobei der Fokus hier auch auf den diese Daten verwaltenden Applikationen liegt.

Das Corporate Knowledge Center soll alle Phasen des kollaborativen Entscheidungsprozesses und alle an diesem Prozess Beteiligten unterstützen. Der Kerngedanke besteht darin, eine Integrationsinfrastruktur für MSS- und KMS-Applikationen zu schaffen, welche flexibel genug ist, den Integrationsgrad Kosten-Nutzen-gerecht anzupassen. Diese soll nicht, wie bei real existierenden Data-Warehouse-Implementierungen, allein auf Datenintegration basieren, sondern alle existierenden Integrationsmöglichkeiten (Datenintegration, Funktionsintegration, Integration durch Metadaten und Oberflächenintegration) gezielt nutzen, um somit unterschiedlich stark strukturierte Datenquellen miteinander zu integrieren und Entscheidungsprozesse zu unterstützen.

Der CKC-Gedanke stellt zwei wesentliche Integrationsanforderungen. Einerseits erfordert die Unterstützung des nicht vorherdefinierten Entscheidungsprozesses die Integration der Funktionalitäten verschiedener MSS-Applikationen. Andererseits ist zur Erzeugung einer ganzheitlichen Sicht auf die Entscheidungssituation eine semantische Verknüpfung der Informationen nötig, welche von diesen Applikationen verwaltet werden, was nach Meinung der Autoren die wichtigere und in naher Zukunft auch die eher realisierbare Forderung ist.

Die Integration der unterschiedlichen Systeme zu einer Plattform für die Entscheidungsunterstützung kann auf unterschiedlichen Ebenen erfolgen. Applikationen können in mehrere Schichten aufgeteilt werden: In die Datenhaltungsschicht, die Programmlogikschicht und die Benutzeroberfläche bzw. Präsentationsschicht (vgl. Balzert 2001, S. 696 f.). Die Datenhaltungsschicht kann weiter unterteilt werden in eine Ebene der eigentlichen Objektdaten (im Folgenden als Daten bezeichnet) und in die Ebene der Metadaten, welche u. a. die Bedeutung und den Aufbau der Objektdaten beschreiben sowie Teile der Programmlogik und der Benutzeroberfläche steuern können.

5.1 Integrationsebenen innerhalb von Applikationen

Im Folgenden werden die wesentlichen Unterschiede bei der Integration durch eine gemeinsame Benutzeroberfläche, bei Funktionsintegration bzw. Integration über Applikationsschnittstellen, bei der Integration durch gemeinsame, semantisch integrierte Metadaten sowie bei Datenintegration erläutert.

Integration durch gemeinsame Benutzeroberfläche

Die Integration auf der Schicht der Benutzeroberfläche zielt auf einen einheitlichen, konsistenten Zugriff auf die Applikationen ab, welche die Informationen bereitstellen. Realisiert wird diese Integrationsform, indem auf die Benutzerschnittstellen bestehender Anwendungen neue Benutzerschnittstellen aufgesetzt werden (vgl. Ruh et al. 2001, S. 22f.). State of the Art dieser Integrationsmöglichkeit stellen internettechnologiebasierte Portallösungen ohne Backend-Integration dar. Vorteile dieser Lösung sind, dass alle Informationen unter einer einheitlichen Oberfläche zur Verfügung stehen, sich die Nutzung durch ein einheitliches Bedienkonzept einfacher gestalten lässt und diese Lösung schnell und kostengünstig zu realisieren ist. Nachteilig bei einer ausschliesslichen Oberflächenintegration ist, dass die vereinheitlichte Applikation den Prozess kaum besser unterstützt als vorher. Des Weiteren findet keine Konsolidierung und Integration der Daten (siehe hierzu Abschnitt 3) und keine Kontrolle der Redundanz statt. Eventuelle Inkonsistenzen bleiben somit erhalten.

Funktionsintegration/Integration über Applikationsschnittstellen

Die Integration auf Ebene der Programmlogik der beteiligten Applikationen ist eine Form, die über verschiedene technische Mechanismen realisiert werden kann, bspw. durch Nachrichtenaustausch oder Funktionsaufrufe. Diese Integrationsmöglichkeit ist jedoch stark abhängig von den zur Verfügung gestellten Schnittstellen der zu integrierenden Applikationen. Der grösste Nutzen dieser Lösung besteht darin – geeignete Schnittstellen bzw. eine Komponentenarchitektur (vgl. Ruh et al. 2001, S. 33f. und S. 174) vorausgesetzt –, dass die geforderte prozessorientierte Integration der Applikationen möglich wird. Zudem können die Teilsysteme Informationen austauschen und (in Grenzen) Daten abgleichen. Stellen die Applikationen eine entsprechende Funktion zur Verfügung, ist es bspw. möglich, eine systemübergreifende Suche zu implementieren.

Problematisch ist jedoch, dass derzeit existierende MSS-Applikationen ihre Schnittstellen selten offen legen, die Schnittstellenkonzepte stark unterschiedlich sind und bisher kein semantischer Standard für MSS-Applikations-Schnittstellen oder -komponenten in Aussicht ist. Praktikabel wird diese Möglichkeit der Integration dann, wenn MSS-Applikationen eine komponentenorientierte Struktur aufweisen, was derzeit nicht der Fall ist (vgl. von Maur 2000, S. 20f.). Entsprechende Komponenten sollten sich dann einem klar abgegrenzten Problemfeld widmen und ihre Funktionalität durch eine Schnittstelle offen legen.

Integration durch gemeinsame, semantisch integrierte Metadaten

Metadaten lassen sich grob in zwei Kategorien einteilen, in fachliche und technische Metadaten (vgl. Do, Rahm 2000, S. 4f.). Fachliche Metadaten bilden vorrangig das Begriffsverständnis und die Beziehungen zwischen Begriffen des in der Applikation abgebildeten Weltausschnitts ab. Ihnen kommt dabei sowohl in KMS als auch in MSS die Rolle zu, als Orientierungshilfe für den Benutzer zu dienen und ihn bei der Navigation und Suche im Datenbestand zu unterstützen. Technische Metadaten dienen dagegen vorrangig dem System selbst, sie steuern bspw. Transformationsprozesse und beschreiben, wie Daten im System abgelegt werden. Durch die Integration der fachlichen Metadaten wird es möglich, die Datenbestände in einer einheitlichen Struktur darzustellen und mit einem gemeinsamen Begriffsverständnis zu durchsuchen (vgl. z. B. Konzeption in Becker et. al 2002 und Realisierungen wie Cody et al. 2002). Für eine weitergehende Integration, bspw. um Daten gemeinsam auszuwerten, ist eine zusätzliche Integration der technischen Metadaten notwendig. Dies kann etwa bedeuten, dass verschiedene Arten von Zahlenrepräsentationen aufeinander abgebildet werden müssen, wofür Transformationsregeln zu hinterlegen sind.

Vorteil der Integration auf Ebene der Metadaten ist, dass eine echte semantische Integration ermöglicht wird, ohne die Quelldaten physisch integrieren zu müssen. Problematisch ist hierbei, dass auch bei der Integration auf Metadatenebene eine Art unternehmensweites Datenmodell (vgl. Grochla 1974 und Scheer 2001) vonnöten ist. Möglich und sinnvoll kann an dieser Stelle eine partielle Integration der Metadaten sein, insb. für die Bereiche, in denen ein gemeinsames Verständnis über die Daten herrscht. Zudem sind manche Transformationen bzw. Mappings nicht vollständig automatisierbar, was bedeutet, dass solche Quellen anderweitig eingebunden werden müssen. Nicht zu vernachlässigen bei einer Transformation in Echtzeit ist zudem der Faktor Performance. Die vollständige Ausschöpfung des Potenzials eines auf diese Weise integrierten Datenbestandes erfordert darüber hinaus neue Applikationen, welche in der Lage sind, die integrierten Daten auch zu verarbeiten.

Datenintegration

Die physische[17] Integration auf der Datenebene bietet sich nur an, wenn die Daten gleichartig strukturiert werden können, wie bspw. beim Data Warehouse üblich. Mittelfristig scheint jedoch keine optimale Speicherform für alle Arten bzw. Strukturierungsgrade der Daten in Sicht zu sein. Auch ist das Anfertigen einer redundanten Kopie in vielen Fällen nicht sinnvoll.[18] Oft spricht auch das bereits angesprochene Wirtschaftlichkeitskriterium gegen eine derartige Integration von Daten. Für den Fall der Integration stark strukturierter Daten kann diese Art der Datenintegration durchaus beibehalten werden, das Data-Warehouse-Konzept hat sich an dieser Stelle bewährt. Für die semantische Verknüpfung semistrukturierter und stark strukturierter Daten erscheint dies jedoch nicht geeignet, da eine gemeinsame Strukturierung auf Datenebene nach einem einheitlichen Metamodell, wie bspw. dem Relationenmodell oder dem Dokumentenmodell von Lotus Notes, entweder mit Strukturverlust bei den stark strukturierten Daten oder mit Inhaltsverlust bei den semistrukturierten Daten einhergeht. Ein Alternativkonzept, welches diese Problematik umgeht, stellt eine zusätzliche Datenbasis dar, welche die Verknüpfungen zwischen den verschieden strukturierten Ausgangsdaten herstellt (vgl. Rieger et al. 2000).

Die Betrachtung der Vor- und Nachteile der Integration auf den vier Schichten ergibt, dass nur das Einbeziehen aller Integrationsebenen die gewünschte Prozessunterstützung und semantische Integration der Daten im Entscheidungsprozess erreichen kann. Dennoch ist die Daten- und Metadatenintegration die bedeutungsvollere, bilden doch die integrierten Informationen erst die Grundlage für Entscheidungen. Aufgrund der zahlreichen Nachteile einer physischen Datenintegration scheint eine metadatenbasierte Föderation von verschiedenen Informationsquellen der realistischere Ansatz, den es in Zukunft stärker zu beachten gilt (siehe hierzu z. B. Haas et al. 1999; Jhingran et al. 2002, Roth et al. 2002, S. 570-575, Somani et al. 2002, S. 693 ff.).

5.2 Architekturvorschlag für ein Corporate Knowledge Center

Abbildung 1 stellt eine mögliche Architektur eines CKC dar. Die Aufteilung in die vier Ebenen wird konzeptionell beibehalten. Auf der Datenhaltungsschicht befinden sich die verschiedenen entscheidungsrelevanten Datenquellen, bspw. Data Warehouse, Content Management System, beliebige externe Quellen und der CKC-Speicher. Der CKC-Speicher hält die integrierten Daten und Metadaten (z. B. Transformationsregeln, Annotationen, etc.) des CKC und die Ad-hoc-Workflows[19] vor. Die einzelnen Datenspeicher werden technisch motiviert gebildet bzw. sind bereits vor-

[17] Physisch im Sinne einer Abbildung der Quelldaten auf ein integriertes MSS-Datenmodell mithilfe eines einzigen Metamodells (z. B. Relationenmodell).

[18] Man bedenke dabei die Idee, externe Daten aus dem Internet in ein Data Warehouse integrieren zu wollen.

handen, d. h. quantitative Daten werden bspw. physisch in das Data Warehouse integriert, Dokumente in einem Content Management System und zeitnahe Daten im ODS vorgehalten. Diese einzelnen Datenspeicher werden durch eine Integrationsinfrastruktur föderiert.[20] Die dargestellte Integrationsinfrastruktur sollte in der Lage sein, beliebige Daten aus den jeweiligen Quellen über eine einheitliche Abfragesprache semantisch integriert zur Verfügung zu stellen. Voraussetzung dafür ist es, ein gemeinsames Modell aller angeschlossenen Datenquellen zu erstellen. Dieses Modell und die darunter liegenden Modelle müssen dann aufeinander abgebildet werden. Ergebnis dieser Modellierung und Abbildung sind Metadaten, welche Wrapper steuern können, die dann die Transformation der eigentlichen Daten übernehmen.

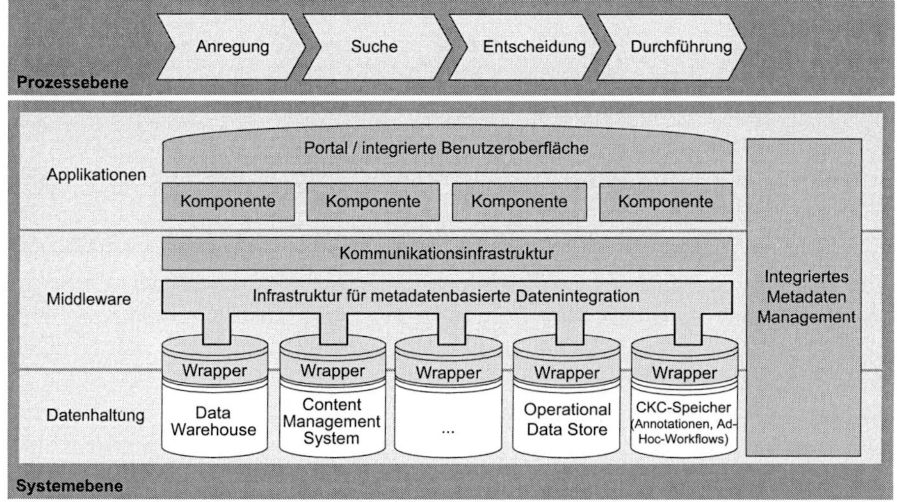

Abb. 1: Grobarchitektur eines Corporate Knowledge Centers

Um die Integration der Funktionalität entsprechend des Entscheidungsprozesses zu schaffen, sollte die Programmlogikschicht auf Komponenten basieren, welche ihre Funktionen über eine Kommunikationsinfrastruktur integrieren. Das Corporate Knowledge Center übernimmt dann die Koordination der Komponenten durch eine Workflow-Engine, die an diese Kommunikationsinfrastruktur angeschlossen ist. Wichtig hierbei ist, dass die Workflows nicht vordefiniert sind, sondern während des Entscheidungsprozesses erst entstehen. Die Workflows sind deshalb in Form von Metadaten vorzuhalten, welche die Engine steuern. Alle Metadaten des CKC werden integriert im CKC-Speicher vorgehalten.

19 Ad-hoc deshalb, weil die Abfolge von Entscheidungsprozessen erst innerhalb der Ausführung von Entscheidungsprozessen entsteht.

20 Vgl. Konzept der föderierten Datenbanksysteme in (Conrad 1997) und Database Middleware in (Haas et al. 1999).

Eine integrierte Benutzeroberfläche sorgt auf oberster Ebene dafür, dass alle Informationen einheitlich zugänglich sind sowie kontextsensitiv und individualisiert zur Verfügung gestellt werden.

Die gezeigte Architektur ermöglicht es, den gewünschten Integrationsgrad auf den unterschiedlichen Ebenen flexibel anzupassen, indem die verschiedenen Integrationsschichten bedürfnisgerecht ausgebaut werden.

6 Zusammenfassung und Ausblick

Im vorliegenden Beitrag wurde herausgearbeitet, dass Management Support Systems und Knowledge Management Systems deutlich ähnliche Zielsetzungen verfolgen und daher eine getrennte Betrachtung nicht sinnvoll erscheint. Darüber hinaus wurden die Bedeutsamkeit und das Potenzial einer Integration beider Ansätze aufgezeigt. Vor diesem Hintergrund werden MSS neu definiert, und zwar zweckgebunden als Systeme zur Entscheidungsunterstützung. Besonders hohes und auch kurzfristig realisierbares Potenzial wird in einer Integration auf Ebene der Daten bzw. Metadaten gesehen wobei aufgrund der Anforderung, auch externe und schwach strukturierte Daten im Entscheidungsprozess zur Verfügung stellen zu müssen, einer föderierten Architektur der Vorzug gegeben werden sollte. Hierbei besteht der Forschungsbedarf, neu entwickelte Produkte (z. B. IBM 2003) bezüglich ihrer Praxistauglichkeit für entscheidungsrelevante Daten zu untersuchen.

Die Integration von Informationen unabhängig von ihrer Herkunft und Struktur sowie von Funktionen heutiger MSS ist ein entscheidender Faktor, um die entwickelte MSS-Vision zu operationalisieren. Das CKC-Konzept beschreibt eine Integrationsinfrastruktur, welche in der Lage ist, Daten und Funktionen bestehender Applikationen flexibel zu integrieren und zu koppeln. Zukünftige Forschungsbemühungen sollten sich auf die Entwicklung von Methoden zur Auswahl der zu integrierenden Informationen sowie zur Bestimmung des zweckmässigsten Integrationsgrades konzentrieren. Ein mögliches Forschungsergebnis könnte ein System von Heuristiken oder Patterns sein, welches in Abhängigkeit von der Organisationsform des Unternehmens und der bestehenden Systeminfrastruktur die Ableitung des ökonomisch vorteilhaftesten Grades an Integration ermöglicht.

Literatur

Adam, D.: Planung und Entscheidung: Modelle, Ziele Methoden, Mit Fallstudien und Lösungen. 4. Aufl., Gabler, 1996.

Back, A.; Seufert, A.: State of the Art des Management-Supports – Teil 2: Neuere Management Support Ansätze, Universität St. Gallen, 1997.

Balzert, H.: Lehrbuch der Software-Technik. 2. Aufl., Spektrum-Verlag, 2001.

Becker, J.; Knackstedt, R.; Serries, T.: Informationsportale für das Management: Integration von Data-Warehouse- und Content-Management-Systemen. In: von Maur, E.; Winter, R. (Hrsg.): Vom Data Warehouse zum Corporate Knowledge Center: Proceedings der Data Warehousing 2002. Physica-Verlag, 2002.

Cody, W. F.; Kreulen, J. T.; Krishna, V.; Spanger, W. S.: The Integration of business intelligence and knowledge management. In IBM Systems Journal, Vol 41, 2002, S. 697-713.

Conrad, S.: Föderierte Datenbanksysteme – Konzepte der Datenintegration. Springer, 1997.

Chamoni, P; Gluchowski, P (Hrsg.): Analytische Informationssysteme: Data Warehouse, On-Line Analytical Processing, Data Mining. 2. neubearb. Aufl., Springer, 1999.

Devlin, B.: Data Warehouse: from Architecture to implementation. Addison Wesley, 1997.

Do, H. H.; Rahm, E.: On Metadata Interoperability in Data Warehouses. Report 01. Universität Leipzig, 2000. URL: http://dol.uni-leipzig.de/pub/2000-12 (20.12.2002).

Gabriel, R.; Dittmar, C.: Der Ansatz des Knowledge Managements im Rahmen des Business Intelligence. In: HMD – Praxis der Wirtschaftsinformatik Jg. 38, Heft 222, dpunkt Verlag, 2001, S. 17-28.

Gluchowski, G., Gabriel, G.; Chamoni, P.: Management Support Systeme: Computergestützte Informationssysteme für Führungskräfte und Entscheidungsträger. Springer, 1997.

Grochla, E. et. al.: Integrierte Gesamtmodelle der Datenverarbeitung, Hanser, 1974.

Haas, L. M.; Miller, R. J.; Niswonger, B., Roth, M., Schwarz, P.M.; Wimmers, E.L.: Transforming Heterogenous Data with Database Middleware: Beyond Integration. In: Bulletin of the Technical Comitee on Data Engineering, March 1999, Vol. 22 No. 1, IEEE Computer Society.

Haun, M.: Handbuch Wissensmanagement: Grundlagen und Umsetzung, Systeme und Praxisbeispiele. Springer, 2002.

Haberstock, Philipp: Executive Information Systems und Groupware im Controlling – Integration durch das Prozess-orientierte Team-Controllingsystem (ProTeCos), Deutscher Universitätsverlag, Wiesbaden, 2000.

IBM Corp.: Information Integration, DB2 Information Integrator Website, 2003. URL: http://www-3.ibm.com/software/data/integration/ (12.2.2003)

Jhingran, A.D.; Mattos, N; Prahesh, H.: Information integration: A research Agenda. In IBM Systems Journal, Vol 41, 2002, S. 555-561.

Krallmann, H.; Mertens, P.; Rieger, B.: Management Support System (MSS). In: Mertens P. et al. (Hrsg): Lexikon der Wirtschaftsinformatik. 4., vollst. neu bearb. und erw. Aufl., Springer-Verlag, 2001, S. 287-288.

Maier, R.: Knowledge Management Systems – Information and Communication Technologies for Knowledge Management, Habilitationsschrift Universität Regensburg, Springer-Verlag, 2002.

von Maur, E.: Object Warehouse – Konzeption der Basis objektorientierter Management Support Systems am Beispiel von Smalltalk und dem ERP Baan, Dissertation, Universität Osnabrück, 2000, URL: http://www.eitelvonmaur.de/owh/ (3.1.2003)

von Maur, E.; Winter, R. (Hrsg): Vom Data Warehouse zum Corporate Knowledge Center: Proceedings der Data Warehousing 2002. Physica-Verlag, 2002.

Meier, M.: Integration externer Daten in Planungs- und Kontrollsysteme, Deutscher Universitäts-Verlag, 2000.

Mertens, P.: Integration interner, externer, qualitativer und quantitativer Daten auf dem Weg zum Aktiven MIS. Wirtschaftsinformatik, 41 (1999) 5, S. 405-415.

Oppelt, R. U.: Computerunterstützung für das Management – neue Möglichkeiten der computerbasierten Informationsunterstützung oberster Führungskräfte auf dem Weg vom MIS zum EIS? Diss. Univ. München, Oldenbourg-Verlag, 1995.

Popper, K.: Ausgangspunkte — Meine intellektuelle Entwicklung, 2. Aufl., Hoffmann und Campe, 1994.

Probst, G.; Raub, S.; Romhardt, K.: Wissen managen: Wie Unternehmen ihre wertvollste Ressource optimal nutzen. 3. Aufl., Gabler, 1999.

Rieger, B.: Der Rechneruntersützte Arbeitsplatz für Führungskräfte, Habilitationsschrift, TU-Berlin, 1993.

Rieger, B., Kleber, A., von Maur, E.: Metadata-Based Integration of Qualitative and Quantitative Information Resources Approaching Knowledge Management. In: Hansen, H.R., Bichler, M., Mahrer, H. (Hrsg.): Proceedings of the 8th European Conference on Information Systems (ECIS 2000), Volume 1, Wien (2000), S. 372-378.

Rieger, B., Mentrup, A.: MSS und Wissensmanagement: Dimensionen und Perspektiven der Integration. In: Schnurr, H.-P. et. al. (Hrsg.): Professionelles Wissensmanagement – Erfahrungen und Visionen (WM´2001), Shaker-Verlag, 2001, S. 99-112.

Roth, M.A.; Wolfson, D. C.; Kleewein, J. C.; Neelin, C. J.: Informations Integration: A new generation of information technology. In IBM Systems Journal, Vol 41, 2002, S.563-577.

Ruh, W.; Maginnis, F.; Brown, W.: Enterprise Application Integration, John Wiley & Sons, Inc., New York et al. , 2001.

Scheer, A.-W.: Unternehmensdatenmodell. In: Mertens P. et al. (Hrsg): Lexikon der Wirtschaftsinformatik. 4., vollst. neu bearb. und erw. Aufl., Springer-Verlag, 2001, S. 485-487.

Scott Morton, M.: State of the Art of Research in Management Support Systems, Working Paper, Nr. 107, MIT, Center for Information Systems Research, 1983.

Simon, H.: The New Science of Management Decision. Prentice Hall, 1977.

Somani, A.; Choy, D.; Kleewein, J. C.: Bringing together data management and data management systems: Challenges and opportunities.. In IBM Systems Journal, Vol 41, 2002, S.686-696.

Stahlknecht, P.: Management-Informationssystem (MIS). In: Mertens P. et al. (Hrsg): Lexikon der Wirtschaftsinformatik. 4., vollst. neu bearb. und erw. Aufl., Springer-Verlag, 2001, S.288-289.

Turban, E.; Aronson, J. E.: Decision Support Systems and Intelligent Systems. 6. Aufl., Prentice Hall, 2001.

Watson, H.; Houdeshel, G.; Rainer, K.: Building Executive Information Systems – and other Decision Support Applications, John Wiley & Sons, 1997.

Die organisatorische Dimension von Data Warehousing und Metadatenmanagement

Gunnar Auth

Universität St. Gallen

Ein gezieltes und umfassendes Management von Metadaten für das Data Warehousing erfordert ein hohes Mass an Abstimmung unter den beteiligten Personen. Um diese Abstimmungsvorgänge effektiv und effizient zu gestalten, ist es erforderlich, explizite Prozesse für den Umgang mit Metadaten zu definieren. Der Beitrag beschreibt den Entwurf eines konzeptionellen Prozessmodells für die Aufbereitung und Bereitstellung von Metadaten, das auf den Nutzenpotentialen des Metadatenmanagements für das Data Warehousing basiert. Das Modell definiert Prozesse, Teilprozesse und Aufgaben und ordnet diese den zugehörigen Aufgabenträgern bzw. Rollen zu.

1 Einleitung

Das Metadatenmanagement gilt als wichtiger Katalysator für die Effektivität und Effizienz für den gesamten Data-Warehouse-Lebenszyklus (vgl. z. B. Marco 2000, S. 31 ff.). Ein wichtiges Ziel bei der Einführung eines Metadatenmanagements ist eine gemeinsame, innerhalb der ganzen Organisation einheitliche und akzeptierte Semantik der Daten auf der Meta-Ebene. Im Zuge eines umfassenden Metadatenmanagements ist es notwendig, die Semantik wichtiger Datenobjekttypen (z. B. Relationen, Attribute oder auch Datenstrukturen in Programm-Modulen) festzulegen, explizit in Form von Metadaten zu verwalten und für Entwickler und Anwender verfügbar zu machen. Bei der Integration von Daten aus heterogenen Applikationen in einem Data-Warehouse-System erwachsen aus unterschiedlicher bzw. nicht dokumentierter Semantik grosse Probleme. Die Semantik der Daten, wie sie durch ihre Strukturen (z. B. in Datenschemata) festgelegt ist, reicht hier oftmals nicht mehr aus. Diese Problematik wird durch komplexe Datentransformationsprozesse noch verstärkt, da Daten hierdurch von ihrem operativen Kontext (d. h. weitere, mit diesen Daten in Beziehung stehende Daten) getrennt werden können bzw. Semantik verloren geht, die implizit im ursprünglichen Quellsystem festgelegt ist.

Die nachträgliche Dokumentation bzw. Festlegung der Datensemantik ist eine umfangreiche Aufgabe, bei der jede existierende Applikation betrachtet werden muss und somit jeder Anwender und Entwickler einer Applikation unmittelbar oder mittelbar betroffen ist. Hieraus entsteht bereits beim erstmaligen Durchführen dieser Aufgabe ein enormer Abstimmungsaufwand zwischen den menschlichen Aufgabenträgern einer Organisation. Eine Dokumentation der Datensemantik in Form von Metadaten kann ihren Zweck allerdings nur erfüllen, wenn auch die ständig durchgeführten Änderungen an Datenschemata und -strukturen nachvollzogen werden. Neben dedizierten Applikationen zur Verwaltung der Metadaten ist daher die Gestaltung eines organisatorischen Rahmens für das Metadatenmanagement erforderlich, um Konsistenz, Aktualität und Qualität der Metadaten sicherstellen zu können. Die Aufgaben der beteiligten Mitarbeiter müssen in Rollenbeschreibungen spezifiziert und deren Durchführung durch definierte Prozesse festgelegt werden.

2 Die Prozesssicht als allgemeine Organisationsform

Während die funktionale Organisation gleichartige Aufgaben an unterschiedlichen Objekten innerhalb eines Unternehmens nach dem Verrichtungsprinzip zu betrieblichen Funktionsbereichen (z. B. Beschaffung, Produktion, Absatz) zusammenfasst, werden für eine prozessorientierte Organisation nach dem Objektprinzip zunächst schrittweise betriebliche Objekte identifiziert und die zugehörigen Arbeitsabläufe zu Prozessen vereinigt (vgl. Ferstl, Sinz 2001, S. 66ff.). Betriebliche Objekte sind bspw. Produkt(gruppen), Aufträge oder Rechnungen. Die Prozesse eines Unternehmens decken somit die gesamte betriebliche Wertschöpfungskette ab und verlaufen quer zu den betrieblichen Funktionsbereichen (vgl. Stahlknecht, Hasenkamp 1997, S. 244).

Obwohl die Grundlagen einer prozessorientierten Organisation bereits zu Beginn der 1930er Jahre erforscht wurden,[1] hat die *Prozessorientierung* in den 1990er Jahren, ausgelöst durch die Arbeiten von HAMMER und CHAMPY (Hammer, Champy 1993, Hammer 1996), eine grosse Popularität in Forschung und Praxis erlangt (vgl. Becker, Kahn 2000, S. 3). Trotz einer Vielzahl von Veröffentlichungen in der populär-wissenschaftlichen und wissenschaftlichen Literatur konnte sich bisher noch kein einheitliches Begriffsverständnis für betriebliche Prozesse durchsetzen (vgl. Hess 1996, S. 9, Ferstl, Sinz 2001, S. 126). FERSTL und SINZ beziehen sich mit dieser Aussage allerdings explizit auf Geschäftsprozesse, einem speziellen Typ von betrieblichen Prozessen. Geschäftsprozesse unterscheiden sich von anderen betrieblichen Prozessen dadurch, dass sie unmittelbar auf die Stiftung von Kundennutzen ausgerichtet sind und somit den praktischen Vollzug der marktbezogenen Kernaktivitäten eines Unternehmens verkörpern (vgl. Rüegg-Stürm 2001, S. 35, Becker, Kahn 2000, S. 4).

[1] NORDSIECK charakterisiert bereits 1934 (Nordsieck 1934, S. 77) den Betrieb als einen fortwährenden Prozess, der mit gleichen oder sich nur wenig verändernden Aufgaben neue Produkte und Dienstleistungen schafft.

Allgemein wird in der betriebswirtschaftlichen Literatur unter einem *Prozess* ein ereignisgesteuerter Ablauf von Aufgabendurchführungen zur Erstellung einer Leistung verstanden (vgl. Ferstl, Sinz 2001, S. 126, Becker, Kahn 2000, S. 4). Auch in den Ingenieurwissenschaften wird traditionellerweise zwischen dem Produkt und dem Prozess zur Erstellung dieses Produkts unterschieden (vgl. Rolland et al. 1999, S. 165). Im Hinblick auf die für diesen Beitrag verwendete Methode für den Prozessentwurf wird das Prozessverständnis von ÖSTERLE zugrunde gelegt, wie es auch für die Prozessperspektive des St. Galler Unternehmungsmodells verwendet wird (vgl. Rüegg-Stürm 2001, S. 29-38).

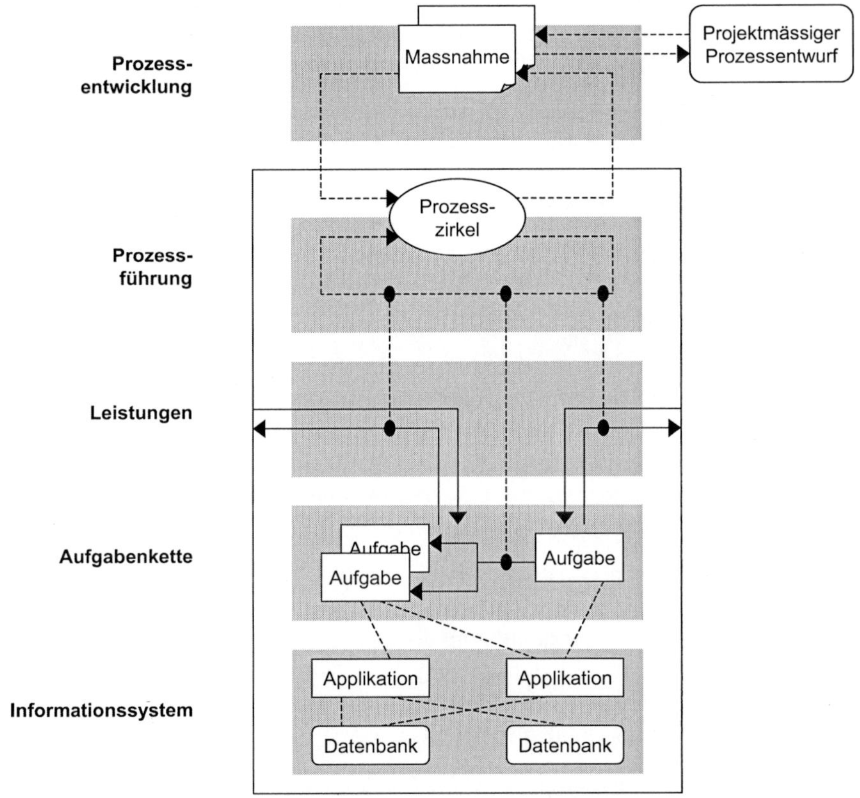

Abb. 1: Prozessmodell von ÖSTERLE (Österle 1995, S. 50)

Abbildung 1 illustriert die fünf konstituierenden Komponenten, aus denen ein Prozess besteht (Österle 1995, S. 49f.):

1. Den zentralen Bestandteil eines Prozesses bilden *Aufgabenketten*, die Aufgaben und deren Ablauf beschreiben. Aufgaben werden von Aufgabenträgern durchgeführt. Für die Wirtschaftsinformatik sind maschinelle Aufgabenträger (Applikationen) sowie personelle Aufgabenträger (Organisationseinheiten bzw. Personen, die betriebliche Rollen wahrnehmen) relevant (Österle 1995, S. 50).

Für die Durchführung ihrer Aufgaben sind Aufgabenträger durch ein oder mehrere Kommunikationssysteme verbunden (vgl. Ferstl, Sinz 2001, S. 2f.). Der Aufgabenablauf wird von den Abhängigkeiten der Aufgaben voneinander bestimmt. Er beginnt und endet mit einem Ereignis. Aufgabenketten lassen sich in verschiedenen Detaillierungsstufen betrachten.

2. Ein *Informationssystem* unterstützt die Aufgaben durch Applikationen und Datenbanken.

3. Ein Prozess produziert und konsumiert *Leistungen*, die er mit anderen Prozessen austauscht (Input/Output). Die Leistungen eines Prozesses sind ein wichtiger Ausgangspunkt für den Prozessentwurf, der darauf zielt, den Prozessablauf hinsichtlich der Leistungserstellung zu optimieren (Hess 1996, S. 162).

4. Die Qualität des Prozesses wird durch die *Prozessführung* gesichert. „Sie bestimmt die Führungsgrössen, setzt Vorgaben und überprüft sie anhand von Messpunkten im Prozess. Sie leitet Handlungsbedarfe ab, bestimmt Massnahmen für die Weiterentwicklung und überwacht deren Ausführung" (Österle 1995, S. 49).

5. „Die *Prozessentwicklung* plant und kontrolliert Massnahmen zur Reorganisation des Prozesses aus dem projektmässigen Prozessentwurf und der permanenten Prozessführung" (Österle 1995, S. 49).

In der betrieblichen Praxis entstehen bei der Gestaltung der Organisation in der Regel Mischformen des funktionalen und des prozessorientierten Ansatzes (Ferstl, Sinz 2001, S. 67). Dabei wird einerseits die Aufgabengliederung nach dem Verrichtungsprinzip für die Gestaltung der Aufbauorganisation und andererseits die explizite Anwendung der Prozesssicht auf die betrieblichen Aufgaben zur Gestaltung der Ablauforganisation verwendet (Becker, Kahn 2000, S. 4).

In der Terminologie von ÖSTERLE heissen die für die Leistungserstellung verantwortlichen Geschäftsprozesse auch *Leistungsprozesse*. Leistungsprozesse sind auf die Kundenbedürfnisse ausgerichtet und umfassen diejenigen Aufgaben, die direkt mit der Befriedigung der Kundenbedürfnisse zusammenhängen (Österle 1995, S. 130). Neben den Leistungsprozessen werden von ÖSTERLE zwei weitere Kategorien von betrieblichen Prozessen identifiziert (Österle 1995, S. 130):

Führungsprozesse beinhalten dispositive, prozessübergreifende Aufgaben, die zur Gestaltung, Lenkung und Entwicklung der Prozessarchitektur dienen. HESS nennt als typische Beispiele für Führungsprozesse die Budgetierung, Mitarbeiterführung sowie die strategische Führung (Hess 1996, S. 166).

Unterstützungsprozesse erstellen interne Leistungen, die nötig sind, um Leistungsprozesse effektiv und effizient durchführen zu können. Unterstützungsprozesse umfassen Aufgaben, die für Aufbau und Verwaltung der für die Leistungserstellung benötigten, internen Ressourcen (z. B. Mitarbeiter, IT-Infrastruktur, Gebäude) erforderlich sind.

Jeder Prozesstyp kann wiederum eine Reihe von konkreten Einzelprozessen umfassen, die in ihrer Gesamtheit die *Prozessarchitektur* eines Unternehmens bilden (vgl. Österle 1995, S. 61; Hess 1996, S. 161).

Das St. Galler Unternehmungsmodell, das ein Unternehmen aus der Perspektive einer systemorientierten Managementlehre beschreibt, legt seiner Prozesssicht sowohl das grundlegende Prozessverständnis als auch die Prozesstypologie von ÖSTERLE zugrunde (Rüegg-Stürm 2001, S. 31-37). Lediglich die Bezeichnungen der Prozesstypen werden an den Sprachgebrauch des primär betriebswirtschaftlichen Hintergrunds des Modells angepasst. Die Führungsprozesse werden zu *Managementprozessen* (Rüegg-Stürm 2001, S. 33-35), Leistungsprozesse zu *Geschäftsprozessen* (Rüegg-Stürm 2001, S. 35f.). Die Bezeichnung Unterstützungsprozesse wird beibehalten.

Neben einer Reihe von weiteren Teilprozessen der Kategorie Unterstützungsprozesse beschreibt RÜEGG-STÜRM Prozesse des Informationswesens (Rüegg-Stürm 2001, S. 37): „Prozesse des Informationswesens dienen der zeitgerechten Bereitstellung von Führungskenngrössen zur Prozessführung und von Betriebs-, Finanz- und Risikodaten, was die informationstechnologischen Aufgaben der Aufbereitung dieser Daten betrifft.“ Wird die Entwicklung und der Einsatz von DWH-Systemen als Prozess aufgefasst, lässt dieser sich unter der Bezeichnung Data Warehousing in das St. Galler Unternehmungsmodell als ein Prozess des Informationswesens einordnen. Aus einer konsequenten Prozesssicht betrachtet, ist das Metadatenmanagement dann ein Unterstützungsprozess für das Data Warehousing, der Leistungen erbringt, um einen effektiven und effizienten Ablauf des Data Warehousing sicherzustellen. Dieser Gedanke wird im folgenden Abschnitt aufgegriffen und weiter vertieft.

3 Der Prozessbegriff in der Domäne Data Warehouse

Bei der Verwendung des Prozessbegriffs im Zusammenhang mit DWH-Systemen lassen sich grundsätzlich zwei Bedeutungsvariationen unterscheiden, denen zwei unterschiedliche Betrachtungsweisen zugrundeliegen. DWH-Systeme sind Softwaresysteme, die sich aus der Perspektive der Softwaretechnik (Software Engineering) als Produkt eines Software-Entwicklungsprozesses betrachten lassen (vgl. Balzert 1998, S. 28). Der Software-Entwicklungsprozess sollte in Anlehnung an Prinzipien aus den Ingenieurwissenschaften systematisch gestaltet werden, um Risiken zu reduzieren und eine möglichst hohe Produktqualität zu erreichen (Balzert 1998, S. 28). Zur Systematisierung des Entwicklungsprozesses werden in der Softwaretechnik eine Reihe von Prozess- oder Vorgehensmodellen vorgeschlagen.[2] In

2 Vgl. zu Vorgehensmodellen in der Softwaretechnik (Balzert 1998, S. 97ff.).

der DWH-Literatur werden spezifische Vorgehensmodelle für die Entwicklung von DWH-Systemen auch als *Data-Warehouse-Prozess* oder *Data-Warehousing-Prozess* bezeichnet. Dem Begriff liegt eine grundsätzlich *prozessorientierte Sichtweise* zugrunde, die auf eine möglichst effektive und effiziente Herstellung von DWH-Systemen zielt. Eine andere Bedeutung hat der Begriff Data-Warehouse-Prozess, wenn das DWH-System als Produkt des Entwicklungsprozesses im Vordergrund steht. Diese Perspektive dient zur Untersuchung der Produkteigenschaften. Ziel ist es dabei, die Eigenschaften des Produktes so zu gestalten, dass die Anforderungen des Anwenders in optimaler Weise erfüllt werden (vgl. Helfert 2002, S. 66). Mit dem Begriff Data-Warehouse-Prozess werden hier Abläufe im Inneren des Produkts Data Warehouse bezeichnet, es wird eine *produktorientierte Perspektive* eingenommen.

Im folgenden wird die unterschiedliche Verwendung des Prozessbegriffs in Literatur und Praxis zunächst aus der Produktperspektive (Abschnitt 3.1) und danach aus der Prozessperspektive (Abschnitt 3.2) weiter untersucht. Anschliessend werden Verwendung und Bedeutung des Prozessbegriffs im Zusammenhang mit Data Warehousing und Metadatenmanagement für den Kontext dieses Beitrags festgelegt.

3.1 Data-Warehouse-System aus Produktperspektive

Zur Analyse komplexer Systeme wird in der allgemeinen Systemtheorie[3] häufig zwischen Innen- und Aussensicht dieser Systeme unterschieden (z. B. Wilke 1991, S. 40f.; Ferstl, Sinz 2001, S. 17f.). Die Bildung der Sichten erfolgt durch Zerlegung eines Systems in seine Teilsysteme (Ferstl, Sinz 2001, S. 17). Die Aussensicht beschreibt ein nicht mehr weiter detaillierbares System anhand seines (äusseren) Verhaltens, also aus Sicht seiner Umwelt (vgl. Wilke 1991, S. 40f.). Dagegen beschreibt die Innensicht die (innere) Struktur und das Verhalten der Komponenten eines Systems (vgl. Wilke 1991, S. 40f.). Innen- und Aussensicht eines Systems ergänzen sich, sodass die Innensicht die Realisierung des äusseren Verhaltens beschreibt (Ferstl, Sinz 2001, S. 18). Aus Aussensicht betrachtet, transformiert ein DWH-System operative Daten zur Abwicklung von Geschäftsprozessen in analytische Daten zur Entscheidungsunterstützung. Über die Details der Transformation werden zunächst keine Aussagen gemacht. Erst bei Betrachtung der Innensicht werden einzelne Schritte und Komponenten für die Durchführung der Transformation sichtbar. Aus Produktperspektive beschreiben DWH-Prozesse das dynamische Verhalten der DWH-Komponenten. Bei näherer Betrachtung der DWH-Prozesse lassen sich wiederum verschiedene Prozesstypen unterscheiden. So beschreiben bspw. Datenübertragungsprozesse (teil)automatisierte Folgen von Operationen zur Übertragung von Daten aus einem Datenquellsystem zu einem Datenzielsystem (vgl. Devlin 1997, S. 379). Die Operationen werden in einer definierten Reihenfolge ausgeführt, an deren

[3] Einen Überblick über die allgemeine Systemtheorie aus Sicht der Betriebswirtschaftslehre gibt bspw. (Guntram 1985).

Anfang das Selektieren und Extrahieren der Daten aus ihrer Quelle steht. Anschliessend werden die Daten in die Struktur und das Format überführt, die durch das Zielsystem vorgegeben sind. Schliesslich werden die Daten in das Zielsystem geladen. Wegen der drei wichtigsten generischen Operationen, Extrahieren, Transformieren und Laden, werden Datenübertragungsprozesse häufig verkürzt ETL-Prozesse genannt (vgl. Bartel et al. 2000, S. 43; Vassiliadis et al. 2001b, S. 537).

Neben Datenübertragungsprozessen lassen sich in der Innensicht von DWH-Systemen noch weitere Prozesse identifizieren. Zur Sicherung bzw. Verbesserung der Datenqualität dienen Datenbereinigungsprozesse, in denen bspw. fehlende Datenwerte ergänzt oder individuelle Daten mit Referenzdaten (z. B. Postleitzahlen) abgeglichen werden (vgl. English 1999, S. 245 ff.). QUIX schlägt ein Metamodell für DWH-Prozesse vor, das die dynamischen Aspekte einer Data-Warehousing-Umgebung abbildet. Darin eingeschlossen sind „the usual data warehouse processes like data loading or update propagation“ wie auch „evolution processes, which are processes which evolve the data warehouse like the materialization of a new view or the addition of a new source“ (Quix 1999, Kap. 4, S. 2).

3.2 Data-Warehouse-System aus Prozessperspektive

Die prozessorientierte Betrachtung des DWH-Systems wird mit dem Begriff *Data Warehousing* ausgedrückt (z. B. Anahory, Murray 1997, S. 10 f.; Jung, Winter 2000, S. 5). In einem Grossteil der Literatur wird dabei unter Data Warehousing primär der Prozess für die Entwicklung des DWH-Systems verstanden (z. B. Gardner 1998; Vassiliadis et al. 2001a). Als Leistung bzw. Produkt erbringt dieser Prozess ein einsatzfähiges DWH-System. Diesem Verständnis folgt bspw. GARDNER, wenn er schreibt: „building a data warehouse is an extremely complex process“ (Gardner 1998, S. 52). Der DWH-Entwicklungsprozess, den GARDNER beschreibt, besteht aus mehreren Phasen und Aktivitäten, die iterativ ausgeführt werden und so die Evolution des DWH-Systems unterstützen. Obwohl der Schwerpunkt bei GARDNER auf der Entwicklung des DWH-Systems liegt, will er darüber hinaus vermitteln, dass Data Warehousing nicht mit der Inbetriebnahme eines DWH-Systems endet: „Data Warehousing is a process, not a product, for assembling and managing data from various sources for the purpose of gaining a single, detailed view of part or all of a business“ (Gardner 1998, S. 54).

Noch deutlicher wird die Rolle der Prozesse bei (Vassiliadis et al. 2001a, S. 205), die von einem komplexen DWH-Lebenszyklus sprechen. Einen ähnlichen Blickwinkel nehmen (Rieger et al. 2000, S. 372) ein, wenn sie schreiben: „Data warehouses are built to implement [...] a supply chain of decision relevant information.“ MEYER fordert als Konsequenz aus dem Prozesscharakter eine dauerhafte organisatorische Verankerung des Data Warehousing und beschreibt hierfür ein Organisationskonzept (Meyer 2000, S. 71 ff.). Prozesse und DWH-System stehen im Data Warehousing in einer engen Wechselbeziehung. Erst die Umsetzung der Prozesse mit Hilfe eines Informationssystems ermöglicht die Integration operativer und externer Daten, die den Kern des Data Warehousing bildet.

Aus Prozesssicht lässt sich der DWH-Entwicklungsprozess um Betrieb und Nutzung des DWH-Systems zu einem umfassenden Data-Warehousing-Prozess erweitern. Aus Entwicklung, Betrieb und Nutzung ergeben sich damit zugleich die Aufgabenketten dieses Prozesses. Die Leistung, die dieser Prozess erbringt, ist die Integration und Aufbereitung von Daten zur Versorgung von Entscheidungsträgern (Führungs- und Fachkräfte) mit „zuverlässigen, zeitrichtigen, genauen und verständlichen Geschäftsinformationen aus allen Unternehmensbereichen zum Zwecke der Entscheidungsunterstützung“ (Mucksch, Behme 2000, S. 5). Neben der Versorgung mit internen Informationen wird auch immer mehr die Bedeutung von externen Informationen (z. B. über Konkurrenten) erkannt (Winter 2000, S. 128; von Maur 2000, S. 50), die von spezialisierten Anbietern in elektronischer Form zum Kauf angeboten werden.[4] Das DWH-System bildet das Informationssystem, das den Prozess unterstützt, in diesem Fall sogar erst ermöglicht. Prozessführung und –entwicklung werden vom Data-Warehousing-Projektteam bzw. einer permanenten Data-Warehousing-Organisationseinheit in Zusammenarbeit mit Mitarbeitern aus den Fachabteilungen wahrgenommen (vgl. Meyer 2000, S. 71 ff.).

3.3 Zusammenfassung

In den beiden vorangegangenen Abschnitten wurde zwischen Produktsicht und Prozesssicht auf DWH-Systeme unterschieden, um die unterschiedliche Bedeutung des Prozessbegriffs im Zusammenhang mit DWH-Systemen gegeneinander abzugrenzen. Im Fokus dieses Beitrags stehen Prozesse, die Entwicklung, Betrieb und Nutzung von DWH-Systemen beschreiben, insbesondere der Prozess des Metadatenmanagements als wichtiger Unterstützungsprozess im Data Warehousing. Es wird demnach eine umfassende Prozesssicht eingenommen, die über die Betrachtung des Entwicklungsprozesses hinausgeht und sämtliche Prozesse des DWH-Lebenszyklus einbezieht. Der Gesamtprozess, der sämtliche Aktivitäten für Entwicklung, Betrieb und Nutzung von DWH-Systemen umfasst, wird als Data Warehousing bezeichnet (vgl. Abschnitt 3.2). Innerhalb des Data Warehousing lassen sich wiederum Teilprozesse identifizieren, die Leistungen für einen effektiven und effizienten Ablauf des Data Warehousing erbringen. Bei diesen Prozessen handelt es sich um nur teilweise automatisierbare Prozesse, die oft ein hohes Mass an Abstimmung und Kooperation zwischen den beteiligten menschlichen Aufgabenträgern verlangen. Zur Unterscheidung von den stark technisch orientierten Data-Warehouse-Prozessen der Data-Warehouse-Innensicht (vgl. Abschnitt 3.1) werden diese organisatorischen Prozesse *Data-Warehousing-Prozesse* genannt. Beim Metadaten-Management han-

[4] Die Integration von externen Informationen, die bereits in strukturierter Form vorliegen, bereitet dadurch technisch wenig Probleme. Zu beachten sind allerdings rechtliche und unternehmenspolitische Barrieren (von Maur 2000, S. 50).

delt es sich demzufolge um einen Data-Warehousing-Prozess. Die Begriffe lehnen sich bewusst an die Unterscheidung zwischen Data Warehousing und Data Warehouse an. Wegen des engen Zusammenhangs zwischen Prozessablauf und Aufbau des DWH-Systems wird zur Analyse des Prozessablaufs auch die Innensicht des DWH-Systems betrachtet, d. h. die Softwarekomponenten eines DWH-Systems und ihr Zusammenwirken werden auf ihren Einfluss auf den Prozessablauf hin untersucht. Für die organisatorische Gestaltung des Data Warehousing lassen sich in der Literatur bereits einige Ansätze finden, von denen einige ausgewählte im folgenden betrachtet werden. Dabei soll insbesondere untersucht werden, inwieweit diese Ansätze die Gestaltung des Metadatenmanagements berücksichtigen und welche Defizite dabei identifiziert werden können.

3.4 Ausgewählte Ansätze zur Organisation des Metadatenmanagements im Data Warehousing

Bisherige Ansätze zur Organisation des Metadatenmanagements betrachten das Thema überwiegend im Rahmen von Organisationskonzepten für das Data Warehousing. Diese Ansätze lassen sich grob danach unterscheiden, ob sie schwerpunktmässig die Ablauforganisation oder die Aufbauorganisation des Data Warehousing betrachten.

Zu den auf die *Ablauforganisation* zielenden Ansätze lassen sich vor allem Vorschläge für Vorgehensmodelle oder Methoden zum Aufbau von DWH-Systemen zählen. Solche Ansätze beschäftigen sich mit dem Software-Entwicklungsprozess, dessen Produkt das DWH-System ist. Dabei wird häufig betont, dass dieser Prozess für DWH-Systeme sich von „klassischen" Software-Entwicklungsprozessen unterscheidet, womit die Entwicklung spezifischer DWH-Entwicklungsprozesse begründet wird (Strauch 2002, S. 46). Vorgehensmodelle teilen die Entwicklung üblicherweise in mehrere aufeinanderfolgende, teilweise auch iterierende Phasen ein, für die wiederum Aktivitäten bzw. Aufgaben in Form von Handlungsanweisungen beschrieben werden. Vorgehensmodelle diesen Typs beschreiben bspw. ANAHORY und MURRAY (Anahory, Murray 1997, S. 25ff.), DEVLIN (Devlin 1997, S. 316ff.) oder HANSEN (Hansen 1997, S. 318ff.). Bei den Arbeiten, die sich mit *aufbauorganisatorischen Aspekten* des Data Warehousing befassen, ist insbesondere MEYER hervorzuheben, der neben einem Vorgehensmodell auch einen Gestaltungsrahmen zur dauerhaften organisatorischen Verankerung des Data Warehousing vorschlägt, dessen Grundlage das *Data-Ownership-Konzept* ist (Meyer 2000, S. 71ff.). Allen bisher genannten Ansätzen ist jedoch gemeinsam, dass sie die organisatorischen Aspekte des Metadatenmanagements nicht explizit berücksichtigen, obwohl in den zugrundeliegenden DWH-Systemarchitekturen dem Metadatenmanagement eine wichtige Bedeutung zugemessen wird (Anahory, Murray 1997, S. 48ff.; Devlin 1997, S. 72ff.; Hansen 1997, S. 327ff.; Meyer 2000, S. 28f.). Eine Ausnahme bildet hier KACHUR. Er beschreibt zunächst ebenfalls eine sog. „Data Warehouse Methodology" sowie das Konzept einer organisatorischen Infrastruktur für das Data Warehousing, bestehend aus Rollenbeschreibungen, Erfolgsfaktoren sowie Orientierungshilfen für das Management (Kachur 2000, S. 99 ff.). In Ergänzung zur Betrachtung des Data Warehousing erläutert KACHUR aber auch einen „Metadata Management Process", bestehend aus den drei Phasen *Planning*, *Design* und *Implementation* sowie den dazugehörigen Rollenbeschreibungen (Kachur 2000, S. 42 ff.). KACHURS Metadata Management Process dient allerdings lediglich zur Entwicklung von Systemkomponenten zur Verwaltung von Metadaten und nicht zur dauerhaften organisatorischen Etablierung des Metadatenmanagements. Er nimmt also wiederum eine technische, primär produktorientierte Sichtweise ein (vgl. Abschnitt 3.1).

Analog zu der Aufteilung der allgemeinen Ansätze für die DWH-Organisation lassen sich auch die wenigen übrigen Arbeiten einteilen, die sich explizit mit dem Metadatenmanagement befassen. Zu den eher *aufbauorientierten Ansätzen* lässt sich das Konzept von TOZER zählen (Tozer 1999, S. 69 ff.). TOZER betont zwar die Bedeutung expliziter Prozesse für die erfolgreiche Umsetzung des Metadatenmanagements (Tozer 1999, S. 69 f.), beschränkt sich dann aber auf die Beschreibung von Rollen und Verantwortlichkeiten (Tozer 1999, S. 69 ff.). Dabei ist das resultierende Konzept sehr generisch, da das Metadatenmanagement als ein Funktionsbereich zur Unterstützung des allgemeinen Datenmanagements gesehen wird. TOZER geht bei seiner Beschreibung von Organisationskonzepten nicht explizit auf die Anforderungen des Data Warehousing ein. MARCO beschreibt den Aufbau eines Metadaten-Repository in Form eines einmaligen Projekts (Marco 2000, S. 115 ff.). Hierzu spezifiziert er die nötigen Rollen und deren Verantwortlichkeiten sowie einen Projektplan für die Durchführung des Projekts. MARCO nimmt also eine ähnliche Sicht wie die vieler Vorgehensmodelle für DWH-Systeme ein. Eine permanente Organisation für das Metadatenmanagement wird von ihm nicht betrachtet.

Immerhin in Teilen wird ein solches Konzept von ENGLISH beschrieben. ENGLISH entwickelt ein Konzept für das Datenqualitätsmanagement (DQM) im Data Warehousing, bei dem die dauerhafte Verankerung in der *Ablauforganisation* von Unternehmen eine wichtige Rolle spielt. Das Datenqualitätsmanagement allgemein ist in besonderem Masse auf Metadaten angewiesen und wird in dieser Arbeit als Teil des Metadatenmanagements betrachtet. ENGLISH beschreibt sowohl Prozesse (English 1999, S. 67 ff.) als auch Rollen und Aufgabenbereiche (English 1999, S. 401 ff.), mit denen sich eine qualitätsorientierte Organisation realisieren lässt. Das Konzept von ENGLISH kommt dem Ansatz dieser Arbeit am nächsten. ENGLISH betrachtet aber lediglich einen Teilbereich des Metadatenmanagements, das in dieser Arbeit ganzheitlich betrachtet werden soll.

Zusammenfassend lassen sich folgende Hauptkritikpunkte an den betrachteten Ansätzen formulieren:

- Es gibt bisher nur wenige Ansätze, die sich mit einer organisatorischen Gestaltung des Metadatenmanagements beschäftigen.

- Die vorhandenen Ansätze konzentrieren sich entweder auf den Aufbau von Softwaresystemen für das Metadatenmanagement, beschreiben keine Prozesse, die als Handlungsempfehlungen für ein dauerhaft verankertes Metadatenmanagement dienen können, oder beschreiben solche Prozesse nur für einen Teilbereich des Metadatenmanagement.
- Keiner der betrachteten Ansätze betrachtet die organisatorische Gestaltung des Metadatenmanagements ganzheitlich aus der Perspektive des Data Warehousing.

4 Ein Prozessentwurf für das Metadatenmanagement im Data Warehousing

Aufbauend auf dem im vorangegangenen Abschnitt erläuterten Prozessverständnis wird im folgenden der Entwurf des integrierten Prozessmodells für das Metadatenmanagement beschrieben. Dazu werden zunächst das allgemeine Vorgehen, die angewandte Prozessentwurfsmethodik und der hierarchische Aufbau des Prozessmodells vorgestellt. Unter Nutzung eines Top-Down-Ansatzes werden anschliessend auf drei Hierarchieebenen systematisch Prozesse, Teilprozesse und Aufgaben spezifiziert. Die Entwurfsentscheidungen werden möglichst umfassend dokumentiert und begründet, um das Entstehen des resultierenden Modells plausibel und nachvollziehbar zu machen.

4.1 Allgemeines Vorgehen

Bei der Unterstützung des Data Warehousing durch das Metadatenmanagement kann eine Anzahl konkreter Nutzenpotentiale identifiziert werden, die durch den derzeitigen Stand der IT determiniert sind. Die Gestaltung der Prozesse für das Metadatenmanagement zielt auf die Realisierung dieser Nutzenpotentiale hin. Durch die Zielorientierung lassen sich die Prozesse effektiv und effizient gestalten.

Um die konkreten Nutzenpotentiale des Metadatenmanagements möglichst ganzheitlich zu erfassen, wird sowohl die Perspektive der Anwender als auch die der Entwickler von DWH-Systemen eingenommen. Anhand der identifizierten Nutzenpotentiale können Metadaten abgegrenzt werden, die für die Nutzenrealisierung erforderlich sind. Dadurch entsteht eine Metadatenkategorisierung, die sich durch ihre direkte Orientierung an den Verwendungszwecken der Metadaten von anderen Klassifikationen abhebt. Die Aufbereitung und Bereitstellung der durch die Kategorien bezeichneten Metadaten sind die Leistungen, die von den Prozessen des Metadatenmanagements bereitgestellt werden müssen. Da in der Literatur den organisatorischen Aspekten des Metadatenmanagements nur wenig Aufmerksamkeit gewidmet wird, wurden im Rahmen des Kompetenzzentrums Data Warehousing 2 vier

Fallstudien erstellt, um die organisatorische Umsetzung von Metadatenmanagementkonzepten in der Praxis zu untersuchen. Bei der Auswahl der Fallstudien wurde darauf geachtet, die zuvor identifizierten Nutzenpotentiale möglichst umfassend abzudecken. Dadurch konnten die theoretisch identifizierten Nutzenpotentiale anhand der Fallstudien weitgehend validiert werden. Abbildung 2 gibt eine grafische Übersicht über die Nutzenpotentiale und die daraus abgeleiteten Metadatenkategorien. Für eine ausführliche Beschreibung der Herleitung von Nutzenpotentialen und Metadatenkategorien sei auf (Auth 2003) verwiesen. Die Fallstudien dienten darüber hinaus als empirische Grundlage für den Entwurf des integrierten Prozessmodells für das Metadatenmanagement.

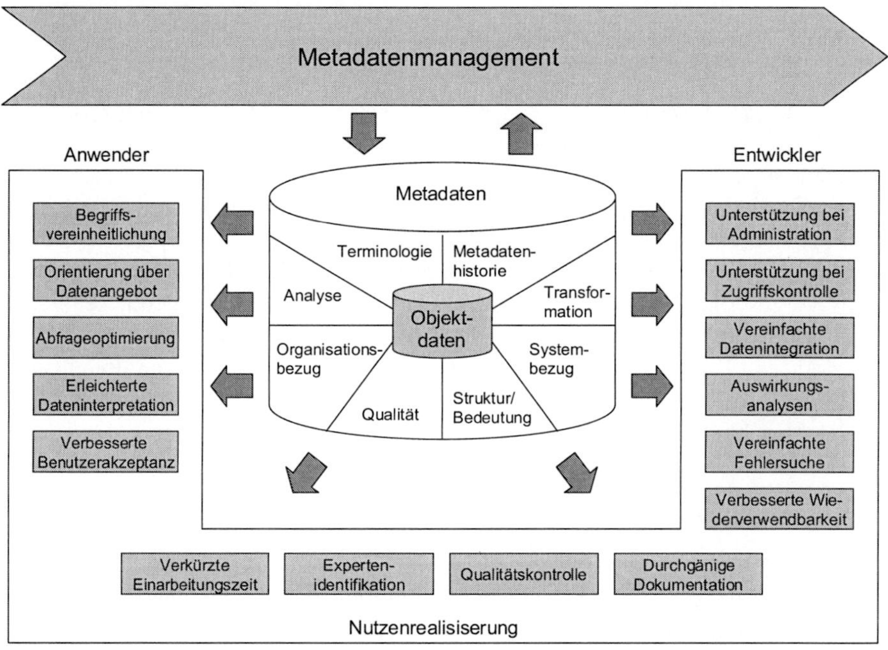

Abb. 2: Nutzenpotentiale und Metadatenkategorien (Auth 2003, S. 183)

4.2 Prozessentwurfsmethodik

Für den Entwurf von Prozessen existieren mittlerweile eine Reihe von Methoden, die sowohl dem wissenschaftlichen als auch dem praktischen Umfeld entstammen. Einen Überblick über die wichtigsten Prozessentwurfsmethoden bieten bspw. BACH et al. (vgl. Bach et al. 1996). Aus den dort beschriebenen Methoden wurde die Methode PROMET-BPR (vgl. Österle 1995; Österle et al. 1995) ausgewählt. Im Vergleich zu den übrigen Methoden unterscheidet sich PROMET-BPR vor allem durch eine konsequente Ausrichtung an den Leistungen beim Prozessentwurf und durch die Stellung der IT als wichtigem Enabler für die Prozessneugestaltung (vgl. Bach et al. 1996, S. 268). Die Ausrichtung an den Prozessleistungen entspricht dem grundlegenden Ansatz einer nutzenorientierten Prozessorganisation in dieser Arbeit. Die explizite Berücksichtigung von Einflüssen der IT ist ebenso ein wichtiger Faktor für den Entwurf von Prozessen des Informationswesens, wie dem Metadatenmanagement.

Der Prozessentwurf zeichnet sich durch drei grundlegende Merkmale aus: Zunächst wird die Prozessentwurfsmethode PROMET-BPR angewandt, woraus ein nachvollziehbares und methodisches Vorgehen resultiert. Die Ergebnisse der Fallstudien werden konsequent bei der Gestaltung der Teilergebnisse des Prozessentwurfs genutzt. Dadurch wird ein enger Bezug zu Problemen der Praxis hergestellt. Schliesslich werden besondere Anforderungen des Metadatenmanagements an die Prozessmodellierung einbezogen. Das Metamodell der genutzten Modellierungssprache wird in ein umfassendes Metamodell zur Modellierung von DWH-Systemen integriert. Das Einbeziehen des Common Warehouse Metamodel, das im Begriff ist, sich zum De-facto-Standard für die Modellierung von Metadaten zu entwickeln, ermöglicht die Verknüpfung von struktur- und verhaltensorientierten Sichten auf das Metadatenmanagement. Über das CWM werden die entworfenen Prozesse in Form von Metadaten mit den übrigen Metadaten für das Data Warehousing integriert.

Das prozessorientierte Organisationskonzept wird in Form einer dreistufigen Modellhierarchie dokumentiert, die durch die PROMET-BPR-Ergebnistypen ergänzt wird. Die Komplexität des Prozessentwurfs wird durch eine schrittweise Detaillierung der Prozesse auf den drei Modellebenen bewältigt. Auf der obersten Modellebene werden die Prozesse mit ihren Leistungsbeziehungen abgebildet. Mit dem ersten Zerlegungsschritt werden durch die Verfeinerung der Leistungsbeziehungen Teilprozesse auf der zweiten Modellebene aufgedeckt. Schliesslich wird auf der dritten Modellebene der Aufgabenablauf für jeden Teilprozess im Detail betrachtet. Dabei werden Aufgaben, Aufgabenreihenfolge und Aufgabenträgerzuordnung gestaltet. Basierend auf der Aufgabenträgerzuordnung des Prozessmodells wird ein zugehöriges Rollenmodell entworfen, das Hinweise auf die Gestaltung einer Aufbauorganisation für das Metadatenmanagement gibt. Prozessmodell und Rollenmodell bilden zusammen ein umfassendes Organisationskonzept.

4.3 Aufbau des Prozessmodells

PROMET-BPR unterscheidet zwei Hierarchie-Ebenen für den Prozessentwurf und die Modellierung, die als Makro- und Mikroebene bezeichnet werden (Österle 1995, S. 49). Dabei können Darstellungen auf Mikroebene nach Bedarf weiter verfeinert werden. Diese Flexibilität wird insbesondere zur Bewältigung der Komplexität eines unternehmensweiten Prozessentwurfs benötigt. Allerdings werden dafür Abstriche bei der formalen Strenge der Zerlegung in Kauf genommen. So sind bspw. die Beziehungen zwischen Aufgabenketten auf Makroebene und zugehörigen Aufgabenketten auf Mikroebene nicht eindeutig spezifiziert. Da der vorliegende Untersuchungsbereich mit dem Metadatenmanagement stark fokussiert ist und eine weitergehende formale Strenge erfordert, wird von der Unterscheidung in Makro- und Mikroeben Abstand genommen und stattdessen eine dreistufige Modellhierarchie eingeführt. FERSTL und SINZ machen den Detaillierungsgrad grundsätzlich von der Modellierungszielsetzung abhängig (Ferstl, Sinz 2001, S. 195). Diese Sichtweise wird im folgenden übernommen, indem eine Modellhierarchie mit drei Ebenen beschrieben wird, die jeweils eine eigene Zielsetzung verfolgen. Diese Modellhierarchie dient anschliessend zur Strukturierung des integrierten Prozessmodells für das Metadatenmanagement.

- *Modellebene der Prozesse M2*: Auf der obersten Ebene M2 werden Prozesse sowie der Austausch von Leistungen zwischen diesen Prozessen modelliert. Auf dieser Ebene werden Prozesse aus Aussensicht in Art einer Black-Box[5] betrachtet, die innere Struktur ist zunächst irrelevant. Die Ebene beschreibt, welche Prozesse existieren und welche Input-Output-Beziehungen zwischen diesen Prozessen bestehen. Dadurch wird ein Überblick über die Prozesse des Metadatenmanagements gegeben, von dem aus einzelne Prozesse weiter untersucht werden können. Es werden keine Aussagen über eine Reihenfolge gemacht, in der die Prozesse ablaufen. Zur Darstellung der Ebene M2 wird die Prozesslandkarte aus PROMET-BPR genutzt.

- *Modellebene der integrierten Teilprozesse M1*: Mit einem ersten Detaillierungsschritt werden auf der Ebene M1 die Interdependenzen zwischen den Prozessen der Ebene M2 durch die erstellten Leistungen näher betrachtet. Dazu werden die Leistungen jedes Prozesses der Ebene M2 in Teilleistungen zerlegt. Dies führt zur Aufdeckung von Teilprozessen, welche die Teilleistungen erstellen (vgl. Hess 1996, S. 111). Teilleistungen werden zwischen Teilprozessen sowohl innerhalb der Grenzen des betrachteten M2-Prozesses als auch mit Teilprozessen anderer M2-Prozesse ausgetauscht. Durch die Darstellung von Teilleistungen und Teilprozessen auf Ebene M1 wird besser sichtbar, an welcher Stelle eines Prozesses der Ebene M1 Leistungen anderer Prozesse benötigt werden. Anhand des Leistungsaustausches zwischen den Teilprozessen werden diese im weiteren Verlauf zu einem ganzheitlichen Prozessmodell des Metadatenmanagements integriert. Der Detaillierungsgrad der Ebene M1 ermöglicht die systematische Auswahl von Teilprozessen bei der schrittweisen Etablierung des Metadatenmanagements in einem Unternehmen. Für die Darstellung der Ebene M1 wird ebenfalls die Prozesslandkarte von PROMET-BPR genutzt

- *Modellebene der Aufgabenketten M0*: Anschliessend werden mit einem zweiten Detaillierungsschritt auf der Ebene M0 die Aufgaben aufgedeckt, die im Rahmen der Teilprozesse der Ebene M1 ausgeführt werden. Für jeden Teilprozess der Ebene M1 werden die zugehörigen Aufgaben, deren Reihenfolge sowie die verantwortliche Organisationseinheit dargestellt. Dieser Zerlegungsschritt ist

---

5 Das Modell der Black-Box dient zur Beschreibung von Systemen, deren innere Struktur unbekannt oder irrelevant ist. Die Beschreibung erfolgt ausschliesslich über die Beziehung zwischen Eingabemenge (Input) und Ausgabemenge (Output) (vgl. Ferstl, Sinz 2001, S. 14).

notwendig, um im Rahmen der Aufgabensynthese Aufgaben einem personellen Aufgabenträger (bzw. einer Organisationseinheit) zuordnen zu können und so Rollen zu bilden. Ziel der Ebene M0 ist also die rollen- und reihenfolgebezogene Aufgabenspezifikation. Aufgaben werden dabei so detailliert beschrieben, dass ihr Inhalt für die Aufgabenträger klar wird und als Arbeitsanweisung dienen kann (Österle 1995, S. 93). Für die Darstellung der Ebene M0 werden UML-Aktivitätsdiagramme benutzt.

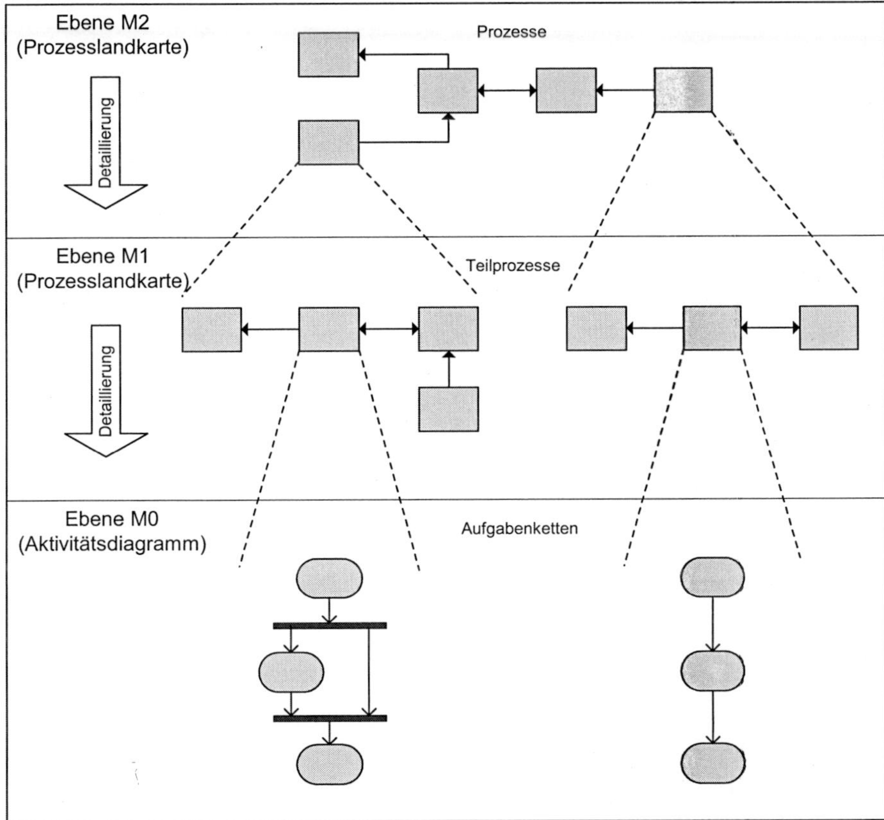

Abb. 3: Hierarchie-Ebenen des Prozessmodells

Die Hierarchiebeziehungen zwischen den Modellebenen sind in Abbildung 3 graphisch dargestellt. Ausgehend von der obersten Ebene M2 handelt es sich bei jeder darunterliegenden Ebene um eine direkte Detaillierung der nächsten darüberliegenden Ebene. Anders herum ist ausgehend von der untersten Ebene M0 jede darüberliegende Ebene eine direkte Verdichtung der nächsten darunterliegenden Ebene.

4.4 Prozessentwurf auf Ebene M2

Auf der obersten Modellebene M2 werden Prozesse und deren Leistungsbeziehungen gestaltet. Das Vorgehen orientiert sich an der PROMET-BPR-Technik Architekturplanung. Die Ergebnisse des Prozessentwurfs auf Ebene M2 werden in einer Prozesslandkarte und einem Prozessverzeichnis dokumentiert. Für das Identifizieren der Prozesse und Leistungen auf Ebene M2 wurde das allgemeine Vorgehen der Architekturplanung von PROMET-BPR so angepasst, dass die Ergebnisse der Fallstudien sowie besonderen Anforderungen des Metadatenmanagements (vgl. Auth 2003, S. 11 ff.) berücksichtigt werden. Das Vorgehen für den Prozessentwurf ist an anderem Ort ausführlich beschrieben (vgl. Auth 2003, S. 179 ff.). Dieser Beitrag hat eine zusammenfassende Darstellung des Prozessentwurfs zum Ziel, sodass im folgenden der Fokus auf der Beschreibung der Ergebnisse des Entwurfs liegt.

4.4.1 Prozesskandidaten und Selektion relevanter Prozesse

Mit Hilfe der Technik Architekturplanung werden aus den Ergebnissen der Fallstudien und theoretischen Anforderungen des Metadatenmanagements eine Reihe von möglichen Prozessen abgeleitet, die für eine zielgerichtete Aufbereitung und Bereitstellung von Metadaten erforderlich sind. In einem weiteren Schritt wurde überprüft, ob es sich bei den identifizierten Prozesskandidaten wirklich um relevante Prozesse handelt. PROMET-BPR zielt auf den Entwurf von Kernprozessen, welche die Umsetzung der Kernkompetenzen eines Unternehmens beschreiben, um so seine Wettbewerbsfähigkeit zu verbessern (Hess 1996, S. 170 f.). Daher bewertet PROMET die Prozesskandidaten zunächst anhand der drei Kriterien *strategische Bedeutung*, *Kernkompetenz* und *Ressourcenbindung* (IMG 1995, S. TECH 11). Die strategische Bedeutung fragt nach dem Einfluss auf die kritischen Erfolgsfaktoren des Unternehmens, die Kernkompetenz nach Abläufen, die im Mittelpunkt der Leistungserstellung stehen, und die Ressourcenbindung danach, ob eine ausreichende Bindung von Mitarbeitern und Sachmitteln vorhanden ist, die eine explizite Ausgestaltung des Prozesses rechtfertigt (Hess 1996, S. 171). Es wird deutlich, dass diese Kriterien nicht einfach auf das Metadatenmanagement übertragbar sind, da hier ein anderes Entwurfsziel verfolgt wird. Im Vordergrund steht die Umsetzung der Nutzenpotentiale bei der Unterstützung des Data Warehousing. Die Kriterien zur Bewertung der Wettbewerbsrelevanz werden deshalb durch die Bewertung der *Nutzenpotentialrealisierung* ersetzt.

Allerdings lässt sich nicht jeder relevante Prozess systematisch gestalten. Zum Beispiel werden schwach strukturierte Prozesse, deren Ablauf sich zudem häufig ändert, nicht weiter betrachtet. Daher wird von PROMET neben der Wettbewerbsrelevanz die Organisierbarkeit bewertet (Hess 1996, S. 171). Hierzu werden die Prozesskandidaten anhand weiterer fünf Kriterien überprüft (vgl. IMG 1995, S. TECH 11 f.):

- *Standardisierbarkeit*: Es wird überprüft, ob die Änderungshäufigkeit der Prozessleistungen und -aufgaben hinreichend gering ist, um allgemeingültig festgelegt werden zu können.
- *Geschlossenheit*: Untersucht wird, ob jeder Prozess über sein Leistungsbündel mindestens ein Kundenbedürfnis abdeckt. Zusammenhängende Leistungen sollten nicht von mehreren Prozessen erbracht werden.
- *Führbarkeit*: Es werden Faktoren wie die Aufbauorganisation und im Falle des Metadatenmanagements die vorhandene DWH-Systemumgebung betrachtet, um zu beurteilen, ob der Prozess führbar ist (auch bei Veränderungen der Faktoren, z. B. Reorganisation). Darüber hinaus muss es möglich sein, Führungsgrössen für die Prozessführung zu definieren.
- *Prozessmanager*: Der Prozessmanager führt den Prozess als autonome Einheit. Er ist eine von allen Prozessbeteiligten akzeptierte Führungspersönlichkeit. Hier wird beurteilt, ob es eine solche Persönlichkeit gibt bzw. ob es sie geben kann.
- *Beherrschbarkeit*: Es wird die Komplexität des Prozesses betrachtet. Diese muss für den Prozessmanager im Routinebetrieb zu bewältigen sein, d. h. er muss die Zusammenhänge verstehen, die beteiligten Interessen koordinieren und den Prozess weiterentwickeln können.

Anhand der beschriebenen Kriterien werden die Prozesskandidaten im folgenden einzeln beurteilt. Dabei wird in Anlehnung an PROMET-BPR bei den Kriterien Nutzenpotentialrealisierung und Standardisierbarkeit eine abgestufte Bewertung mit den Bewertungsstufen *schwach*, *mittel* und *stark ausgeprägt* verwendet, während bei den übrigen Kriterien nur zwischen *erfüllt* und *nicht erfüllt* unterschieden wird (vgl. Österle 1995, S. 136). Um als für den weiteren Entwurf relevanter Prozess bewertet zu werden, müssen Nutzenpotentialrealisierung und Standardisierung zumindest mittel ausgeprägt sein. Darüber hinaus müssen die übrigen Kriterien alle erfüllt werden. Ist eines der Kriterien nicht erfüllt, wird der Prozess nicht weiter betrachtet.

Terminologiemanagement: Der Prozess lässt sich aufgrund der in der zugehörigen Fallstudie gemachten Erfahrungen insgesamt als relevant beurteilen. Die Nutzenpotentialrealisierung ist in ausgeprägtem Masse gegeben, da die Prozessleistung *Vereinheitlichung des Begriffsystems* ein entsprechendes Bedürfnis von Anwendern und Entwicklern erfüllt. Die Standardisierbarkeit ist gegeben, wird aber nur mittel bewertet, da es häufig zu Interessenkonflikten kommt (vgl. Auth 2003, S. 81 ff.). Der Prozess sollte daher einen Mechanismus zur Konfliktbewältigung beinhalten. Geschlossenheit ist ebenfalls gegeben, da sämtliche Leistungen im Zusammenhang mit der Begriffsvereinheitlichung von diesem Prozess erbracht werden. Es kann für den Prozess ein Prozessmanager eingesetzt werden, Beherrschbarkeit ist durch eine überschaubare Komplexität gegeben.

Systemdokumentation: Die Systemdokumentation ist der Prozess zur Bereitstellung von architektur- und systembezogenen Metadaten und befriedigt somit ein zentrales Bedürfnis von Anwendern und Entwicklern. Es handelt sich aus Sicht des Metadatenmanagements um einen relevanten Prozess, der zudem gut strukturierbar ist. Der Prozess kann über Führungsgrössen geführt werden und seine mässige Komplexität machen ihn für den Prozessmanager beherrschbar. Geschlossenheit erreicht der Prozess allerdings nur in Zusammenhang mit den drei anderen Dokumentationsprozesskandidaten.

Analysedokumentation: Dieser Prozess wird in Form eines eigenen Prozesses nicht als relevant erachtet, da die von ihm erbrachten Leistungen eng mit denen des Prozesses Systemdokumentation zusammenhängen. Dadurch ist die Geschlossenheit nicht gegeben.

Organisationsdokumentation: Von diesem Prozess werden die Beziehungen zwischen den Daten und der Aufbauorganisation in Form von Verantwortlichkeiten und Kompetenzen umfassend dokumentiert. Analog zur Bewertung der Analysedokumentation wird auch dieser Prozess nicht als geschlossen betrachtet und damit von einer weiteren Gestaltung als eigenständigem Prozess Abstand genommen.

Transformationsdokumentation: Der Prozess Transformationsdokumentation wird in gleicher Weise wie die Prozesse Analyse- und Organisationsdokumentation bewertet. Die Leistungen hängen eng mit denen des Prozesses Systemdokumentation zusammen, der Prozess Transformationsdokumentation soll nicht eigenständig gestaltet werden.

Ausnahmeinterpretation: Das Leistungsbündel dieses Prozesses umfasst Metadaten, die dem Entscheidungsträger helfen, bei der Datenanalyse erkannte Ausnahmephänomene in den Geschäftskontext einzuordnen. Bei der Beurteilung des Prozesses konnte auf die Erfahrungen aus der Fallstudie zur Ausnahmebehandlung zurückgegriffen werden (vgl. Auth 2003, S. 99ff.). Die Prozessleistung stellt einen Beitrag zur Realisierung des Nutzenpotentials *Erleichterte Dateninterpretation* dar, sodass der Prozess als relevant bewertet wird. Andererseits bestehen jedoch Leistungsverflechtungen mit der Datenqualitätskontrolle, zu deren Aufgaben die Ausnahmeerkennung zählt. Die Geschlossenheit wird daher als nicht gegeben beurteilt, der Prozess nicht weiter betrachtet.

Zugriffskontrolle: Die Zugriffskontrolle, d. h. insbesondere die Vergabe und Überprüfung von Zugriffsrechten, wird im Rahmen des Metadatenmanagements für das Data Warehousing nicht weiter als eigener Prozess gestaltet, da aufgrund vielfältiger Interdependenzen mit Anwendungsbereichen ausserhalb des Data Warehousing weder Geschlossenheit noch Beherrschbarkeit gegeben sind und daher auch das Einsetzen eines Prozessmanagers problematisch ist.

Datenqualitätsmanagement: Aus dem Erfassen der Qualitätsanforderungen und dem Messen der Ist-Qualität entstehen wichtige Metadaten, die Anwendern und Entwicklern das Beurteilen der Verwendbarkeit von Objektdaten erlauben. Wird eine nicht ausreichende Datenqualität festgestellt, bilden die Qualitätsmetadaten eine wichtige Grundlage für die Verbesserung der Qualität. Aus der zugehörigen Fallstudie geht hervor, dass damit ein wichtiges Bedürfnis gedeckt werden kann (vgl. Auth 2003, S. 134ff.). Das Datenqualitätsmanagement ist ein relevanter Prozess, der auch die Kriterien bezüglich der Organisierbarkeit erfüllt.

Datenstrukturmanagement: Standardisierte Datenstrukturen erleichtern die Datenintegration sowie die Fehlersuche und sind die Grundlage für eine erfolgreiche Wiederverwendung. Der Prozess erreicht daher eine stark ausgeprägte Nutzenpotentialrealisierung insbesondere für Entwickler. Es handelt sich um einen relevanten Prozess, dessen Organisierbarkeit in der Fallstudie zum Datenstrukturmanagement gezeigt werden konnte (vgl. Auth 2003, S. 113ff.).

Metadatenhistorisierung: Die Metadatenhistorisierung lässt sich nicht sinnvoll als eigener Prozess gestalten, da Metadaten in allen Prozessen historisiert werden müssen. Geschlossenheit ist somit nicht gegeben, der Prozess wird nicht weiter eigenständig betrachtet.

Bei den als nicht relevant bewerteten Prozesskandidaten deuten die engen Leistungsverknüpfungen darauf hin, dass es sich um Teilprozesse eines übergeordneten Prozesses handelt. Die Leistungen Analyse-, Organisations- und Transformationsmetadaten können mit dem Leistungsbündel Systemmetadaten zusammengefasst werden und bilden dadurch den Kontext der Datenerstellung und -verarbeitung. Die zugehörigen Prozesse werden bei der weiteren Ausgestaltung in einem Prozess *Datenkontextmanagement* integriert. Das Datenkontextmanagement basiert auf dem Konzept des *Business Context* von DEVLIN, das in Form von Metadaten die Beziehung der Objektdaten zu ihrer fachlichen und technischen Umgebung beschreibt (vgl. Devlin 1997, S. 275ff.). DEVLIN konzentriert sich auf die Beschreibung von Systemkomponenten zur Verarbeitung von Metadaten, betont daneben aber auch die Notwendigkeit einer organisatorischen Unterstützung (vgl. Devlin 1997, S. 298). Der Business Context entsteht durch die Integration der Metadaten, die organisatorisch durch den Leistungsaustausch der Prozesse des Metadatenmanagements gestaltet werden muss. Der Prozess Datenkontextmanagement stellt dabei die für die Context-Dimensionen *Organization* und *Application function* benötigten Metadaten bereit. Terminologie- und Datenqualitätsmanagement decken die Dimension *Business activity* ab, das Datenstrukturmanagement stellt den gemeinsamen Ausgangspunkt für die Betrachtung der Objektdaten anhand der Dimensionen bereit. Der Datenkontext stellt somit eine Teilmenge des Business Context dar, der erst im Zusammenspiel mit den übrigen Prozessen vervollständigt wird. Die Organisierbarkeit des neugebildeten Prozesses kann als gegeben betrachtet werden, da die zugehörigen Kriterien bereits von den zusammengeführten Prozesskandidaten erfüllt wurden.

Schliesslich wird der Prozess Metadatenhistorisierung dezentralisiert, d. h. jeder Prozess führt eine eigene Historisierung durch, die auf seine spezifischen Metadaten abgestimmt ist. Aufgrund der Bewertung der Prozesskandidaten und der anschliessenden Konsolidierung ergeben sich auf der obersten Modellierungsebene vier relevante Prozesse für das Metadatenmanagement:

- Terminologiemanagement,
- Datenqualitätsmanagement,
- Datenstrukturmanagement und
- Datenkontextmanagement.

Die identifizierten Prozesse des Metadatenmanagements können nun zusammen mit ihren Leistungen in einer Prozesslandkarte dokumentiert und in einem Prozessverzeichnis näher spezifiziert werden. Prozesslandkarte und -verzeichnis bilden zusammen die Ebene M2 des hierarchischen Prozessmodells für das Metadatenmanagement.

4.4.2 Prozesslandkarte für das Metadatenmanagement

Die Prozesslandkarte stellt die Prozesse aus Sicht des Metadatenmanagements dar. Zu beachten ist, dass die Darstellung ausschliesslich Elemente einer Ablauforganisation darstellt. Es wird noch keine Aussage über die Aufbauorganisation des Metadatenmanagements gemacht.[6] Die grau hinterlegten Flächen der Graphik zeigen die Grenzen der Prozesse und nicht die Grenzen von organisatorischen Einheiten. Zusammen mit den Ergebnissen des Prozessentwurfs auf Ebene M2 ergibt sich für das Metadatenmanagement die in Abb. 4 dargestellte Prozesslandkarte.

Die Leistungen des Metadatenmanagements werden für das Data Warehousing erbracht und erfüllen die Bedürfnisse sowohl von Anwendern als auch Entwicklern. Die Prozesse von Anwendern und Entwicklern werden daher als Prozesskunden mit in die Prozesslandkarte aufgenommen. Da der Fokus der Darstellung auf dem Metadatenmanagement liegt, werden die Prozesskunden DWH-Anwendung und DWH-Entwicklung hier nicht weiter detailliert. Die Bezeichnungen sind jedoch jeweils umfassend zu sehen, d. h. die Datenanalyse subsummiert die gängigen Analysemethoden wie OLAP und Reporting. Die Systementwicklung umfasst neben der Erstentwicklung auch die Weiterentwicklung, den Betrieb und die Administration.

4.4.3 Prozessverzeichnis für das Metadatenmanagement

Im Prozessverzeichnis werden für jeden Prozess in einer kurzen Beschreibung seine wichtigsten Aufgaben sowie die von ihm erbrachte Prozessleistung aufgeführt. Weiterhin werden diejenigen Prozesse angegeben, die Leistungen vom betrachteten Prozess empfangen (Leistungsempfänger) bzw. Leistungen an diesen erbringen (Leistungserbringer).

[6] Auf aufbauorganisatorische Aspekte wird im Zusammenhang mit dem Entwurf des Rollenmodells eingegangen (vgl. Auth 2003, S. 286 ff.).

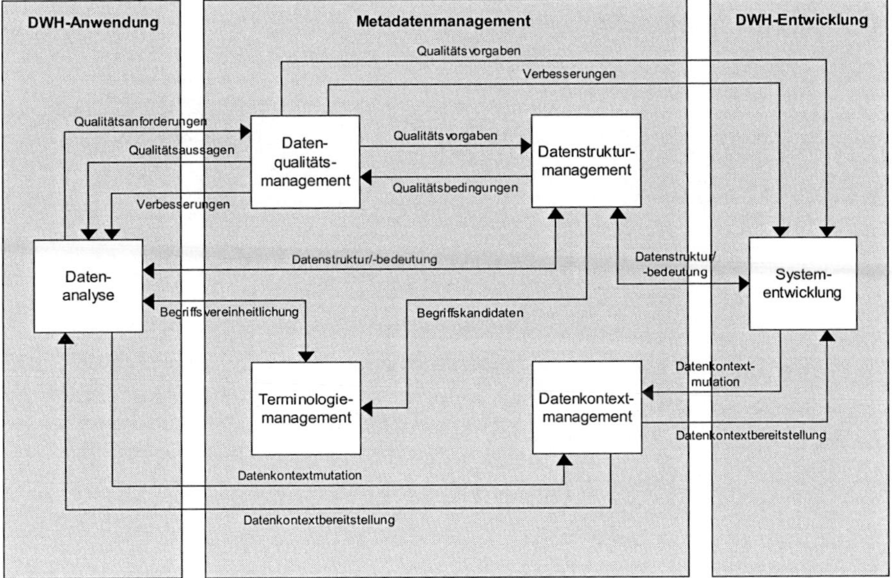

Abb. 4: Prozessmodellebene M2: Prozesslandkarte des Metadatenmanagements (Auth 2003, S. 190)

Terminologiemanagement

Beschreibung: Das Terminologiemanagement umfasst alle Aufgaben zum Aufbau und zur Vereinheitlichung einer unternehmensweit gültigen Terminologie. Hierzu gehören die Katalogisierung von Begriffen in einem oder mehreren Glossaren, der Aufbau und die Pflege von Taxonomien sowie die Etablierung eines Begriffslebenszyklus.

Prozessleistung:

1. Metadaten der Kategorie Terminologie.
2. Historisierung dieser Metadaten.

Leistungsempfänger:

1. Datenanalyse zur Interpretation von Objektdaten.
2. *Datenstrukturmanagement* zur Dokumentation der Bedeutung von Datenelementen und -strukturen.
3. *Systementwicklung* für eindeutige Kommunikation mit Anwendern.

Leistungserbringer:

4. Datenanalyse erbringt Begriffs- und Änderungsvorschläge von Anwenderseite.
5. *Datenstrukturmanagement* erbringt Begriffs- und Änderungsvorschläge von Entwicklerseite.

Datenstrukturmanagement

Beschreibung:

Im Datenstrukturmanagement werden alle Aufgaben zur Katalogisierung und Vereinheitlichung der Datenstrukturen sowohl des DWH-Systems als auch der operativen Systeme zusammengefasst. Um den angestrebten Nutzen zu erzielen, muss die Standardisierung alle geschäftskritischen Systeme erfassen. Neben Katalogisierung und Vereinheitlichung sind wichtige Aufgaben die Etablierung eines Lebenszyklus sowie die Kontrolle der Wiederverwendung.

Prozessleistung:

1. Metadaten der Kategorie Datenstruktur/-bedeutung.
2. Historisierung dieser Metadaten.

Leistungsempfänger:

1. *Datenanalyse* zum Auffinden von Objektdaten.
2. *Terminologiemanagement* zum Identifizieren von Begriffen und Begriffsbeziehungen.
3. *Systementwicklung* zur Interpretation und Wiederverwendung.
4. *Datenkontextmanagement* zum Dokumentieren von Beziehungen zwischen Daten und Systemkomponenten.
5. *Datenqualitätsmanagement* zur Integritäts- und Konsistenzprüfung.

Leistungserbringer:

1. *Systementwicklung* erbringt originäre Datenstrukturen sowie Veränderungen an Datenstrukturen.
1. *Terminologiemanagement* erbringt fachliche Beschreibungen von Datenstrukturen.
1. *Datenkontextmanagement* erbringt Beschreibung von Systemkomponenten.
1. *Datenqualitätsmanagement* erbringt Qualitätsvorgaben und -richtlinien.

Datenqualitätsmanagement

Beschreibung: Der Prozess Datenqualitätsmanagement hat die Kontrolle der geforderten Datenqualität, die Bereitstellung von Informationen über die Qualität der Daten und das Initiieren von Verbesserungsmassnahmen zur Aufgabe.

Prozessleistung:

1. Metadaten der Kategorie Datenqualität.
2. Historisierung dieser Metadaten.

Leistungsempfänger:

1. *Datenanalyse* zur Bewertung der Datenverwendbarkeit.
2. *Systementwicklung* zur Spezifikation von Qualitätsvorgaben und -richtlinien.
3. *Datenstrukturmanagement* zur Spezifikation von Qualitätsvorgaben und -richtlinien.
4. *Systementwicklung* zur Verbesserung der Datenqualität.
5. *Leistungsprozess(e)* zur Verbesserung der Datenqualität.

Leistungserbringer:

1. *Datenanalyse* erbringt Qualitätsanforderungen der Anwender.
1. *Datenstrukturmanagement* erbringt Integritäts- und Konsistenzbedingungen.

Datenkontextmanagement

Beschreibung: Der Prozess stellt den Datenkontext bereit, der die Beziehungen der Objektdaten zu ihrer fachlichen und technischen Umgebung beschreibt. Der Datenkontext dokumentiert Systembezug, Organisationsbezug, die Aufbereitung der Objektdaten im Rahmen der Datentransformation sowie die Verwendung im Rahmen der Datenanalyse. Mit seiner Hilfe lassen sich Daten lokalisieren und Datenflüsse nachvollziehen. Dabei werden sowohl die Bedürfnisse von Entwicklern als auch Anwendern befriedigt.

Prozessleistung:

1. Metadaten der Kategorie Systembezug.
2. Metadaten der Kategorie Organisationsbezug.
3. Metadaten der Kategorie Datentransformation.
4. Metadaten der Kategorie Datenanalyse.
5. Historisierung dieser Metadaten.

Leistungsempfänger:

1. *Datenanalyse* zum Auffinden, Analysieren und Interpretieren von Objektdaten.
2. *Systementwicklung* für Analyse, Entwurf und Implementierung von Systemkomponenten.
3. *Systementwicklung* für die Änderung von Systemkomponenten.
4. *Systementwicklung* für Betrieb und Konfiguration von Systemkomponenten.
5. *Systementwicklung* für die Fehlersuche.

Leistungserbringer:

1. *Datenanalyse* erbringt Begriffs- und Änderungsvorschläge von Anwenderseite.
2. *Datenstrukturmanagement* erbringt Begriffs- und Änderungsvorschläge von Entwicklerseite.

4.5 Prozessentwurf auf Ebene M1

Aufbauend auf den Ergebnissen des Prozessentwurfs auf Ebene M2 werden auf dieser Ebene die Leistungen detailliert und Teilprozesse aufgedeckt. Das Vorgehen basiert auf den PROMET-BPR-Techniken Prozessvision und Leistungsanalyse. Dokumentiert wird der Entwurf für jeden Prozess der Ebene M2 in Form einer Prozessvision, eines Kontextdiagramms, eines Leistungsverzeichnisses sowie einer Prozesszerlegungsmatrix. Schliesslich werden sämtliche Teilprozesse mit ihren Leistungsbeziehungen in einer verfeinerten Prozesslandkarte dargestellt.

4.5.1 Prozessvision

Die Prozessvision beschreibt einen über mehrere Jahre gültigen Rahmen für die Gestaltung eines Prozesses und ist damit ein wichtiger Einflussfaktor bei der nachfolgenden Detaillierung der Leistungen und dem Entwurf von Aufgabenketten (vgl. Hess 1996, S. 179). In PROMET-BPR wird die Prozessvision in enger Abstimmung mit der allgemeinen Geschäftsstrategie entwickelt (Österle 1995, S. 74f.). Da die Geschäftsstrategie auf das Metadatenmanagement nur indirekt über die abgeleitete Informatikstrategie einen Einfluss hat, wird sie im folgenden nicht weiter miteinbezogen. Bei der Erhebung der Fallstudien wurde dagegen ein anderer Einflussfaktor auf die Gestaltung der Metadatenmanagementprozesse beobachtet: Das Metadatenmanagementsystem steht in enger Beziehung zu der Art der Leistungserstellung und damit auch zur Prozessgestaltung. Ein MDM-System wird für die maschinelle Speicherung und Verarbeitung von Metadaten benötigt und stellt ein wesentliches Hilfsmittel für die Gesamtleistung *Aufbereitung und Bereitstellung von Metadaten* dar. Die Prozesse des Metadatenmanagements dienen zur Steuerung der Metadatenflüsse durch die sie verarbeitenden Systemkomponenten. Unter Berücksichtigung technologischer, ökonomischer und organisatorischer Grenzen sollte das MDM-System zu einer möglichst weitgehenden Automatisierung des Metadatenmanagements führen. Umgekehrt ergeben sich aus der Systemkonzeption direkte Konsequenzen für die Leistungserstellung. So impliziert bspw. der dem DQM-System zugrundeliegende DQM-Kreislauf aus der zugehörigen Fallstudie die erforderlichen Leistungen und Aufgaben für das Messen und Kommunizieren der Datenqualität (vgl. Auth 2003, S. 135 ff.). Ein weiteres Beispiel ist das Konzept des Business Terms und dessen informationstechnische Realisierung in der Fallstudie zum Terminologiemanagement. Durch die Festlegung der Bestandteile eines Business Terms werden gleichzeitig Leistungsbestandteile des Terminologiemanagements festgelegt (vgl. Auth 2003, S. 86 ff.). Für die Prozesse des Metadatenmanagements wurden daher wichtige konzeptionelle Rahmenbedingungen mit in die Prozessgrundsätze der Prozessvision aufgenommen.

4.5.2 Analyse der Prozessleistungen

Die Technik Leistungsanalyse zielt auf die systematische Gestaltung der Prozessleistungen in Abhängigkeit von den Anforderungen der Kunden (vgl. Österle 1995, S. 78). Für die Analyse von Geschäftsprozessleistungen schlägt HESS den Ansatz der Gemeinkostenwertanalyse durch Instrumente der Marktforschung vor (Hess 1996, S. 192). Im Rahmen der Gemeinkostenwertanalyse werden Kosten und Nutzen von Leistungen bewertet, um unrentable bzw. überflüssige Leistungen zu eliminieren (Hess 1996, S. 192). Neben der bereits von HESS zitierten Kritik an diesem Ansatz – unzureichende Berücksichtigung strategischer Überlegungen und oft ausbleibender Langzeiterfolg (Hess 1996, S. 192) – spricht auch die schwierige Nutzenquantifizierung von Leistungen des Data Warehousing bzw. des Metadatenmanagements (vgl. Jung, Winter 2001, S. 54) gegen eine Übertragung dieses Ansatzes auf den vorliegenden Problembereich. Einfache Instrumente der Marktforschung zur Analyse von Kundenbedürfnissen und -zufriedenheit wie bspw. Befragung und Beobachtung können dagegen auch bei der Leistungsanalyse für Prozesse des Informationswesens eingesetzt werden. Der höhere Aufwand für die Anwendung komplexerer Methoden wird i. d. R. als nicht lohnend bewertet (vgl. Hess 1996, S. 194). In den Fallstudien wurde die Leistungsanalyse primär mittels Befragung unterstützt durch Dokumentenanalyse durchgeführt. Ausgangspunkt sind die bereits auf Ebene M2 identifizierten Leistungsbündel, die nun im Rahmen der Leistungsanalyse auf ihre wesentlichen Bestandteile hin untersucht werden. Dabei wird für jeden Prozess auf Ebene M2 ein Kontextdiagramm erarbeitet, dass den Leistungsaustausch aus Sicht des betrachteten Prozesses darstellt. Wie in der Prozesslandkarte werden Prozesse durch Knoten und Leistungen durch gerichtete Kanten repräsentiert.

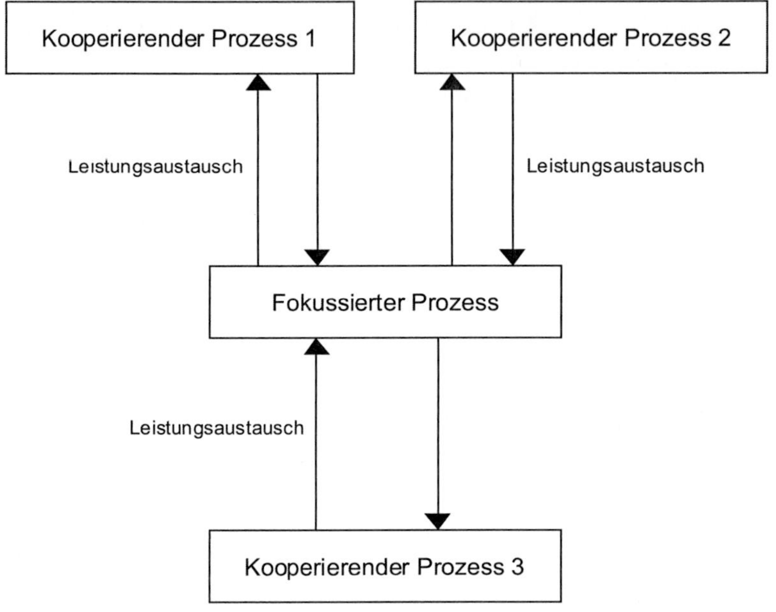

Abb. 5: Grundsätzlicher Aufbau des Kontextdiagramms (Auth 2003, S. 195)

Abbildung 5 zeigt zur Veranschaulichung ein Kontextdiagramm für einen Prozess, der mit drei anderen Prozessen über den Austausch von Leistungen kooperiert. Für Leistungsprozesse kann oft ein kooperierender Prozess als wichtigster Prozesskunde ausgemacht werden. Dem Charakter von Unterstützungsprozessen entspricht es eher, dass mehrere Prozesskunden mit gleichen oder ähnlichen Leistungen beliefert werden. In den Fallstudien zeigte sich, dass dies auch für Prozesse des Metadatenmanagements gilt.

Bei der Detaillierung der Leistungsbündel müssen darüber hinaus auch Leistungen berücksichtigt werden, die für die Umsetzung des Fachkonzepts für das MDM-System erforderlich sind. Die im Kontextdiagramm identifizierten Leistungen werden anschliessend verbal im Leistungsverzeichnis beschrieben (vgl. Österle 1995, S. 80).

4.5.3 Abgrenzen von Teilprozessen

Bei der Abgrenzung von Teilprozessen unterscheidet PROMET-BPR zwischen vertikaler und horizontaler Abgrenzung (vgl. IMG 1995, S. TECH 21 ff.). Zunächst werden mittels *vertikaler Abgrenzung* unabhängige Sequenzen, die zusammengehörige Leistungen erbringen, als Teilprozesse identifiziert. Als Beispiel für eine vertikale Abgrenzung lassen sich in einem Verkaufsprozess die Teilprozesse „Kunden akquirieren“, „Kunden pflegen“, „Auftrag akquirieren“ und „Auftrag anpassen“ voneinander abgrenzen (vgl. IMG 1995, S. TECH 21). Anschliessend können mittels *horizontaler Abgrenzung* weitere Teilprozesse abgegrenzt werden, die sich bspw. aus der Nutzung unterschiedlicher Kommunikationskanäle bei der Leistungserstellung ergeben. Bezogen auf das Beispiel des Verkaufsprozesses könnte mittels horizontaler Abgrenzung zwischen Auftragsakquisition über Vertreter, über Telefon/Fax sowie über Internet unterschieden werden (vgl. IMG 1995, S. TECH 23). Zur Dokumentation der Zerlegung von Prozessen in Teilprozesse sieht PROMET-BPR eine tabellarische Zuordnung von Leistungen zu ihrem jeweiligen Teilprozess in einer sog. *Prozesszerlegungsmatrix* vor (vgl. IMG 1995, S. TECH 23). Aus der Prozesszerlegungsmatrix geht jedoch nicht der Leistungsaustausch zwischen den Teilprozessen hervor, der auf dieser Ebene ebenfalls stattfindet (vgl. Prozesslandkarten der Fallstudien). Die Teilprozesse und ihr Leistungsaustausch auf Ebene M1 werden daher für jeden Prozess der Ebene M2 wiederum in einer Prozesslandkarte aus Sicht des übergeordneten Prozesses dargestellt.

4.5.4 Entwurf auf Ebene M1

Unter Anwendung der beschriebenen Vorgehensschritte wurden die Leistungen der Metadatenmanagementprozesse der Ebene M2 analysiert und mit Kontextdiagrammen und Leistungsverzeichnissen dokumentiert (vgl. Auth 2003, S. 196 ff.). Darauf aufbauend liessen sich Teilprozesse identifizieren, die für jeden Prozess zunächst in einer eigenen Prozesslandkarte dargestellt wurden (vgl. Auth 2003, S. 80 ff.). Auf deren Darstellung muss in diesem Beitrag aus Platzgründen verzichtet werden. Abschliessend können sämtliche Teilprozesse zu einer integrierten Prozesslandkarte zusammengefasst werden, die einen Überblick über die Teilprozesse und deren Leistungsaustausch auf Ebene M1 vermittelt (vgl. Abb. 6).

Für das Terminologiemanagement werden mittels vertikaler Abgrenzung vier Teilprozesse abgegrenzt. Das Erfassen, Konsolidieren und Umsetzen von Begriffsvorschlägen und -kandidaten wurde einem Teilprozess *Begriffserfassung* zugeordnet. Für die Leistungen Änderung, Wiederverwendung und Bereinigung wurde jeweils ein eigener Teilprozess mit analoger Bezeichnung abgegrenzt. Die Leistung Begriffsbereitstellung wird über das MDMS erbracht. Der Anwender kann bei Bedarf über die Zugriffskomponente auf die Attribute des Begriffsmodells zugreifen und Beziehungen zwischen Begriffen nachvollziehen. Leistungserstellung und -verwendung werden durch die Speicherung der Begriffe zeitlich entkoppelt. Der Leistungserstellungsprozess endet mit dem Einbringen des Begriffs in die Metadatenbasis. Die Leistung Begriffsbereitstellung entsteht als Summe der übrigen Leistungen und wird daher keinem eigenen Teilprozess zugeordnet.

Anhand der Leistungen und des metadatenbasierten DQM-Konzepts von HELFERT (vgl. Helfert 2002, S. 131 ff.) lassen sich für das DQM vier Teilprozesse abgrenzen: Die *Qualitätsplanung* erhebt die Anforderungen der Anwender und entwickelt auf

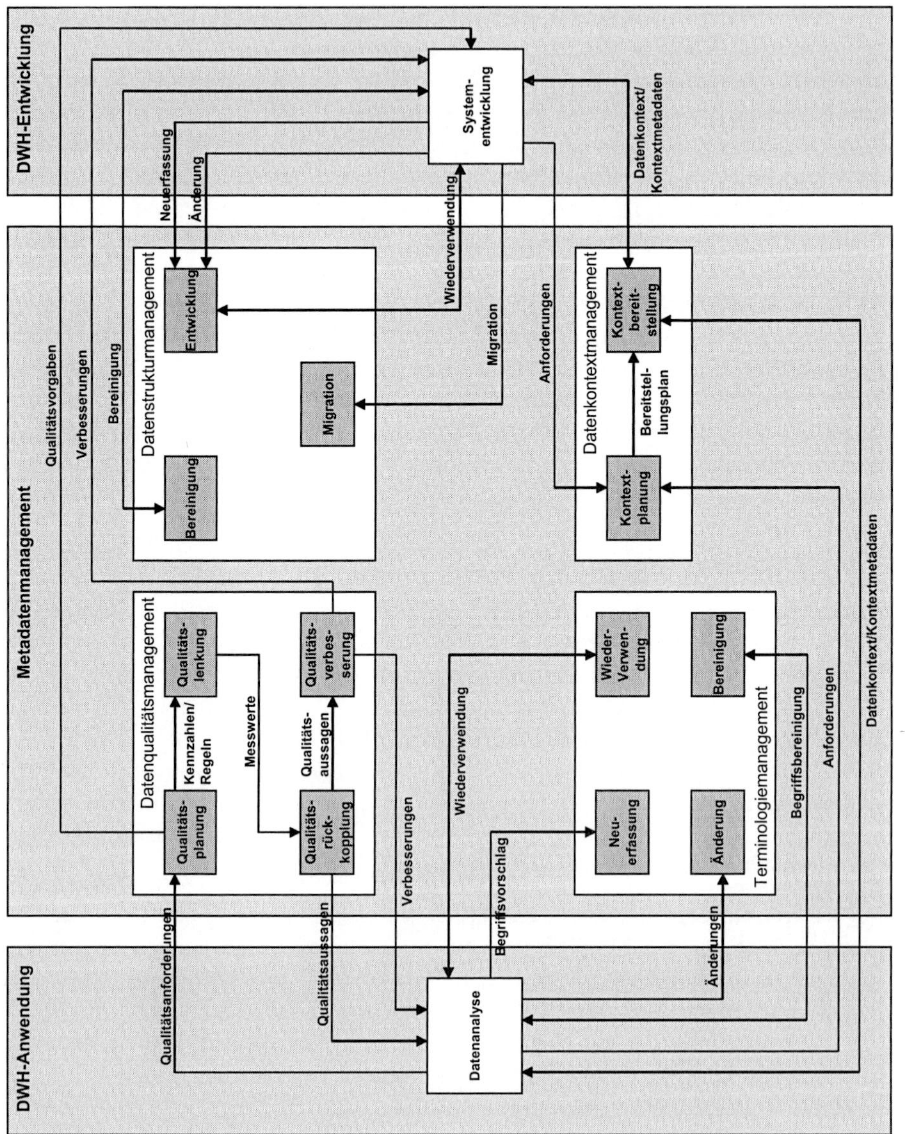

Abb. 6: Prozesslandkarte auf Ebene M1

dieser Grundlage allgemeine DQ-Vorgaben für das Metadatenmanagement. Ebenfalls auf Grundlage der Anwenderanforderungen werden Kennzahlen sowie Prüf- und Benachrichtigungsregeln entwickelt. Dabei werden auch DQ-Bedingungen aus dem Datenstrukturmanagement einbezogen. Die *Qualitätslenkung* implementiert die Kennzahlen und Regeln in einem konkreten Mess-System für die vorhandenen Transformationsprozesse und DWH-Komponenten. Über das Mess-System werden systematisch Messungen durchgeführt und Messwerte bereitgestellt. Diese werden von der *Qualitätsrückkopplung* verdichtet und zu Qualitätsaussagen aufbereitet, die den Datenverwendern bereitgestellt werden. Qualitätsaussagen können von den Anwendern mit Kommentaren versehen werden, die ebenfalls von der Qualitätsrückkopplung verwaltet werden. Die Verarbeitung der Messwerte dient darüber hinaus der Identifikation von Schwachstellen bei der Datentransformation. Erkannte Schwachstellen werden von der *Qualitätsverbesserung* analysiert, um Massnahmen zu deren Beseitigung zu erarbeiten. Weiterhin werden Qualitätsprobleme in den Objektdaten bereinigt und so Verbesserungen der Datenanalyse erreicht.

Das Datenstrukturmanagement muss vor allem über Anpassungen des Vorgehens in Softwareentwicklungsprozessen etabliert werden. Mittels vertikaler Abgrenzung werden die den Entwicklungsprozess betreffenden Leistungen Neuerfassung, Änderung und Wiederverwendung daher in einem Prozess mit der Bezeichnung Entwicklung zusammengefasst. Dieser Prozess ist als Teilprozess in den herkömmlichen Entwicklungsprozess für DWH-Komponenten einzubinden. Für die Migration von bestehenden Applikationen wurde ein eigener Teilprozess Migration definiert, ebenso für die periodische Bereinigung des Datenstrukturbestands. Der Leistungsaustausch mit dem Datenqualitätsmanagement wird von dessen Prozessen kontrolliert und daher dort betrachtet.

Die Leistungen des Datenkontextmanagements lassen sich zwei Teilprozessen zuordnen: Das Erheben der Anforderungen, das Erstellen des Metadatenschemas und die Ausarbeitung des Bereitstellungsplans wird im Teilprozess *Kontextplanung* durchgeführt. Die Anlieferung der Kontextmetadaten gemäss der Vereinbarungen des Bereitstellungsplans erfolgt durch den Teilprozess *Kontextbereitstellung*. Dem MDMS kommt wiederum die Rolle der Schnittstelle zu, über die das Datenkontextmanagement die Leistungen Organisations-/Systembezug und Transformations-/Analysekontext an seine Prozesskunden erbringt.

4.6 Prozessentwurf auf Ebene M0

Der Prozessentwurf auf Ebene M0 umfasst die Spezifikation der Aufgaben, deren Ablaufreihenfolge sowie die Zuordnung zu Aufgabenträgern. Für das Vorgehen beim Entwurf wird die PROMET-BPR-Technik Ablaufplanung genutzt, deren Ergebnisse in Form von Aufgabenverzeichnissen und Aufgabenkettendiagrammen dokumentiert werden. Für die Modellierung der Aufgabenkettendiagramme kommen UML-Aktivitätsdiagramme zur Anwendung.

Nachdem auf Ebene M2 zunächst die Prozesse abgegrenzt und auf Ebene M1 Teilprozesse identifiziert wurden, können auf Ebene M0 in einem weiteren Detaillierungsschritt die Aufgaben innerhalb der Teilprozesse aufgedeckt werden. Die PROMET-BPR-Technik zum Entwurf der Aufgabenketten basiert auf dem Konzept der Arbeitsanalyse und -synthese von Kosiol (vgl. Hess 1996, S. 202f.), das zu einer umfassenden Aufgabenmodellierung erweitert wird. Neben den Aufgaben selbst werden darin ihre Beziehungen zu anderen Aufgaben innerhalb eines Prozesses, zu

Aufgaben kooperierender Prozesse, zu Organisationseinheiten und rudimentär zu Applikationen untersucht und dargestellt (vgl. Hess 1996, S. 202f.). Dazu beschreibt die Ablaufplanung ein systematisches Vorgehen aus drei Schritten (vgl. IMG 1995, S. TECH 52-59; Hess 1996, S. 205-210), das für das Metadatenmanagement übernommen und wo erforderlich angepasst wurde.

4.6.1 Ableiten der Aufgaben

Zunächst werden die Aufgaben ohne eine detaillierte Betrachtung von Abhängigkeiten oder der Zuordnung zu Aufgabenträgern identifiziert. Die Abgrenzung der Aufgaben orientiert sich bei PROMET-BPR an vier Ideenquellen (vgl. IMG 1995, S. TECH 52-54; Hess 1996, S. 208f.): Leistungen, Geschäftsobjekte, Ablauf beim wichtigsten Leistungsempfänger und Ist-Zustand.

- Ausgehend von den auf Ebene M1 identifizierten Leistungen werden retrograd diejenigen Aufgaben bestimmt, die zusammen die Leistung erbringen. Dabei werden auch unterstützende Vorleistungen einbezogen.
- Als Geschäftsobjekte werden in PROMET-BPR die Gegenstände der betrieblichen Leistungserstellung bezeichnet. Generell fasst ein Prozess die zu einem Objekt gehörenden Verrichtungen zusammen (Objektprinzip). PROMET-BPR geht davon aus, dass aus der Kenntnis des Prozessobjekts in Kombination mit den Leistungen auf die nötigen Aufgaben geschlossen werden kann. Im Metadatenmanagement konzentriert sich die Leistungserstellung auf Metadaten, die durch die zuvor entwickelten Kategorien näher charakterisiert sind. Die Bezeichnung Geschäftsobjekt wird daher im folgenden durch Prozessobjekt ersetzt, womit die jeweiligen Metadaten gemeint sind. Ein Prozessobjekt ist Ausgangspunkt, Hilfsmittel oder Ergebnis der Leistungserstellung. Eine Leistung ist das Ergebnis der Bearbeitung eines oder mehrerer Prozessobjekte (vgl. IMG 1995, S. TECH 53).
- Die Leistungsverwendung beim Empfänger war bereits bei der Abgrenzung der Prozesse auf Ebene M2 eine wichtige Orientierungshilfe. Bei PROMET-BPR wird die Orientierung an der Leistungsverwendung auch bei der Aufgabenabgrenzung angewandt. Dazu wird für die Ablaufgestaltung auch der Ablauf beim wichtigsten Prozesskunden einbezogen. Ziel des Data Warehousing ist es unter anderem, nahezu beliebige Analysen zu ermöglichen (vgl. Mucksch, Behme 2000, S. 15). Wegen der schwachen Strukturierbarkeit von Datenanalyseprozessen fällt auch eine Analyse der Aufgaben dieser Prozesse im Hinblick auf die Metadatenverwendung schwer. Im Rahmen der Ablaufplanung für das Metadatenmanagement wurde daher die Leistungsverwendung beim Empfänger insbesondere in Form der identifizierten Verwendungszwecke berücksichtigt. Auf eine detaillierte Untersuchung der Aufgaben von Datenanalyse und Systementwicklung wurde dagegen verzichtet.

- Bei der Orientierung am Ist-Zustand besteht die Gefahr, dass sich der Prozessentwurf zu stark am existierenden Prozess orientiert und dadurch das Verbesserungspotential nicht voll ausschöpft (IMG 1995, S. TECH 55). PROMET-BPR empfiehlt daher, auf die Modellierung des Ist-Zustands zu verzichten und stattdessen das Wissen der am Prozess beteiligten Mitarbeiter zu nutzen (Hess 1996, S. 209). Da für den Prozessentwurf in diesem Beitrag weniger die Optimierung bereits bekannter Prozesse, sondern der erstmalige Entwurf von bisher nicht im Zusammenhang betrachteten Prozessen im Vordergrund steht, wurde von den in den Fallstudien erhobenen Ist-Prozessen in angemessener Weise Gebrauch gemacht. Die Ist-Prozesse der Fallstudien dienten insbesondere als Grundlage für die Ableitung der Aufgaben. Darüber hinaus gaben sie wichtige Anhaltspunkte für die Gestaltung der Aufgabenreihenfolge und den Entwurf der Rollen. Schliesslich boten sie Unterstützung bei der Beurteilung der Vollständigkeit der neuentworfenen Prozesse.

Die identifizierten Aufgaben werden in einem Aufgabenverzeichnis dokumentiert und kurz beschrieben.

4.6.2 Konsolidieren der Aufgaben

Der Prozessentwurf zielt insgesamt darauf, alle wesentlichen Aspekte eines Prozesses zu erfassen. Um auch beim Aufgabenentwurf den Gesamtüberblick zu erleichtern, sollte sich die Darstellung auf die wesentlichen Aufgaben konzentrieren. Die im ersten Schritt identifizierten Aufgaben werden daher in diesem Schritt auf die wichtigsten reduziert. HESS nennt als Daumenregel die Zahl von maximal zehn Aufgaben für einen Prozess (Hess 1996, S. 209). Für die Auswahl der wichtigsten Aufgaben schlägt PROMET folgende Ansatzpunkte vor (IMG 1995, S. TECH 56; Hess 1996, S. 209):

- Eine wichtige Aufgabe beschreibt einen wesentlichen Aspekt der Leistungserstellung.
- Die ausgewählten Aufgaben weisen den gleichen Aggregationsgrad auf.
- Eine wichtige Aufgabe ist standardisierbar. Standardisierbarkeit erfordert, dass die Aufgabe unabhängig vom Aufgabenträger, Ausführungsort und Ausführungszeitpunkt gleich abläuft und die gleichen Ergebnisse produziert.
- Eine wichtige Aufgabe erstellt oder verwendet ein wichtiges Ergebnis.

Als Ergebnis von Schritt 2 wird das Aufgabenverzeichnis aus Schritt 1 überarbeitet.

4.6.3 Festlegen von Aufgabenträgern und Ablauffolge

Analog zur Konzentration auf die wichtigsten Aufgaben werden in Schritt 3 auch nur die wichtigsten Aufgabenträger und die wichtigsten Abhängigkeiten zwischen den Aufgaben untersucht (vgl. Österle 1995, S. 89). Die Ablauffolge ergab sich direkt aus den Abhängigkeiten zwischen den Aufgaben. Bei der Ablauffolge wird grundsätzlich zwischen Präzedenz, Parallelität und Nebenläufigkeit unterschieden (vgl. Österle 1995, S. 51). Benötigt eine Aufgabe das Ergebnis (Output) einer anderen Aufgabe als Input für die eigene Durchführung, liegt *Präzedenz* vor. Die Aufgaben laufen nacheinander ab. Erfordert die Durchführung einer Aufgabe die gleichzeitige Durchführung einer zweiten Aufgabe, ergibt sich für die Reihenfolge *Parallelität*. Sind zwei Aufgaben in ihrer Durchführung unabhängig voneinander, handelt es sich um einen *nebenläufigen Ablauf*.

Die Zuordnung zu Aufgabenträgern orientierte sich grundsätzlich an der Struktur der Aufbauorganisation und den Vorgaben aus der Prozessvision. Die Aufbauorganisation beschreibt organisatorische Einheiten und deren Beziehungen untereinander. Eine *organisatorische Einheit* entsteht durch Zusammenfassung einer oder mehrerer Stellen zu einem selbständigen Teil der Organisationsstruktur (Österle 1995, S. 51). Eine *Stelle* repräsentiert die kleinste organisatorische Einheit und wird durch Zusammenfassung von Aufgaben zu einem Arbeitsbereich für eine nicht näher spezifizierte Person gebildet (Seufert 2002, S. 143). Dabei sind Kapazitätsrestriktionen einer entsprechend geeigneten Person zu beachten, d. h. Anzahl und Umfang der Aufgaben darf die Kapazitäten des Stelleninhabers nicht überschreiten (vgl. Seufert 2002, S. 143). Andererseits reichen Anzahl und Umfang von zusammengehörigen Aufgaben im Metadatenmanagement nicht immer aus, um das Bilden einer formalen Stelle zu rechtfertigen. Die Verantwortung für einen Arbeitsbereich von zusammengehörigen Aufgaben wird daher im folgenden als *Rolle* bezeichnet. Eine Person kann mehrere solcher Rollen auf sich vereinen, was bei Stellen eher selten der Fall ist. Grundsätzlich kann zwischen *individuellen Rollen* und *kollektiven Rollen* unterschieden werden (vgl. Kaiser 2000, S. 143) Während erstere von einer einzelnen Person ausgeübt werden, arbeiten in letzteren mehrere Personen zusammen (z. B. in Ausschüssen).

Aufgabenfolge und Aufgabenträger werden graphisch in einem Aufgabenkettendiagramm dargestellt. Die Aufgabenliste aus Schritt 2 wird zu einem Aufgabenverzeichnis konkretisiert.

4.6.4 Entwurf auf Ebene M0

Unter Anwendung des zuvor beschriebenen Verfahrens wurde für sämtliche auf Ebene M1 beschriebenen Teilprozesse des Metadatenmanagements die Aufgabenabfolge geplant und die Zuordnung zu Aufgabenträgern vorgenommen. Die Ergebnisse des Entwurfs auf Ebene M0 werden grafisch in Form von Aufgabenkettendiagrammen dargestellt, die auf UML-Aktivitätendiagrammen beruhen. Diese graphische Prozessrepräsentation wird mit verbalen Erläuterungen der einzelnen Aufgaben und Aufgabenträger in Aufgabenverzeichnissen und Rollenbeschreibungen komplettiert. Aus Platzgründen werden im folgenden lediglich die Ergebnisse für den Prozess Datenstrukturmanagement wiedergegeben. Der vollständige Prozessentwurf findet sich bei (Auth 2003, S. 217 ff.). Ebenso verzichtet wird auf die

Darstellung des Rollenmodells, das bei (Auth 2003, S. 269 ff.) detailliert dargestellt ist.

4.6.5 Prozessentwurf für das Datenkontextmanagement

Im Unterschied zu übrigen Prozessen konnte beim Datenkontextmanagement nicht direkt auf Ergebnisse der Fallstudien zurückgegriffen werden. Das Ableiten der Aufgaben war daher in stärkerem Masse auf das beschriebene Vorgehen für den Entwurf auf Ebene M0 und die bisherigen Entwurfsergebnisse für den Prozess angewiesen. Neben dem auf Ebene M2 erarbeiteten Leistungsverzeichnis bietet auch die Prozessvision wichtige Anhaltspunkte für die Ablaufplanung. Grundsätzlich ist der Datenkontext das Ergebnis einer Integration der durch die vier Dimensionen Systembezug, Organisationsbezug, Transformation und Analyse erfassten Metadaten (vgl. Abb. 2). Die Integration von Metadaten wird auch in der Literatur thematisiert, wobei jedoch i. d. R. technische Aspekte im Vordergrund stehen. Aus den Ausführungen in der Literatur lassen sich jedoch die notwendigen generischen Schritte für die Metadatenintegration herausarbeiten. DEVLIN schlägt bspw. für die Integration von Metadaten eine grundsätzlich analoge Vorgehensweise wie für die Integration der Objektdaten im DWH vor (vgl. Devlin 1997, S. 297 f.). Die gleiche Auffassung vertritt MARCO, der analog zum ETL-Prozess für das DWH-System einen standardisierten ETL-Prozess für das MDMS beschreibt (vgl. Marco 2000, S. 189 ff.). Auch in modellbasierten Ansätzen wie bspw. bei POOLE et al. oder TOZER sind für den Ablauf beim Metadatenaustausch grundsätzlich ähnliche Schritte erkennbar (vgl. Tozer 1999, S. 128 ff.; Poole et al. 2002, S. 179 ff.). TOZER vertritt dazu die Auffassung, dass sich die Metadatenintegration aus Komplexitätsgründen nur begrenzt automatisieren lässt (vgl. Tozer 1999, S. 130). Aus diesen Überlegungen heraus wird im folgenden das Datenkontextmanagement konzeptionell gestaltet, ohne dass bereits detaillierte Aussagen über die Automatisierbarkeit der Aufgaben gemacht werden.

Teilprozess Kontextplanung

Die Gestaltung der Rollen für das Datenkontextmanagement zielt wie die Rollen der übrigen MDM-Prozesse auf eine arbeitsteilige Prozessdurchführung in Zusammenarbeit von Mitarbeitern zur Betreuung des MDMS mit den Anwendern und Entwickler des DWH-Systems ab. Datenkontextmetadaten werden von Anwendern und Entwicklern gleichermassen benötigt, sodass aus Sicht des Datenkontextmanagements allgemein von *Kontextverwendern* gesprochen wird. Für die Verwaltung der Kontextmetadaten auf Seite des MDMS ist ein *Kontextadministrator* zuständig. Für die Anlieferung der Kontextmetadaten an den Prozess und als Vertreter der Kontextverwender gegenüber dem Metadatenmanagement wird jeder Verwendergruppe ein *Kontextverantwortlicher* zugeordnet. Die Zusammenarbeit der Rollen im Kontextplanungsprozess ist im nachstehenden Aufgabenverzeichnis dokumentiert:

Nr.	Aufgabe	Beschreibung	Aufgabenträger
98	Anforderungen übermitteln	Zu Beginn der Kontextplanung werden die Anforderungen der Kontextverwender an die konkrete Ausgestaltung des Datenkontexts an den Kontextadministrator übermittelt (z. B. E-Mail). Darüber hinaus können die Kontextverwender jederzeit neue bzw. veränderte Anforderungen übermitteln, die immer wieder zu einer erneuten Durchführung der Kontextplanung führen.	Kontextverwender
99	Anforderungen analysieren	Die übermittelten Anforderungen werden im Hinblick auf den derzeitigen Datenkontext und die vier Kontextdimensionen analysiert. Unklarheiten müssen ausgeräumt werden.	Kontext-administrator
100	Metadatenquellen identifizieren	Aus den Anforderungen wird der Metadatenbedarf und mögliche Quellen für diese Metadaten ermittelt. Diese Aufgabe wird vom Kontextadministrator verantwortet und in Zusammenarbeit mit den Kontextverwendern durchgeführt.	Kontext-administrator
101	Metadatenquellen analysieren	Die identifizierten Metadatenquellen sind hinsichtlich ihrer Verwendbarkeit zu analysieren. Insbesondere die Möglichkeit und der geschätzte Aufwand für eine Metadatenextraktion sind hier einzubeziehen.	Kontext-administrator
102	Datenkontext konzipieren/ anpassen	Auf Basis der Ergebnisse der vorangegangenen Aufgaben wird ein Fachkonzept des Datenkonzepts erstellt, das als Diskussionsgrundlage für eine Überprüfung durch die Kontextverwender dient.	Kontext-administrator
103	Konzept prüfen	Die Kontextverwender erhalten die Gelegenheit das erstellte Konzept hinsichtlich der Umsetzung ihrer Anforderungen zu überprüfen. Hier sollten insbesondere diejenigen Kontextverwender einbezogen werden, die zuvor explizite Anforderungen übermittelt haben.	Kontextverwender

Tab. 1: Aufgabenverzeichnis für den Teilprozess Kontextplanung

gegangen werden kann. Weiterhin ist eine regelmässige Aktualisierung der Muster notwendig.

Grundsätzlich lassen sich alle durch Data Mining erzeugten Muster im Data Warehouse verwalten, wie z. B. Assoziationen, Entscheidungsregeln, Segmente oder Vorhersagemodelle. Eine wesentliche Voraussetzung hierfür ist, dass sich diese Ergebnisse mit den vom Data-Warehouse-Managementsystem bereit gestellten Funktionen bearbeiten lassen. Demnach bieten sich aus der Sicht heute verfügbarer Data-Warehouse-Managementsysteme relationale und multidimensionale Repräsentationen, wie z. B. im Falle von Beziehungen, Regeln und Segmenten, an (vgl. auch Imielinski, Mannila 1996). Ebenso denkbar sind die Einführung weiterer Dimensionshierarchien zur Zuordnung von Objekten zu ermittelten Segmenten oder die Erzeugung von Sichten, etwa durch Definition von OLAP-Berichten, die nur die Objekte eines bestimmten Segments zurückliefern. Vorhersagemodelle wie z. B. Neuronale Netze lassen sich in geeignetem Format als CLOBs (*character large objects*) im DBVS ablegen. So ermöglicht z. B. das Produkt IBM Intelligent Miner Scoring die komfortable Speicherung und Anwendung von Modellen, die in der standardisierten Predictive Markup Modelling Language (PMML) repräsentiert sind, durch Nutzung der Sprache SQL (IBM 2001a).

3.2 Data Mining for Data Warehousing

Im Rahmen der Konzeption eines Data-Warehouse-Systems ist die Entwicklung der Extraktions-, Bereinigungs-, Transformations- und Ladeprozesse der kritischste Faktor und wird häufig mit mindestens 80% des Gesamtaufwands eines Data-Warehouse-Projekts bewertet (Humphries et al. 1999). Dies resultiert hauptsächlich aus der mangelnden Unterstützung durch adäquate Werkzeuge (Sapia et al. 1999). Daher ist die Entwicklung geeigneter Werkzeuge im Sinne eines „Computer-aided Warehousing“ (CAW) ein zentrales Forschungsthema geworden (vgl. u. a. AJAX (Galhardas et al. 2000), Bellmann System (Dasu et al. 2002), Potter's Wheel (Raman 2001)). Data-Mining-Methoden können hierbei eine wichtige Ergänzung in den einzelnen Phasen darstellen:

Analyse der Datenquellen *(data auditing)*: Grosse Unternehmensdatenbanken beinhalten häufig einige hundert Tabellen mit insgesamt einigen tausend Attributen (Dasu et al. 2002). Es ist offensichtlich, dass die manuelle Analyse solcher Datenquellen im Sinne eines Reengineering einen grossen Aufwand bedeutet, insbesondere da Schemaänderungen im zeitlichen Verlauf, inkorrekte Eingaben und die inkorrekte Verwendung der Datenbankstruktur berücksichtigt werden müssen. Mittels Data Mining lassen sich neben reinen Schemainformationen zusätzlich implizite Informationen über die Datenquellen ermitteln. Die Identifikation von Beziehungen zwischen Attributen, sowohl zwischen verschiedenen Tabellen (*inter-table dependencies*), z. B. bei fehlenden Fremdschlüsselbeziehungen, als auch innerhalb der gleichen Tabelle (*intra-table dependencies*), z. B. bei einem nicht vollständig normalisierten Datenbankschema, lässt sich z. B. durch Assoziationsanalysen unterstützen (Sapia et al. 1999). DASU (Dasu et al. 2002) präferiert aus Performanzgründen hierfür eine erweiterte Form des *database profiling,* bei dem Eigenschaften von Attributen (z. B. Anzahl der Null-Werte) und Tabellen (z. B. Anzahl der Datensätze) mittels statistischer Methoden miteinander in Beziehung gesetzt werden. Damit können zusätzlich Kardinalitäten von Beziehungen oder textuelle Ähnlichkeiten zwischen Attributwerten ermittelt werden. Neben inter-table- und intra-table dependencies kann auch die Identifikation von Mustern innerhalb von Werten des gleichen Attributs (*intra-field dependencies*) von Interesse sein (Sapia et al. 1999; Dasu et al. 2002). Beispielsweise werden häufig mehrere Eigenschaften von Objekten innerhalb einer codierten Signatur gespeichert (z. B. Länder- und Verlagskennzeichen in ISBN).

Die im Rahmen der Datenquellenanalyse ermittelten Informationen können zusätzlich zur Dokumentation in den folgenden Phasen eingesetzt werden.

Schemaintegration von Datenquellen: Das Problem der Integration von Schemata unterschiedlicher Datenquellen ist im Bereich der Föderierten Datenbanksysteme ausführlich diskutiert worden (Conrad 1997). Nach der individuellen Analyse der einzelnen Datenquellen müssen hierbei Zusammenhänge zwischen diesen Quellen ermittelt werden (*inter-source dependencies*), um ein konsolidiertes Data-Warehouse-Schema zu erzeugen. Dabei müssen die folgenden Integrationskonflikte berücksichtigt werden (Conrad 1997), die sich zum Teil mithilfe von Data Mining beheben lassen:

- **Semantische Konflikte:** Häufig findet man in zwei Schemata unterschiedlicher Datenquellen gleiche Strukturen, die jedoch bezüglich des Inhalts nicht (vollständig) identisch sind. Beispielsweise beinhaltet eine Datenquelle nur eine Teilmenge der Objekte der anderen Datenquelle, oder es sind Duplikate vorhanden (Hernández, Stolfo 1998). Zudem lässt sich feststellen, ob zwei Datenobjekte aus unterschiedlichen Datenquellen den gleichen Sachverhalt in der Realwelt repräsentieren (*Mining Integration Knowledge;* Srivastava, Chen 1999).
- **Beschreibungskonflikte:** Typischerweise werden gleiche Objekte in unterschiedlichen Datenquellen mit unterschiedlichen Eigenschaften (Attributen) modelliert. Beispiele hierfür sind Benennungskonflikte (homonyme und synonyme Attributbezeichnungen), Wertebereichs- und Skalierungskonflikte (z. B. unterschiedliche Masseinheiten).
- **Heterogenitätskonflikte** treten auf, wenn die Schemata der Datenquellen in unterschiedlichen Datenmodellen vorliegen. Dies ist insbesondere dann der Fall, wenn Daten aus dem World Wide Web in ein Data Warehouse eingebunden werden sollen (*Web Farming*; Alpar, Leich 2000).
- **Strukturelle Konflikte:** Auch bei Verwendung des gleichen Datenmodells können die Objekte in den Datenquellen unterschiedlich modelliert sein. Beispielsweise werden bestimmte Eigenschaften in der einen Datenbank in einem

numerischen Attribut codiert, während in der anderen Quelle für den gleichen Sachverhalt referenzielle Beziehungen zwischen mehreren Tabellen verwendet werden. Ein typisches Beispiel hierfür ist die unterschiedliche Darstellung von Adressen. Mittels Text Mining ist eine Elementarisierung solcher Adresslisten möglich (Kimball 1996).

Datenbereinigung *(data cleansing)*: Nach der Betrachtung der Schemaintegration wird im Folgenden unter dem Oberbegriff Datenbereinigung der Einsatz der Datenmustererkennung zur Identifikation und Bereinigung potenzieller Fehleingaben und beim Umgang mit fehlenden Werten (*missing values*) behandelt.

- **Fehleingaben:** Meist werden bei der Aktualisierung eines Data Warehouse lediglich die Datenintegrität (z. B. Fremdschlüsselbeziehungen oder Wertebereichsverletzungen) und syntaktische Fehler überprüft. Semantische Fehler hingegen sind syntaktisch korrekte Werte, die jedoch bestimmte Geschäftslogiken oder –regeln (*business rules*) verletzten. Beispielsweise ist es unwahrscheinlich, dass ein zehn Jahre altes Fahrzeug erst 123 Kilometer gefahren wurde (Sapia et al. 1999). Im Rahmen eines erweiterten *database profiling* können solche Regeln identifiziert werden und während der Aktualisierung auf die neuen Rohdaten angewandt werden. Im einfachsten Fall wird eine Fehleingabe mithilfe statistischer Methoden erkannt (Maletic, Marcus 2000). Darüber hinaus können Assoziationsregeln (Marcus et al. 2001) oder Clustering-Verfahren (Knorr, Ng 1997) verwendet werden.
- **Fehlende Werte:** Für die Ergänzung von fehlenden Werten kann unterschieden werden, ob lediglich Informationen über die Ausprägungen eines einzelnen Attributs oder mehrerer Attribute herangezogen werden sollen. Die obigen Methoden müssen nur dahingehend erweitert werden, dass der fehlerhafte Datensatz aufgrund der vorliegenden Informationen mit dem wahrscheinlichsten Wert ergänzt wird.

3.3 OLAP for Data Mining

Die Nutzung von OLAP-Funktionen innerhalb des KDD-Prozesses lässt sich grob in die Unterstützung der Vorverarbeitung (Selektion, Exploration, Manipulation der Analysedaten), der Analyse und der Nachbearbeitung (Interpretation und Verifikation der Data-Mining-Ergebnisse) einteilen. Vor- und Nachverarbeitungsaspekte werden im Folgenden beschrieben. Eine Diskussion der Analyseaspekte erfolgt in Abschnitt 4.

- **Vorverarbeitung:** Geht man von der Verfügbarkeit eines Data Warehouse als Analysedatenquelle aus, so sind im Rahmen der Vorverarbeitung lediglich die analysespezifischen Vorverarbeitungsmassnahmen weiter zu betrachten (vgl. Abschnitt 3.1.1 und Abb. 1). Durch Nutzung eines OLAP-Servers lassen sich hierbei die konzeptuell getrennten Teilaufgaben Selektion von Analysedaten, initiale Exploration der selektierten Daten sowie Transformation und Codierung effizient zu einem Schritt vereinen: Durch explorative Navigation im multidimensionalen Datenraum wählt man für die anstehende Data-Mining-Analyse geeignete Daten (Teile von Hypercubes) aus und verändert im Zuge der Navigationsschritte gleichzeitig deren Repräsentation. Inhaltlich geeignete Daten in passender Darstellungsform können schliesslich an das Data-Mining-Werkzeug übergeben werden. Die von IBM und SAP gemeinsam entwickelte Anbindung des IBM DB2 Intelligent Miner for Data an das SAP Business Information Warehouse nutzt diese Möglichkeit des komfortablen Datentransfers und übergibt auch die entsprechenden Metadaten an das KDD-Werkzeug (SAP 2000; vgl. Knobloch, Weidner 2000).

Auch HAN et al. weisen auf die effiziente Möglichkeit hin, die Datenexploration mittels OLAP vorzunehmen. Die Verfügbarkeit grafischer Visualisierungsfunktionen in OLAP-Clients erleichtert die initiale Sichtung des Datenmaterials erheblich (Han et al. 1998). So können über die reine Exploration hinaus bereits erste fachliche Erkenntnisse gewonnen werden (vgl. Knobloch 2001).

Die OLAP-Operatoren ermöglichen die unkomplizierte Erzeugung analysespezifischer Datenstrukturen für das Data Mining. Mit Filterfunktionen (*slice* und *dice*) stehen mächtige Selektionsmechanismen zur Einschränkung des Analysefokus auf Teildatenmengen unterschiedlicher Granularität bereit. Durch Projektionen auf ausgewählte Attributmengen eines Hypercubes kann auf relativ einfache Weise eine Reihe unterschiedlicher Datenrepräsentationen generiert werden. Auch die Anreicherung der Daten um berechnete Kennzahlen, die Transformation von Attributen, wie z. B. die Diskretisierung kontinuierlicher Werte, oder die Einebnung (Denormalisierung) normalisierter Schemata lässt sich somit ohne zusätzlichen Programmieraufwand an die OLAP-Server auslagern. Data-Mining-Analysedatenstrukturen können auf diese Weise rasch und flexibel erstellt werden (vgl. Han et al. 1998; Knobloch, Weidner 2000; Chen 2001).

Auf OLAP-Server aufsetzende Data-Mining-Systeme ermöglichen gewissermassen ein *Ad-hoc-Mining*, d. h. sie erlauben es, die Analysedaten „per Mausklick“ zu spezifizieren. Dadurch wird es möglich, nicht nur die Basisdaten, sondern jedwede mittels OLAP generierbaren Datenstrukturen der Datenmustererkennung zu unterziehen (Chaudhuri 1999). Vor dem Hintergrund eines häufig iterativen Ablaufs des KDD-Prozesses, bei dem sich die Ungeeignetheit erstellter Datenstrukturen oft erst bei der Interpretation der Analyseergebnisse offenbart und deshalb ein Rücksprung zur Manipulationsphase erforderlich werden kann (vgl. Knobloch, Weidner 2000), ergeben sich hieraus mit zunehmend aufwändigeren Datenmanipulationsprozessen wachsende Rationalisierungspotenziale.

- **Nachverarbeitung:** Im Anschluss an die Data-Mining-Analyse folgt im KDD-Prozess die Interpretation der Ergebnisse und gegebenenfalls eine Verifikation der erzeugten hypothetischen Datenmuster durch eine weitere Untersuchung (vgl. hierzu ausführlicher Abschnitt 4). Auch hierbei stellen die Analyse-, Navigations- und Visualisierungsfunktionen des OLAP-Konzepts ein wichtiges Hilfsmittel dar.

3.4 Data Mining for OLAP

In diesem Abschnitt werden Möglichkeiten aufgezeigt, wie mithilfe von Data-Mining-Verfahren die Entwicklung des dem OLAP zugrunde liegenden multidimensionalen Designs unterstützt werden kann. Hierzu wird im weiteren Verlauf zwischen dem konzeptionellen Design und dem physischen Design unterschieden.

Konzeptionelles multidimensionales Design. Im Rahmen der Entwicklung des konzeptionellen multidimensionalen Schemas müssen die benötigten Kennzahlen und Dimensionen auf der Basis der zugrunde liegenden Data-Warehouse-Daten identifiziert werden. Bereits bei der Auswahl der Dimensionsattribute können Data-Mining-Verfahren helfen, Attribute auszufiltern, die keinen Einfluss auf die Kennzahlen haben (Sapia et al. 1999). Darüber hinaus können mittels Assoziationsanalysen die Beziehungen zwischen potenziellen Attributen ermittelt werden, um dadurch orthogonale Dimensionsstrukturen aufzubauen.

Im Rahmen des multidimensionalen Paradigmas werden diskrete Attributwerte als Dimensionshierarchien gefordert. Es kann jedoch vorkommen, dass für einige Attribute nur kontinuierliche Werte vorhanden sind (z. B. Gewicht in kg). Data Mining kann in solchen Fällen eingesetzt werden, um Intervalle zu definieren, die für die entsprechenden Kennzahlen zu aussagefähigen Auswertungen führen (Sapia et al. 1999).

Physisches multidimensionales Design (Anfrageoptimierung). Beim physischen multidimensionalen Design ist nicht die originäre Umsetzung des konzeptionellen Designs von Interesse, sondern die Optimierung der Anfrageperformanz. Das Themengebiet der Anfrageoptimierung befasst sich mit Verfahren, die eine effiziente Auswertung der Datenbestände ermöglichen. Zum einen sind die Anfragen der Benutzer bei der Übersetzung um fehlende Informationen über interne Zugriffspfade und Speicherstrukturen der Datenbank geeignet zu ergänzen. Zum anderen sind in der Datenbank Vorkehrungen zu treffen, so dass eine effiziente Abwicklung der Anfragen ermöglicht wird. Ziel ist es, eine möglichst kostengünstige Beantwortung der Anfrage zu erlauben, wobei die Wirtschaftlichkeit im Hinblick auf Performanz und knappe Betriebsmittel, wie z. B. Speicherplatzverbrauch, gemessen wird. Die Unterstützung der Anfrageoptimierung mit Data Mining wurden bisher nur „stiefmütterlich" behandelt. Daher werden im Folgenden Ansatzpunkte für einen viel versprechenden Einsatz skizziert, sowie erste Arbeiten, soweit bereits vorhanden, vorgestellt.

Es kann grundsätzlich zwischen einer *syntaktischen* und einer *semantischen* Anfrageoptimierung unterschieden werden.

Von den Hilfsmitteln der *syntaktischen* Anfrageoptimierung im OLAP-Kontext sind vor allem die Materialisierung von Sichten sowie die Partitionierung von Datenbeständen für eine Unterstützung durch Data Mining interessant.

- *Materialisierung*: Die Technik der Materialisierung verfolgt das Ziel, Bestandteile häufiger Datenbankanfragen zu erkennen, diese einmalig vorzuberechnen, das Ergebnis abzuspeichern und diese Materialisierungen zur Laufzeit bei der Beantwortung von Anfragen anstelle der Originaldaten zu verwenden. Häufig findet sich hierfür auch der Begriff *Präaggregationen*. Bei der Analyse des Problemraums lässt sich bildlich ein Aggregationsgitter aus allen möglichen vorberechneten Verdichtungen aufspannen. Da eine vollständige Materialisierung aus Zeit- und Kostengründen (Speicherplatzverbrauch) i.d.R. ausscheidet, ist die Frage zu klären, welche Materialisierungen den grössten Nutzen stiften. Bei dieser Suche nach interessanten Zusammenhängen können Data-Mining-Techniken zur Optimierung beitragen. Vorüberlegungen über den Einsatz der Datenmustererkennung in der multidimensionalen Anfragebeschleunigung sind z. B. bei GÜNZEL et al. (Günzel et al. 2000) zu finden. Denkbar ist z.B. eine Regelgenerierung durch induktive Verfahren, wobei die Entscheidung über die zu materialisierenden Sichten anhand der gefundenen Regeln getroffen wird. Nach CHEN (Chen 2001) lassen sich u. a. die folgenden beiden viel versprechenden Möglichkeiten der Unterstützung differenzieren: (1) View Maintenance und (2) Data-Mining-gestützte Aggregationsberechnung für OLAP.
- *Partitionierung* von Datenbeständen: Eine weitere Option zur Anfragebeschleunigung wird durch die Fragmentierung von Relationen und die anschliessende Allokation der Fragmente in der Datenbank erreicht. Durch eine Fragmentierung ergibt sich bei Anfragen i.d.R. eine Reduzierung des Verarbeitungsumfangs, da nicht mehr auf den gesamten Datenbestand, sondern nur noch auf einen eingeschränkten Bereich zugegriffen werden muss. Weiterhin unterstützen die einzelnen Fragmente eine parallele Verarbeitung. Derzeit sind keine Ansätze zur Optimierung durch Data-Mining-Techniken bekannt. Viel versprechend wäre jedoch beispielsweise der Einsatz von Clustering-Verfahren zur Festlegung geeigneter Fragmente.

Die semantische Anfrageoptimierung (*SQO; Semantic Query Optimization*) beschäftigt sich mit Verfahren zur Einbeziehung von Wissen über die Bedeutung des Anwendungsbereichs (z. B. Integritätsbedingungen und funktionale Abhängigkeiten) (Chen 2001), da dies zu erheblichen Verbesserungen der Leistungsmerkmale führen kann. Beispielsweise verwenden HSU und KNOBLOCK Anfrageergebnisse, um mit Techniken des maschinellen Lernens allgemeine Bedingungen abzuleiten, die sie dann zur Reformulierung neuer Anfragen benutzen (Hsu, Knoblock 1995). SQO-Techniken wurden bisher hauptsächlich für Datenbanken im operativen Umfeld eingesetzt.

4 Synergiepotenziale im Rahmen der Analyse

Die Synergien zwischen Data-Warehouse- bzw. OLAP-Systemen und Data-Mining-Werkzeugen, die sich aus analytischer Sicht ergeben, sind Gegenstand dieses Abschnittes. Sie werden unter verschiedenen Perspektiven betrachtet, die von der isolierten Bereitstellung mehrerer Analyseverfahren, deren Kombination zu Analysezyklen und -ketten bis hin zu deren Verschmelzung reichen.

4.1 Realisierung einer Analysemethodenbank

Schätzungen zufolge sind etwa zwanzig Prozent der in betrieblichen Datenbeständen enthaltenen und tatsächlich sehr bedeutsamen Informationen mit herkömmlichen, hypothesengetriebenen Analyseansätzen wie OLAP nicht zugänglich. Sie können nur mithilfe datengetriebener Methoden der Mustererkennung extrahiert werden (Adriaans, Zantinge 1996). Die Hinzunahme von Data-Mining-Funktionen erweitert somit die analytischen Fähigkeiten von Data-Warehouse-Systemen zur besseren Ausschöpfung der Potenziale der vorhandenen Analysedaten (vgl. Imielinski, Mannila 1996; Chen 2001).

Die Datenanalyse, insbesondere die tendenziell hypothesenfreie Suche nach Mustern und Auffälligkeiten durch Data Mining, stellt darüber hinaus eine kreative, schlecht strukturierte Aufgabe dar. Häufig kann a priori keine Festlegung auf ein bestimmtes Analyseverfahren vorgenommen werden. Vielmehr ist oft das Ausprobieren mehrerer alternativer Analyseansätze und Verfahren erforderlich, und ein flexibles Wechseln zwischen Methoden des Data Mining, der klassischen Statistik und OLAP ist keine Seltenheit (vgl. auch Han et al. 1998). Vor allem der KDD-Prozess ist typischerweise durch ein iteratives Vorgehen mit einem gewissen Mass an Versuch und Irrtum gekennzeichnet. Ein definiertes Untersuchungsziel lässt sich zudem prinzipiell durch Anwendung verschiedener Verfahren erreichen (Knobloch, Weidner 2000).

Allein die Verfügbarkeit mehrerer unterschiedlicher Analyseverfahren im Sinne einer *Methodenbank* steigert den Nutzen und die Flexibilität von Datenanalysesystemen erheblich. Eine solche Methodenbank wird beispielsweise von GLUCHOWSKI et al. (Gluchowski et al. 1997) als elementarer Bestandteil von Managementunterstützungssystemen gefordert. Dieser gesteigerte Nutzen kann durch die Betrachtung der komplementären Rollen der Analyseansätze noch weiter erhöht werden.

4.2 Kombination komplementärer Analyseansätze

In Abschnitt 2wurde die komplementäre Beziehung zwischen Data Mining (Hypothesengenerierung) und klassischen Analyseansätzen zur Hypothesenverifikation, zu denen auch OLAP zu zählen ist, eingeführt. Aus dieser Feststellung lässt sich die Motivation für eine Kopplung der beiden Ansätze in Form eines *Datenanalysezyk-*

lus herleiten. Hierbei werden jeweils abwechselnd Bottom-up- und Top-down-Probleme behandelt: In einem ersten Schritt werden die in den Datenbeständen enthaltenen Phänomene durch mittels Data Mining generierte Hypothesen erklärt. Letztere werden anschliessend einer Verifikation durch Abfrage weiterer Daten unterzogen. Beispielsweise können durch eine Assoziationsanalyse Verbundkaufeffekte im Handel entdeckt (*bottom-up*) und dabei identifizierte potenzielle Aktionsartikel in einem detaillierten OLAP-Bericht (*top-down*) auf ihre tatsächliche Tauglichkeit als Werbeartikel hin untersucht werden (vgl. Knobloch 2001).

Eine weitere Komplementarität von OLAP und Data Mining stellen Yoon et al. auf Grundlage der Unterscheidung zwischen so genannten *extensional answers* und *intensional answers* vor. Eine OLAP-Anfrage liefert typischerweise mehrere Werte zurück, die Objekte beschreiben. Diese Objekte sind die Extension des in der Anfrage spezifizierten Konzepts, z. B. Käufer von Sportwagen einer bestimmten Marke. Diese Extension kann nun durch Anwendung von Data-Mining-Verfahren intensional beschrieben werden. Die auf diese Weise erzeugten *intensional answers* liefern eine kompaktere Beschreibung als die Ergebnisse der OLAP-Anfrage selbst, und besitzen einen höheren Informationsgehalt (Yoon et al. 1997; vgl. auch Han 1998).

4.3 Realisierung von Analyseketten

Der oben geschilderte Datenanalysezyklus kann mehrfach durchlaufen werden, wenn sich aus den Erkenntnissen einer Verifikation eine neue Fragestellung ergibt, die mit datengetriebenen Ansätzen zu lösen ist, und so fort. Die bei weiterem Durchschreiten des Zyklus auftretenden Schritte zeichnen sich jeweils durch eine stetige Verfeinerung ihrer Untersuchungsziele aus. Auf diese Weise lassen sich Hypothesen beliebig verfeinern (Adriaans, Zantinge 1996).

Ein Beispielszenario aus dem Marketing mag dies illustrieren: Zur Kampagnenplanung soll zunächst eine Käufersegmentierung mittels Data Mining erfolgen, um Zielgruppen für die Kampagne aufzudecken. Einzelne Kundencluster sind nun durch OLAP genauer zu untersuchen, um deren Verhalten und Präferenzen zu identifizieren. Auf der Grundlage der hierbei gewonnenen Erkenntnisse kann ein Segment von Kunden für das weitere Vorgehen ausgewählt werden. Deren Bestellungen können sodann zur Erkennung von Cross-Selling-Potenzialen einer datengetriebenen Verbundkaufanalyse unterzogen werden. Hierbei auffällige Artikel können durch die bereits in Abschnitt 4.2 geschilderte OLAP-Anfrage genauer untersucht werden (vgl. Knobloch 2001).

Verallgemeinert man die Idee des Datenanalysezyklus durch Aufhebung der Forderung nach der abwechselnden Ausführung von Data Mining und OLAP, dann resultiert daraus die beliebige Verkettung von Datenanalyseverfahren: Data-Mining-Funktionen und OLAP-Operatoren wie *drill-down*, *roll-up*, *slice*, *dice*, *pivote* etc.

interagieren beliebig miteinander, um komplexe Fragestellungen durch flexible Aneinanderreihung von Analyseschritten zu beantworten (Han et al. 1998).

Komplexe Datenanalysen bestehen aus der fortwährenden Generierung und Überprüfung von Hypothesen und Vermutungen. Der „Analyseweg“ eines Anwenders ist hierbei durch ständige Perspektivenwechsel, wechselnde Untersuchungsobjekte und, dadurch bedingt, wechselnde Untersuchungsverfahren gekennzeichnet. „In der Regel werden die Ergebnisse einer Methode weitergehende Fragen aufwerfen, die wiederum nur mit Hilfe anderer Methoden beantwortet werden können. Findet man z. B. mit Hilfe von Entscheidungsbaumverfahren, dass sich eine Gruppe von Kreditkartenkunden auffällig verhält, so entsteht sofort die Frage, ob sie dieses Verhalten auch in der Vergangenheit gezeigt hat. In diesem Fall wäre zusätzlich eine Zeitreihenanalyse notwendig.“ (Bissantz 2001)

4.4 Integration von Analysemethoden

Aus dem Wunsch der Realisierung komplexer Analyseketten resultiert die Forderung nach einer quasi Abgeschlossenheit der Analyseoperatoren, so dass einzelne Analyseergebnisse an beliebige Methoden als Eingabedaten übergeben werden können, ohne den Gedankenfluss des Anwenders zu unterbrechen (Bissantz 2001). Dies legt eine Verschmelzung der Analyseverfahren nahe.

Intensive Forschungsarbeiten zur Integration von OLAP und Data Mining werden seit Jahren von der Gruppe um HAN durchgeführt. Ihr Ansatz des OLAP Mining (Han 1997) bzw. *On-Line Analytical Mining (OLAM)* (Han 1998) ermöglicht Data Mining per Mausklick auf flexibel und dynamisch erzeugbaren Hypercubes, auf denen auch alle gängigen OLAP-Operatoren definiert sind. OLAM kann demnach als eine Weiterentwicklung des OLAP for Data Mining (Abschnitt 3.3), kombiniert mit den im letzten Abschnitt beschriebenen analytischen Verkettungsmöglichkeiten, verstanden werden.

Wesentliches Merkmal des OLAM ist die Idee, Data Mining ähnlich interaktiv und explorativ-navigierend betreiben zu können wie OLAP (Han 1998), d. h. durch wenige Mausklicks mit kurzen Antwortzeiten auf dynamisch wechselnden Sichten multidimensionaler Datenstrukturen.

OLAM umfasst insbesondere folgende Funktionen (Han 1997):

- **Cubing then mining:** Durch OLAP-Operatoren (hier zusammenfassend als *cubing* bezeichnet) können beliebige Hypercubes konstruiert werden, auf denen sich anschliessend direkt Data-Mining-Funktionen ausführen lassen. (Vgl. OLAP for Data Mining; Abschnitt 3.3.)
- **Mining then cubing:** Die Ergebnisse einer Data-Mining-Analyse können mit OLAP weiter analysiert werden. Beispielsweise lassen sich einzelne durch Data Mining erzeugte Klassen als Hypercubes darstellen und stehen für die OLAP-Navigation zur Verfügung.

- **Cubing while mining:** Eine Data-Mining-Funktion kann schrittweise auf verschiedenen Granularitätsstufen desselben Hypercubes betrieben werden, die zwischen den Datenmustererkennungsläufen dynamisch erzeugt werden. Z.B. ist es denkbar, Assoziationsregeln zunächst für Warenkorbdaten auf Artikelebene, anschliessend auf Warengruppenebene erzeugen zu lassen und schliesslich entlang der Zeitdimension eine Ebene nach unten zu navigieren.
- **Backtracking:** Zur Vereinfachung der interaktiven Analyse muss es möglich sein, im Analysepfad einen oder mehrere Schritte oder zu einem markierten Punkt zurückzuspringen, um von dort aus alternative Analysewege zu beschreiten (vgl. hierzu auch Bissantz 2001).
- **Comparative mining:** Schliesslich kann es sinnvoll sein, alternative Analyseprozesse (z. B. die Verwendung unterschiedlicher Clusteringverfahren) durch Gegenüberstellung im Hinblick auf ihre Zielerreichung und Ergebnisgüte vergleichen zu können.

Die beschriebenen Funktionen sind im Werkzeug DBMiner (Han 1998) implementiert. Hinsichtlich der Grundidee ähnliche Funktionen bietet auch der DeltaMiner von Bissantz & Company (Bissantz 2001).

Eine weitere Möglichkeit zur Funktionsintegration stellt die datengetriebene Exploration von Hypercubes dar. Hierbei werden Abweichungen oder andere Auffälligkeiten in Kennzahlen automatisiert entdeckt und dem Nutzer angezeigt, so dass dieser auf der Grundlage jener Informationen navigierend die Ursachen dieser Phänomene ergründen kann (vgl. Sarawagi et al. 1998a). Der IBM DB2 OLAP Miner implementiert diese Funktionalität (IBM 2001b). Ähnliche Arbeiten zur automatischen Navigation stammen von HAGEDORN (Hagedorn 1996).

5 Technische Realisierung

Um die vorgestellten Synergieeffekte nutzen zu können, bedarf es geeigneter Architekturen zur Realisierung integrierter Datenanalysesysteme. Eine Integration kann sich einerseits auf die Funktionen und Verfahren der Datenanalyse beziehen, andererseits auf die Untersuchungsdaten (vgl. Ferstl, Sinz 2001). Die Minimalanforderung zur Ausführung von Datenanalysen, die jedoch die in diesem Beitrag genannten Synergien kaum nutzbar machen kann und folglich nicht weiter betrachtet wird, ist die Funktionsintegration über die Person des Analytikers, der alle anfallenden Datenanalyseaufgaben im Dialog mit isolierten Werkzeugen ausführt (*aufgabenträgerorientierte Funktionsintegration*; Ferstl, Sinz 2001).

Um weitere Potenziale nutzen zu können, ist eine technische Integration erforderlich. Die wichtigsten Alternativen werden im Folgenden vorgestellt. Dabei wird der gängigen Differenzierung in lose und enge Kopplungsformen gefolgt.

5.1 Lose Kopplungsformen

Jede Aktivität im Rahmen der Datenvorverarbeitung und -analyse kann gemäss dem Input-Output-Modell beschrieben werden: Eingabedaten werden verarbeitet und in Ausgabedaten bzw. Ergebnisse transformiert. Die Verkettung derartiger Verarbeitungsschritte erfolgt naturgemäss, indem die Ausgabe eines Schrittes als Eingabe des folgenden verwendet wird.

Die einfachste und gleichzeitig älteste Realisierungsform dieser Kopplung ist die *Integration über Datenflüsse*, d. h. zwischen den Werkzeugen bzw. Verfahren werden Daten, z. B. als Dateien, ausgetauscht. Dies schliesst eine redundante Datenhaltung ein (vgl. Ferstl, Sinz 2001). Eine derartige Kopplungsform ist in der Datenanalyse sehr gängig und wird (bezüglich der Anbindung von Data-Mining-Systemen an Datenbanksysteme) von IMIELINSKI und MANNILA (Imielinski, Mannila 1996) als *file mining* beschrieben, und von SARAWAGI et al. (Sarawagi et al. 1998b) als *cache-mine* bezeichnet. Dieser Datentransfer sollte durch den Austausch von Metadaten ergänzt werden (vgl. z. B. Knobloch, Weidner 2000).

Mit der Objektorientierung wurde die lose Kopplung von Objekten über Nachrichten (*Objektintegration*, vgl. Ferstl, Sinz 2001) eingeführt. Hierbei wäre es denkbar, dass Datenbank- und KDD-Objekte (vgl. Imielinski, Mannila 1996 und Abschnitt 3.1.2) nachrichtenbasiert kommunizieren und Referenzen auf Ein-, Ausgabe- oder Ergebnisobjekte austauschen. Derartige Architekturen sind zurzeit noch nicht verfügbar. Eine Weiterentwicklung der losen Kopplungsformen zwischen Data-Warehouse- und Data-Mining-Systemen auf Basis eines Objektmodells wäre für zukünftige Forschungsbemühungen erstrebenswert.

5.2 Enge Kopplungsformen

Die Verknüpfung von Datenverarbeitungsschritten kann ebenso durch den Zugriff auf einen gemeinsamen Speicher erfolgen. Dies kann z. B. ein Data Warehouse, ein Data Mart oder eine andere Analysedatenbank sein (vgl. z. B. Information Discovery 1998a). In diesem Falle erfolgt eine Integration der Untersuchungsobjekte, die von mehreren Werkzeugen verwendet werden können (*Datenintegration*, vgl. Ferstl, Sinz 2001). Eine analyse-, verfahrens- oder werkzeugabhängige Sichtenbildung ist hierbei möglich.

Bei dieser Kopplungsvariante liegt es nahe, eine Verschmelzung der Werkzeuge, und damit eine Integration der Verfahren, ins Auge zu fassen, da diese ja ohnehin auf eine gemeinsame Datenbasis zugreifen. Dadurch können weitere interessante Synergieeffekte genutzt werden, z. B. im Rahmen der Analyse (vgl. Abschnitt 4). SARAWAGI et al. (Sarawagi et al. 1998b) diskutieren in diesem Zusammenhang z. B. die Kapselung von Data-Mining-Algorithmen in *Stored Procedures*, die Verwendung von *User-defined Functions (UDF)* zur Realisierung von Analyseverfahren oder die *Erweiterung von SQL* um entsprechende Analyseoperatoren. Diese Alternativen gehen alle von einer Einbettung der Analysemethoden in DBVS aus, bei der datenintensive Berechnungen im Datenbanksystem ausgeführt und nicht in externe Werkzeuge und Anwendungen ausgelagert werden (vgl. auch Abschnitt 3.1.2). Dies kann insbesondere bei grossen Datenmengen von Vorteil sein (Clear et al. 1999). Derartige Erweiterungen des Funktionsumfangs bieten heute praktisch alle am Markt verfügbaren DBVS in unterschiedlichem Masse an.

Forschungs- und Standardisierungsinitiativen haben sich vor allem der Erweiterung von SQL um analytische Funktionen bzw. der Entwicklung von eigenen Anfragesprachen angenommen. Aus dem wissenschaftlichen Bereich entstammen beispielsweise DMQL (Han et al. 1996), M-SQL (Imielinski et al., 1996) und Mine Rule Operator (Meo et al. 1996). Aktuelle industrielle Standardisierungsbestrebungen der ISO befassen sich mit *SQL/MM* (*SQL Multimedia and Application Package*). Dieses als Erweiterung von SQL:1999 geplante Standardisierungspaket widmet sich im 6. Baustein auch dem Data Mining in relationalen Datenbanksystemen (Eisenberg, Melton 2001; ISO 2002) und schlägt so genannte Models für Assoziationsregeln, Segmentierung, Regression und Klassifikation vor.

Im Folgenden werden die vorgestellten Kopplungsformen überblicksartig bewertet.

5.3 Bewertung der Kopplungsformen

Hinsichtlich der Bewertung der unterschiedlichen Alternativen herrscht teilweise Uneinigkeit. Die Integration von Datenanalysemethoden in DBVS, die bereits aus dem Bereich der Statistischen Datenbanken bekannt ist, eliminiert Schnittstellenprobleme und hat den Vorteil der Möglichkeit zur Nutzung der weiteren DBVS-Funktionen für die Datenmanipulation. Nachteilig wirkt sich die stark eingeschränkte Flexibilität und Offenheit des Systems, z. B zur Erweiterung um weitere Analyseverfahren, aus (Bergemann et al. 1998). Nur diese hohe Integration bietet andererseits die Synergieeffekte, wie sie z. B der OLAM-Ansatz verspricht. Die Verwendung von Anfragesprachen und SQL-Erweiterungen, z. B zur Einbettung in proprietäre Analyseanwendungssysteme, ermöglicht die Nutzung einer breiten Operatorenpalette, hat jedoch den Nachteil des hohen Entwicklungsaufwands und gegebenenfalls von Performanzengpässen beim Zugriff auf Datenbank-APIs. Eine klare konzeptuelle Trennung in eine Daten- und eine Methodenbank, und damit die Nutzung loser Kopplungsformen, erscheint hingegen als flexiblere und einfacher realisierbare Alternative (Bergemann et al. 1998; Information Discovery 1998a).

6 Zusammenfassung und Ausblick

In diesem Beitrag werden die unterschiedlichen Synergiepotenziale zwischen den Datenanalysekonzepten OLAP und Data Mining aufgezeigt, wobei zusätzlich die typischerweise dem OLAP zugrunde liegende Data-Warehouse-Technologie mit einbezogen wird. Diese Betrachtung erfolgt differenziert sowohl aus der Sicht der Datenanalyse als auch aus der Perspektive der Datenbewirtschaftung.

Letztere berücksichtigt die Datenvorverarbeitung und die Datenhaltung. Im Rahmen der Bereitstellung von Analysedaten werden Data Warehouses in der Literatur häufig als *enabling technology* für die Datenmustererkennung angesehen. Sie bieten einen integrativen Zugriff auf bereinigte Daten aus unterschiedlichen Datenquellen, der auch für das Data Mining bedeutsam ist. Darüber hinaus wird gezeigt, dass Data-Warehouse-Systeme auch Möglichkeiten zur weiteren Verarbeitung der Analysedaten und zur Verwaltung der Analyseergebnisse bieten. OLAP kann zudem die Selektion und analysespezifische Transformation der Daten für die Mustererkennung wesentlich vereinfachen. Orthogonal kann Data Mining für die Extraktion, Bereinigung und Transformation der Rohdaten aus den Quellsystemen vor der Übernahme in das Data Warehouse gewinnbringend eingesetzt werden. Zusätzlich ergeben sich Nutzenpotenziale des Data Mining bei der Entwicklung der dem OLAP zugrunde liegenden multidimensionalen Datenstrukturen und der Anfrageoptimierung.

Synergieeffekte im Rahmen der Analyse reichen von der Realisierung einer gemeinsamen Analysemethodenbank über die Kombination der komplementären Analyseansätze bis zur vollständigen Integration der Analysemethoden. Bei der technischen Umsetzung kann zwischen einer losen und einer engen Kopplung unterschieden werden.

Die Bedeutung und das Potenzial einer integrierten Datenanalysearchitektur sowohl für die Datenbewirtschaftung als auch für die eigentliche Entscheidungsunterstützung wird in diesem Beitrag deutlich.

Literatur

Adriaans, P; Zantinge, D.: Data Mining, Addison-Wesley, Harlow, 1996.

Alpar, P.; Leich, S.: Web Farming, in: Wirtschaftsinformatik, Jahrgang 42, Heft 3, Vieweg, Wiesbaden, 2000, S. 271-274.

Bergemann, D.; Hickethier, E.; Wittmann, T.: Lösungsansätze zur Anbindung eines KDD-Systems an ein Data Warehouse, in: Kruse, R.; Saake, G. (Hrsg.): Data Mining und Data Warehousing, Workshop im Rahmen der GI-Jahrestagung 1998, Magdeburg, S. 25-36.

Bissantz, N.: DeltaMiner, in: Wirtschaftsinformatik, Jahrgang 43, Heft 1, Vieweg, Wiesbaden, 2001, S. 77-80.

Böhnlein, M.; Ulbrich-vom Ende, A.: Grundlagen des Data Warehousing: Modellierung und Architektur, Bamberger Beiträge zur Wirtschaftsinformatik Nr. 55, Bamberg, Februar 2000.

Chaudhuri, S.: Data Mining and Database Systems: Where is the Intersection?, in: Bulletin of the IEEE Computer Society Technical Committee on Data Engineering 21(1), 1998, S. 4-8.

Chaudhuri, S.; Dayal, U.: An Overview of Data Warehousing and OLAP Technology, in: Proceedings of the 1997 ACM International Conference on Management of Data (SIGMOD '97, Tucson, USA, 13.-15. Mai), 1997, S. 65-74.

Chen, Z.: Data Mining and Uncertain Reasoning. An Integrated Approach, Wiley, New York, 2001.

Clear, J.; Dunn, D.; Harvey, B.; Heytens, M.; Lohman, P.; Mehta, A.; Melton, M.; Rohrberg, L.; Savasere, A.; Wehrmeister, R.; Xu, M.: NonStop SQL/MX Primitives for Knowledge Discovery, in: Proceedings of the Fifth ACM SIGKDD International Conference on Knowledge Discovery and Data Mining (KDD '99, San Diego, USA), 1999, S. 425-429.

Codd, E.F.; Codd, S.B.; Salley, C.T.: Beyond Decision Support, in: Computerworld, Jahrgang 30, Nr. 27, IDG Communications AG, Zürich, 26. Juli, 1993, S. 87-89.

Conrad, S.: Föderierte Datenbanksysteme: Konzepte der Datenintegration, Springer, Berlin, 1997.

Dasu, T.; Johnson, T.; Muthukrishnan, S.; Shkapenyuk, V.: Mining Database Structure - Or, How to Build a Data Quality Browser, in: Proceedings of the 2002 ACM SIGMOD International Conference on Management of Data (SIGMOD '02, Madison, USA), 2002, S. 240- 251.

Eisenberg, A.; Melton, J.: *SQL Multimedia and Application Packages (SQL/MM),* in: Sigmod Record, Jahrgang 30, Nr. 4, Dezember 2001, S. 97-102.

Emde, W.: Data Mining in einer Data Warehouse Umgebung, in: Kruse, R.; Saake, G. (Hrsg.): Data Mining und Data Warehousing, Workshop im Rahmen der GI-Jahrestagung 1998, Magdeburg, S. 49-57.

Fayyad, U.; Piatetsky-Shapiro, G.; Smyth, P.: From Data Mining to Knowledge Discovery: An Overview, in: Fayyad, U.; Piatetsky-Shapiro, G.; Smyth, P.; Uthurusamy, R (Hrsg.): Advances in Knowledge Discovery and Data Mining, AAAI Press, Menlo Park, 1996, S. 1-34.

Ferstl, O.K.; Sinz, E.J.: Grundlagen der Wirtschaftsinformatik, Band 1, 4. Auflage, München, Oldenbourg, 2001.

Galhardas, H.; Florescu, D.; Shasha, D.; Simon, E.: AJAX: An Extensible Data Cleaning Tool, in: Proceedings of the 2000 ACM SIGMOD International Conference on Management of Data (SIGMOD '00, Dallas, USA, 16.-18. Mai), 2000, S. 590.

Gerstl, P.; Hertweck, M.; Kuhn, B.: Text Mining: Grundlagen, Verfahren und Anwendungen, in: HMD - Praxis der Wirtschaftsinformatik, 38. Jahrgang, Heft 222, d.punkt, Heidelberg, 2001, S. 38-48.

Gluchowski, P., Gabriel, R., Chamoni, P.: Management Support Systeme. Computergestützte Informationssysteme für Führungskräfte und Entscheidungsträger, Springer, Berlin 1997.

Günzel, H; Albrecht, J.; Lehner, W.: Use and Reuse of Association Rules in an OLAP Environment. In: Proceedings of the Information Resources Management Association International Conference (IRMA, 21.-24. Mai, Anchorage Alaska), 2000.

Hagedorn, J.: Die automatische Filterung von Controlling-Daten unter besonderer Berücksichtigung der Top-Down-Navigation (BETREX II), Arbeitsbericht des Instituts für mathematische Maschinen und Datenverarbeitung, Nr. 29-7, Erlangen, 1996.

Han, J.: OLAP Mining: An Integration of OLAP with Data Mining, in: Proceedings of the 7th IFIP 2.6 Working Conference on Database Semantics (DS-7, Leysin, Schweiz), 1997, S. 1-9.

Han, J.: Towards On-Line Analytical Mining in Large Databases, in: ACM SIGMOD Record , Vol. 27, Nr. 1, 1998, S. 97-107.

Han, J.; Cai, Y.; Cercone, N.: Data-Driven Discovery of Quantitative Rules in Relational Databases, in: IEEE Transactions on Knowledge and Data Engineering, Vol. 5, Nr. 1, 1993, S. 29-40.

Han, J.; Chee, S.H.S.; Chiang, J.Y.: Issues for On-Line Analytical Mining of Data Warehouses (Extended Abstract), in: Proceedings of the 1998 SIGMOD Workshop on Research Issues on Data Mining and Knowledge Discovery (DMKD '98, Seattle, USA, Juni 1998), 1998, S. 2:1-2:5.

Han, J.; Fu, Y.; Koperski, K.; Wang, W.; Zaiane, O.: DMQL – A Data Mining Query Language for Relational Databases, in: Proceedings of the 1996 SIGMOD Workshop on Research Issues on Data Mining and Knowledge Discovery (DMKD '96, Montréal, Kanada, Juni 1996), 1996, S. 27-34.

Hernández, M.A.; Stolfo, S.J.: Real-world Data is Dirty: Data Cleansing and The Merge/Purge Problem. in: Data Mining and Knowledge Discovery, Vol. 2, Nr. 1, 1998, S. 9-37.

Humphries, M.; Hawkins, M.W.; Dy, M.: Data Warehousing – Architecture and Implementation, Prentice Hall, Upper Saddle River, 1999.

IBM Corp.: IBM DB2 Intelligent Miner Scoring V7R1 Delivers Mining Analytics to Operational Applications, Software Announcement, IBM Corp 2001(a).

IBM Corp.: IBM DB2 OLAP Miner: an Opportunity-discovery Feature of DB2 OLAP Server, White Paper, IBM Corp, 2001(b).

Imielinski, T.; Mannila, H.: A Database Perspective on Knowledge Discovery, in: Communications of the ACM, Vol. 39, Nr. 11, 1996, S. 58-64.

Imielinski, T.; Virmani, A.; Abdulghani, A.: Discovery Board Application Programming Interface and Query Language for Database Mining, in: Proceedings of the Second International Conference on Knowledge Discovery and Data Mining (KDD '96, Portland, USA, August 1996), 1996, S. 20-26.

Information Discovery, Inc.: Data Mining Beside a Warehouse, White Paper, Information Discovery, Inc., 1998(a).

Information Discovery, Inc.: From Data Management to Pattern Management, White Paper, Information Discovery, Inc., 1998(b).

Inmon, W.H.: Building the Data Warehouse, 2. Auflage, Wiley, New York, 1996(a).

Inmon, W.H.: The Data Warehouse and Data Mining, in: Communications of the ACM, Vol. 39, Nr. 11, 1996(b), S. 49-50.

ISO: IEC Final Committee Draft for Ballot 13249-6, Information Technology, Database Languages – SQL Multimedia and Application Packages - Part 6: Data Mining, 2002.

Kimball, R.: Dealing with Dirty Data, in: DBMS Magazine, Vol. 9, Nr. 10, Miller Freeman, September 1996.

Knobloch, B.: Der Data-Mining-Ansatz zur Analyse betriebswirtschaftlicher Daten, in: Informationssystem-Architekturen, Jahrgang 8, Heft 1, 2001, S. 59-116.

Knobloch, B.; Weidner, J.: Eine kritische Betrachtung von Data-Mining-Prozessen - Ablauf, Effizienz und Unterstützungspotenziale, in: Jung, R.; Winter, R. (Hrsg.): Data Warehousing 2000. Methoden, Anwendungen, Strategien, Physica, Heidelberg, 2000, S. 345-365.

Knorr, E.M.; Ng, R.T.: A Unified Notion of Outliers: Properties and Computation, in: Proceedings of the Third International Conference on Knowledge Discovery and Data Mining (KDD'97, Newport Beach, USA, 14.-17. August), 1997, S. 219-222.

Krahl, D.; Windheuser, U.; Zick, F.-K.: Data Mining – Einsatz in der Praxis, Addison-Wesley, Bonn 1998.

Küppers, B.: Data Mining in der Praxis. Ein Ansatz zur Nutzung der Potentiale von Data Mining im betrieblichen Umfeld, Lang, Frankfurt/M. 1999.

Maletic, J.I., Marcus, A.: Data Cleansing: Beyond Integrity Checking, in: Proceedings of the Conference on Information Quality (IQ '2000, Massachusetts Institute of Technology, 20.-22. Oktober), 2000, S. 200-209.

Marcus, A.; Maletic, J.I.; Lin, K.-I.: Ordinal Association Rules for Error Identification in Data Sets, in: Proceedings of the 2001 ACM CIKM International Conference on Information and Knowledge Management (CIKM '01, Atlanta, USA, 5.-10. November), 2001, S. 589-591.

Meo, R.; Psaila, G.; Cer, S.: A new SQL like Operator for Mining Associations Rules, in: Proceedings of the 22nd International Conference on Very Large Databases (VLDB '96, Bombay, Indien), September 1996, S. 122-133.

Pyle, D.: Data Preparation for Data Mining, Morgan Kaufman, San Francisco, 1999.

Raman, V.; Hellerstein, J. M.: Potter's Wheel: An Interactive Data Cleaning System, in: Proceedings of 27th International Conference on Very Large Data Bases (VLDB '01, Rom, Italien, 11.-14. September), 2001, S. 381-390.

SAP AG: SAP Business Information Warehouse und IBM DB2 Intelligent Miner for Data – eine perfekte Kombination, SAP AG, 2000.

Sapia, C.; Höfling, G.; Müller, M.; Hausdorf, C.; Stoyan, H.; Grimmer, U.: On Supporting the Data Warehouse Design by Data Mining Techniques, in: Proceedings des GI-Workshops Data Mining und Data Warehousing, September 27.-28, Magdeburg., 1999.

Sarawagi, S.; Agrawal, R.; Megiddo, N.: Discovery-Driven Exploration of OLAP Data Cubes, in: Proceedings of the International Conference on Extending Database Technology, 1998(a), S. 168-182.

Sarawagi, S.; Thomas, S.; Agrawal, R.: Integrating Association Rule Mining with Relational Database Systems – Alternatives and Implications, in: Proceedings SIGMOD 1998, 1998(b), S. 343-354.

Shoshani, A.: Statistical Databases: Characteristics, Problems and some Solutions, in: Proceedings of the 8th International Conference on Very Large Data Bases (VLDB '82, Mexico City, Mexico, 8.-10. Sept.), 1982, S. 208-222.

Sinz, E. J.; Böhnlein, M.; Ulbrich-vom Ende, A.: Konzeption eines Data-Warehouse-Systems für die Hochschulen, in: Mayr, H.C.; Steinberger, C.; Appelrath, H.-J.; Marquardt, U. (Hrsg.): Proceedings Workshop Unternehmen Hochschule im Rahmen der Informatik 1999 (Unternehmen Hochschule, Paderborn, 6. Oktober), 1999, S. 111-124.

Yoon, S.C.; Song, I.Y.; Park, E.K.: Intensional Query Processing Using Data Mining Approaches, in: CIKM '97, Las Vegas, USA, 1997, S. 201-208.

Teil II: Praxisbeiträge

Entwicklung eines angepassten Vorgehensmodells für Data-Warehouse-Projekte bei der W&W AG

Gertrud Heck-Weinhart, Gabriele Mutterer

W&W Informatik

Clemens Herrmann, Josef Rupprecht

Universität St. Gallen

Vorgehensmodelle im Software Engineering werden zur Strukturierung des Entwicklungsprozesses sowie zur Reduktion der Komplexität herangezogen. In diesem Artikel wird die Entwicklung eines an die W&W-spezifischen Verhältnisse angepassten Vorgehensmodells für Data-Warehouse-Projekte erläutert. Als Basis dienen die Erfahrungen dreier, teilweise abgeschlossener Data-Warehouse-Projekte, eine Schwächenanalyse vorhandener und angewandter Vorgehensmodelle sowie Ergänzungen aus der Literatur. Das entwickelte Soll-Vorgehensmodell für die W&W AG berücksichtigt darüber hinaus die speziellen Rahmenbedingungen und Vorgaben des Konzerns.

1 Einleitung

Vorgehensmodelle zur Informations- und Anwendungssystementwicklung sind in der Praxis weit verbreitet und akzeptiert. Der Einsatz von Vorgehensmodellen im Rahmen des Software Engineering[1] hat zahlreiche Vorteile (vgl. o. V. 1997, S. 756):

- Explizite und eindeutige Strukturierung des Entwicklungsprozesses,
- Komplexitätsreduktion in Entwicklungsprojekten durch eine Spezifikation von Teilproblemen,
- Verdeutlichung von Zusammenhängen und Abhängigkeiten zwischen Aufgaben und Phasen,
- Auflistung aller relevanten und durchzuführenden Aufgaben und

---

1 Für eine Übersicht über Vorgehensmodelle aus dem Software Engineering vgl. (Bremer 1998; Balzert 1998, S. 97-133).

- Personenunabhängigkeit der Anleitungen und Hilfestellungen für das Entwicklungsprojekt.

Data-Warehouse-Projekte sollten ebenfalls durch Vorgehensmodelle unterstützt werden können. Allerdings sind in Unternehmen angewandte Vorgehensmodelle mehrheitlich an den Belangen der Entwicklung operativer Systeme ausgerichtet. So existierte auch im W&W-Konzern bisher kein detailliert dokumentiertes Vorgehensmodell speziell für die Entwicklung von Data Warehouses. Das vorhandene Vorgehensmodell für IT-Projekte im Allgemeinen musste daher von jedem Projektleiter und jeder Projektleiterin auf die besonderen Belange des jeweiligen Projektes angepasst werden. Dies war zeitaufwendig und gelang unterschiedlich gut abhängig vom Erfahrungswissen der Projektbeteiligten.

Um dieses spezielle Wissen für künftige Data-Warehouse-Projekte unabhängig von dem Projektleitenden verfügbar zu machen, sollte ein idealtypisches Vorgehensmodell für Data-Warehouse-Projekte entwickelt werden. Aus diesem Grund sollte personengebundenes Erfahrungswissen expliziert und über eine Stärken- und Schwächenanalyse Good-Practices identifiziert werden. Hierzu wurden bereits abgeschlossene und in Gang befindliche Entwicklungsprojekte untersucht und dokumentiert. Angereichert mit Literaturergänzungen wurde daraus ein spezifisches Vorgehensmodell für Data-Warehouse-Entwicklungsprojekte bei der W&W AG erarbeitet.

Ziel dieses Artikels ist die Darstellung der Beweggründe und Schritte zur Entwicklung dieses idealtypischen Data-Warehouse-Vorgehensmodells für die W&W Informatik.

In Abschnitt 2 wird ein allgemeiner Überblick über Vorgehensmodelle im Data Warehousing gegeben. In Abschnitt 3 erfolgt zuerst eine kurze Darstellung der drei Data-Warehouse-Projekte bei der W&W Informatik, die den Ausgangspunkt für das Soll-Vorgehensmodell bilden. Daraus werden die Spezifika von Data-Warehouse-Projekten abgeleitet, die in dem Vorgehensmodell berücksichtigt werden sollen. Die zu beachtenden Rahmenbedingungen der W&W Informatik werden ebenfalls skizziert. Im Abschnitt 4 wird das entwickelte Data-Warehouse-Vorgehensmodell erläutert und aufgezeigt, welche Verbesserungen im Projektablauf gegenüber dem bisherigen Vorgehen erwartet werden können. Der Artikel schliesst mit einer Zusammenfassung und einem Ausblick auf den noch vorhandenen Handlungsbedarf.

2 Vorgehensmodelle im Data Warehousing

Die Entwicklung von Data-Warehouse-Systemen unterscheidet sich vom Entwurfsprozess für operative Informationssysteme teilweise erheblich. Während operative Anwendungssysteme Geschäftsprozesse, Abläufe und Funktionen unterstützen bzw. umsetzen, steht bei einem Data Warehouse die Bereitstellung einer konsistenten, integrierten und historisierten Datenbasis zur Entscheidungsunterstützung im Vordergrund. Dieses Charakteristikum der starken Datenorientierung muss auch im Vorgehensmodell zur Entwicklung eines Data Warehouse zur Geltung kommen. Insbesondere in den Anfangsphasen eines Data-Warehouse-Projekts treten im Vergleich zur traditionellen Applikationsentwicklung bedeutende Unterschiede auf.

Weitere spezielle Anforderungen an ein Data-Warehouse-Vorgehensmodell resultiert aus der typischerweise mehrere Verantwortungsbereiche übergreifenden Querschnittsfunktionalität eines Data Warehouse (vgl. Simon 1998, S. 6).

Aus beiden Charakteristika begründen sich die zusätzlich durchzuführenden Aktivitäten aus dem Bereich der Datenbankentwicklung (z. B. Vossen 1994, S. 48 ff.; Heuer, Saake 2000, S. 171 ff.), die stärkere Betonung des Projektmanagementaspekts sowie die folgenden kritischen Erfolgsfaktoren für Data-Warehouse-Entwicklungsprojekte (vgl. Poe et al. 1997, S. 74-81; Jung, Winter 2000, S. 18):

- Eine exakte Definition der zu erreichenden Ziele aufgrund von Problemen in den Fachbereichen und eine Darstellung der Nutzenpotenziale im Rahmen des Projektmarketings ist notwendig.
- Data-Warehouse-Entwicklungsprojekte sollten nach angemessener Zeit nutzbare Resultate gemäss des „Think big – start small“ Ansatzes liefern. Iterative Vorgehensweisen sind zu präferieren, da i. d. R. zum Projektbeginn eine vollständige Spezifikation der Anforderungen nicht möglich ist.
- Lösungen müssen in enger fachlicher Zusammenarbeit mit den Endbenutzern erarbeitet werden. Die Einbindung der Endbenutzer in den Entwicklungsprozess ist erforderlich für eine benutzergerechte und zielgerichtete Lösung und damit für die Akzeptanz von Data-Warehouse-Systemen.

In der Literatur finden sich einige theoretische Vorschläge für Vorgehensmodelle auf unterschiedlichsten Abstraktionsniveaus für den Aufbau von Data-Warehouse-Systemen, welche die oben beschriebenen Eigenheiten teilweise berücksichtigen (z. B. Holthuis 1999, S. 220-233; Meyer, Strauch 2000; S. 97 ff., Hansen 1997; Kachur 2000).

3 Data-Warehouse-Projekte bei der W&W

Für die Entwicklung des Data-Warehouse-Vorgehensmodells der W&W Informatik waren die Erfahrungen in den im Folgenden dargestellten drei Projekten massgeblich. Die Beschreibung der Projekte konzentriert sich auf das Vorgehen im Projekt und die für das Data-Warehouse-Vorgehensmodell relevanten Erkenntnisse.

3.1 W&W Kundendatenbank - WWK-Projekt

3.1.1 Inhalt des Projektes

Durch die Fusion von Wüstenrot Gruppe und Württembergischer Versicherungsgruppe und der anschliessenden Verschmelzung der Leonberger Bausparkasse auf die Wüstenrot Bausparkasse mussten sich insbesondere die Bereiche Vertrieb und Marketing völlig neuen Herausforderungen stellen. Mit dem Projekt einer dispositiven W&W Kundendatenbank (kurz WWK) sollte eine konzernweite Lösung zur Unterstützung von Marketing und Vertrieb im Cross-Selling geschaffen werden. Das WWK-Projekt stellte das erste konzernweite Data-Warehouse-Projekt der W&W Informatik dar.

In einer 1. Stufe des WWK-Projektes sollte eine konsistente, integrierte Datenbasis bereitgestellt werden. Wichtiger als die Vollständigkeit der Daten waren deren Konsistenz und die Berücksichtigung des gesamten Konzern-Kundenbestandes. Auch wurde die schnelle Bereitstellung erster Übersichten der vollständigen Implementierung aller wünschenswerten Funktionalitäten vorgezogen.

Mittelfristig sollten die Datenbasis und danach die darauf aufbauenden Anwendungen in mehreren Stufen zu einer konzernweiten Vertriebs- und Marketingdatenbank mit kompletter Funktionalität – Bestandsmarketing, Cross- und Up-Selling, Database Marketing usw. – ausgebaut werden.

3.1.2 Verwendetes Vorgehensmodell

Das für WWK Stufe 1 verwendete Phasenmodell orientiert sich an den Vorgehensmodellen für IT-Projekte innerhalb der W&W Informatik. Die übergeordneten Schritte zur Etablierung der konzernweiten Kundendatenbank sind in Abb. 1 dargestellt.

Dieses Vorgehensmodell beinhaltet folgende allgemein gültigen Regeln: Für jedes Projekt werden jeweils alle Phasen durchlaufen. Innerhalb eines Projektes sind die Phasen partiell iterativ. Mögliche bzw. sinnvolle Rückschritte in vorangegangene Phasen sind möglich und eingezeichnet. Die „Studie“ stellt in diesem Phasenmodell ein optionales, eigenständiges Projekt dar, welches durchgeführt wird, um die Projektrisiken detaillierter zu evaluieren bzw. unklare Sachverhalte genauer zu untersuchen. Grundsätzlich wird nach jeder der konzeptionellen Phase entschieden, ob das Projekt fortgesetzt oder gestoppt wird.

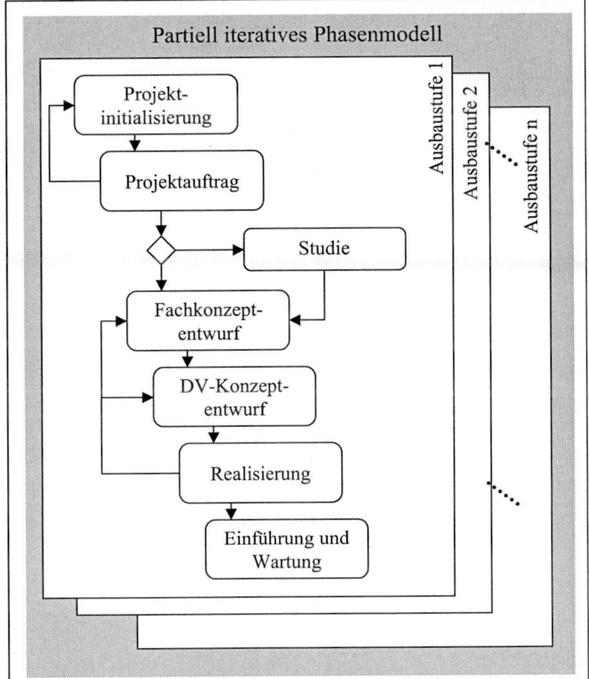

Abb. 1: Phasen des WWK-Projekts

3.1.3 WWK-spezifisches Vorgehen für Stufe 1

Die ersten Überlegungen zu dem vorgestellten Projekt wurden in der *Projektinitialisierung* von der Fachabteilung angestrengt, allerdings hatte noch kein Entscheid über die tatsächliche Durchführung stattgefunden. Diese Projektanfrage wurde von der IT-Abteilung in Form eines Projektangebots beantwortet, welches einen ersten abstrakten Entwurf eines Lösungsvorschlags enthielt. Ziel des anschliessenden Projektauftrags war es, die Projektausgestaltung genauer zu spezifizieren und Kriterien bzw. Rahmenbedingungen zu ermitteln.

Anforderungen aus Sicht der Nutzer waren insbesondere die Verfügbarkeit von benötigten Daten aus allen Konzernbereichen sowie von Standardabfragen und -selektionen, periodischen Berichten und Analysen. Aus Datensicht ergaben sich fachliche Anforderungen in erster Linie an die Vereinheitlichung der Begrifflichkeiten, da dieselben Begriffe in jedem Konzernteil eine andere Bedeutung hatten und noch haben. Technische Anforderungen betrafen Aktualität, Qualität und Historienführung der Daten.

Um die Rahmenbedingungen nach der Fusion und die unternehmensspezifischen Besonderheiten adäquat zu berücksichtigen, wurden in das Projekt Vertreter aller betroffenen Teilunternehmen eingebunden.

Die im Vorgehensmodell optionale *Studie* wurde durchgeführt und diente der genaueren Evaluation des Projektrisikos, der Abschätzung der Machbarkeit und dem Aufzeigen von Lösungsalternativen. Diese zusätzliche Phase wurde aufgrund der bisher geringen Erfahrungen mit konzernweiten Projekten und zur konkreteren Abschätzung der Aufwände und Kosten für notwendig erachtet.

Das *Fachkonzept*, das dieser Studie folgte, wurde durch das Projektteam in enger Abstimmung mit der Fachabteilung in einem iterativen Verfeinerungsprozess erstellt. Es enthält die detaillierten Beschreibungen von Schnittstellen, Datenhaltung, Datenbereitstellung, Analyse- und Selektionsmöglichkeiten sowie das Testkonzept. Im Rahmen des Fachkonzepts wurde auch festgelegt, dass das bereits bestehende Data Warehouse der Württembergischen Versicherungsgruppe die Basis für die dispositive W&W Kundendatenbank bilden sollte.

Beim Entwurf des *DV-Konzepts* wurden die Definitionen und Erläuterungen des Fachkonzepts auf die konkret zu verwendende Informationstechnik abgebildet. Dabei wurde detailliert auf Hersteller, Produkte, Speicherbedarf, technische Verfahren und organisatorische Zuordnungen eingegangen. Das DV-Konzept enthält Beschreibungen zur systemtechnischen Architektur, d. h. zu Hard- und Software, zum Datenbank-Design sowie zum Systembetrieb.

In der *Realisierungsphase* erfolgte der Aufbau des Data Warehouse durch ein Kern-Projektteam von ca. fünf Mitarbeitern aus den IT-Abteilungen der drei Unternehmen Leonberger Bausparkasse, Wüstenrot Bausparkasse und Württembergische Versicherungsgruppe unter Leitung eines externen Projektleiters. Die Selektionen in den operativen Systemen wurden von den die jeweiligen Anwendungssysteme betreuenden Mitarbeitern in ihren gewachsenen bisherigen Zuständigkeiten erledigt, koordiniert vom Projektleiter. Getestet wurde einerseits durch die IT anhand von Testdaten, die zu vordefinierten Testfällen aus den Originalbeständen der liefernden Gesellschaften extrahiert wurden, andererseits durch die Marketing-Abteilungen der einzelnen Gesellschaften auf der Basis der ersten Übernahme von Originaldaten.

Die erste Stufe der W&W Kundendatenbank wurde erfolgreich eingeführt. Direkt angeschlossen wurde eine erste Ausbaustufe mit dem Projekt WWK Stufe 2. Für dieses Projekt ist die organisatorische Abwicklung um vieles leichter, da inzwischen die W&W Informatik unter einheitlicher Leitung agiert.

3.2 Kraftfahrt-Controlling

3.2.1 Inhalt des Projektes

Die Sparte Kraftfahrt stellt einen wichtigen Bestandteil im Geschäftsfelderportfolio der W&W AG dar. Um den Chancen und Herausforderungen dieses hart umkämpften Marktes zu begegnen sowie die Ertragskraft der Sparte zu verbessern, sind genaue und zeitnahe Informationen über die Geschäftsentwicklung von entscheidender Bedeutung.

Die Informationssysteme für das Kraftfahrt-Controlling waren funktional und vor allem datenhaltungstechnisch an ihre Grenzen gelangt. Sie waren für die Unterstützung bei der Umsetzung der Spartenziele

- Optimierung der Geschäftssteuerung,
- Empfehlung von ertragsverbessernden Massnahmen und
- Unterstützung der dezentralen Strukturen

durch verbesserte Analysen zur Erkennung der Ursache-Wirkungs-Zusammenhänge nicht mehr ausreichend gerüstet.

Das neue Controlling System Kraftfahrt (CSK) soll die unterschiedlichen Inhalte und Sichtweisen der ursprünglichen Systeme integrieren und konsistente Informationen und Analysen bereitstellen. Aufgrund der bisherigen starken Autonomie der Fachabteilung hinsichtlich Entwicklung und Erweiterung der Informationssysteme besteht weiterhin der starke Wunsch nach Flexibilität und Spontaneität. Deshalb wird in diesem Projekt ein prototypisches Vorgehen verwendet, um sowohl die grundsätzliche Machbarkeit als auch erste, kurzfristige Ergebnisse aufzuzeigen. Diese sollen dann in weiteren Schritten zunehmend verfeinert und erweitert werden.

Erstes Ziel ist die Schaffung einer Basis für die Beurteilung von Schadenverläufen. Darüber hinaus sollen die Schadenbearbeitung sowie die Schadenregulierung unterstützt werden. Dazu sollen alle Schadenstammdaten, Schadenbuchungsdaten, Schadenadressen und Meldedaten in geeigneter, aufbereiteter Form in das Data Warehouse integriert werden.

In weiteren Schritten sollen auch fein granulare Schadendaten mit tagesaktueller Historie im Data Warehouse vorgehalten werden. Die Granularität soll bestandsseitig von der existierenden Policen- und Vertrags- auf Gefahrenebene verfeinert werden. Als Anwendungen sind Deckungsbeitragsrechnungen und Rentabilitätsbetrachtungen vorgesehen.

3.2.2 Vorgehen

Das Vorgehen im CSK-Projekt war auf das Vorgehen im WWK-Projekt abgestimmt. Es war bereits als Folgeprojekt des ersten konzernweiten Data-Warehouse-Projektes angelegt. So sollte die durch das WWK-Projekt geschaffene konzernweite Kundenbasis so um versicherungstechnische Vertrags- und Schadendaten erweitert werden, dass eine integrierte Sicht auf die Kunden möglich wird. Schon für diese beiden Projekte selbst, vor allem aber für Folgeprojekte im Data-Warehouse-Umfeld sollten sich so Synergien realisieren lassen.

Als Einzelprojekte betrachtet wurden im Kraftfahrt-Controlling-Projekt und im WWK-Projekt jeweils andere Vorgehensweisen – prototypisch gegenüber klar phasenorientiert – gewählt. Die veränderte Vorgehensweise fand in den Vorgaben für die zu erstellenden Ergebnisdokumente Projektauftrag, Fachkonzept und DV-Konzept jedoch keinen Niederschlag.

Vor allem in der Diskussion mit der Fachabteilung hat sich die prototypische Vorgehensweise als äusserst positiv und zielführend herausgestellt. Schwierigkeiten bereitete allerdings der Umstand, dass es kaum mehr möglich war, zusätzliche Anforderung an den Prototypen abzulehnen. Das Argument, eine Phase oder Stufe sei abgeschlossen, war weitgehend wirkungslos.

Bei der Betrachtung der Gesamtkonzeption eines Data Warehouse innerhalb eines Unternehmens ist die prototypische Vorgehensweise global angewandt eine zwingende Folge der Strategie, das Data Warehouse über Fachprojekte und nicht über grössere Infrastrukturmassnahmen zu entwickeln.

3.3 Risikomanagement

3.3.1 Inhalt des Projektes

Als drittes Projekt wurde das Risikomanagement betrachtet. Das Konzernrisikomanagement soll zeitnah und aussagekräftig über die risikorelevanten Sachverhalte im Konzern informieren. Die Verpflichtung dafür besteht sowohl aufgrund gesetzlicher Auflagen als auch aufgrund interner Anforderungen im Hinblick auf eine risikoorientierte Konzernsteuerung. Das Gesetz zur Kontrolle und Transparenz im Unternehmensbereich (KonTraG) erweitert die Auskunftspflichten und Kontrollmöglichkeiten von Kapitalgesellschaften erheblich und soll somit zur Sicherung des Fortbestandes des Unternehmens beitragen. Alle unternehmerischen Risiken, strategische und operative, sollen rechtzeitig erkannt, überwacht und abgewehrt oder aber zumindest gemindert werden.

Das bisherige Reporting und die Datenversorgung beruhen auf Excel-Dateien, die in einem mehrstufigen, vorwiegend manuellen Prozess erstellt und verdichtet werden. Diese Vorgehensweise stellt aufgrund der grossen Anzahl von Schnittstellen und der manuellen Transformationen, mit nur teilweise dokumentierten fachlichen Berechnungsvorschriften, eine grosse Fehlerquelle, insbesondere hinsichtlich der Datenqualität und -konsistenz dar.

3.3.2 Vorgehen

Das Projekt befand sich zum Zeitpunkt der Erhebung noch in der Planungs- und Designphase.

Zur Erreichung einer besseren Lösung wird ein 3-Stufenplan propagiert. In der ersten Stufe soll eine multidimensionale Datenbank erstellt werden, in der alle relevanten Daten erfasst und integriert werden. Die Daten sollen entweder per Excel-Schnittstelle importiert oder per Abfragedialog erfasst werden. In einem zweiten

Schritt wird Excel durch ein mächtigeres Auswertungstool ersetzt und in der dritten und letzten Ausbaustufe soll die Datenversorgung durch Anbindung an das Konzern-Data-Warehouse automatisiert werden.

Ein besonders kritischer Punkt ist die Überzeugung der Fachabteilung von den Vorteilen einer integrierten, konsistenten, konzernweiten Datenbasis im Vergleich zur unabhängigen, individuellen Lösung. Diskussionen ergaben sich hinsichtlich der Anforderungen der Fachabteilung an die Flexibilität der Auslösung und die Dauer des ETL-Vorgangs. Der ETL-Prozess soll praktisch jederzeit angestossen werden können und die Daten sollen daraufhin innerhalb weniger Stunden für die Analyse zur Verfügung stehen.

3.4 Problembereiche im Vorgehen

3.4.1 Umfassendes Konzept durch kleine Schritte realisieren

Ein konzernweites Data Warehouse inklusive Einbindung aller entscheidungsrelevanten Datenquellen und Versorgung sämtlicher Auswertungen ist ein Ziel, dessen Erreichung eine grosse Herausforderung darstellt und einer umfassenden Strategie bedarf. Die Data-Warehousing-Strategie muss in die IT- sowie die Unternehmensstrategie eingebettet und permanent aktualisiert werden. Die Realisierung kann nicht in einem Wurf erfolgen.

Der Leitsatz „Think big – start small“ spielt beim Data Warehousing eine wichtige Rolle. „Start small“ bedeutet, dass kleinere, abgegrenzte Teilprojekte abgeleitet und zügig umgesetzt werden müssen, so dass baldige Projektfortschritte sichtbar werden. „Think big“ sagt, dass die Umsetzung der Strategie in der mittel- bis langfristigen Planung verankert werden muss. Daher ist hierbei insbesondere darauf zu achten, dass das zu erreichende Ziel sehr klar und eindeutig formuliert wird.

3.4.2 Wirtschaftlichkeit und Nutzen

Bei den betrachteten Data-Warehouse-Projekten war eine Wirtschaftlichkeits- und Nutzenbetrachtung auf Basis von Erfahrungen und Schätzungen der Projektleiter festzustellen. Eine Vorlage zur strukturierten Erfassung von ökonomischen Aspekten eines Projekts unterstützte sie dabei. Da die Projekte durch gesetzliche Erfordernisse oder strategische Unternehmensziele begründet wurden, rückte die Wirtschaftlichkeitsbetrachtung eher in den Hintergrund. Eine über die Vorlagen hinausgehende methodische Unterstützung war so nicht erforderlich. Die Unterstützung durch einen Sponsor war von vorneherein gegeben.

Bei einem langfristigen, strategischen Infrastrukturprojekt wie z. B. dem Aufbau einer integrierten Datenbasis, das bereichs- und unternehmensübergreifende Veränderungsprozesse auslösen kann, ist dagegen die Gewinnung der Zustimmung und der langfristigen Unterstützung durch die Budgetverantwortlichen oft schwierig. Sie ist hier aber besonders wichtig. Oft sind auch die Kosten- und Nutzengrössen eines

Data Warehouse verhältnismässig einfach zu identifizieren, jedoch schwer zu quantifizieren.

Als methodische Lösung bietet sich hier die Erstellung von Business Cases an. Ein Business Case hilft bei der Darstellung der Vorteile, Nutzenpotenziale, Wirtschaftlichkeitsberechnungen und Risikoabschätzungen. Er dient als Kommunikationsbasis, Dokumentation, Entscheidungsgrundlage und zum Projektmarketing. Die Erstellung von Business Cases sowohl für das Gesamtvorhaben als auch für die Teilprojekte ist daher sehr anzuraten.

3.4.3 Datenmodellierung

Eine weitere Besonderheit einer Data-Warehouse-Entwicklung ist die frühzeitige, möglichst vollständige und detaillierte Anforderungsdefinition und Modellierung, der Datenobjekte und -strukturen. Beim Funktionsdesign ist es vor allem – und fast ausschliesslich – wichtig die auf die Datennutzung bezogenen und benötigten Funktionen sowie die Datenextraktionen aus den Liefersystemen zu beschreiben, soweit hierfür keine Standard-Lösungen implementiert werden. Als Front-end-Tools für Auswertungen werden meist Standardprodukte eingesetzt, so dass eine detaillierte Beschreibung z. B. des Aussehens benötigter Reports nicht notwendig ist. Wichtig ist nur die für die Auswahl des Produktes entscheidungsrelevante Funktionalität.

3.4.4 Spezifikation der Informationsbedarfe

In den drei betrachteten Projekten gab es jeweils unterschiedliche Schwierigkeiten bei der Explizierung und Abgrenzung der geforderten Informationsbedarfe und Funktionalitäten. Während bei WWK die Hauptschwierigkeiten darin lagen, die jeweils identischen Informationen aus den unterschiedlichsten operativen Systemen zusammenzufinden, wurden bei den beiden anderen Projekten die Anforderungen der Fachabteilungen vor dem Hintergrund ihrer Kenntnis der operativen Systeme und vor allem der dort enthaltenen Datenfelder formuliert, d. h. es gab in der ersten Phase überwiegend Anforderungen, die bisher verwendeten Daten aus bestimmten Tabellen oder Spalten eines operativen Vorsystems in einem neuen Tool zur Verfügung zu stellen. Eine quellsystemunabhängige oder eine über mehrere Systeme hinweg abgeglichene Fachbegriffs- und Datendefinition zu erstellen, war bei allen drei Projekten ein zeit- und kostenintensiver Prozess.

Das Verständnis der Projektbeteiligten für Konsolidierung, Transformation und Integration in das Data Warehouse als Aktivitäten in einem Data-Warehouse-Projekt muss erst geweckt werden. Auch Designparadigmen wie die Entkopplung von operativen und analytischen Systemen erklären sich nicht von selbst. Bei Start eines Projektes sollten daher zuerst in Workshops allen Projektbeteiligten Data-Warehouse-Grundlagen vermittelt werden. Die Formulierung und Konkretisierung der fachlichen Anforderungen sollte mit strukturierten Interviews und standardisierten Dokumenten unterstützt werden. Ganz allgemein könnte die Entwicklung spezieller

Formulare für die Dokumentation von Data-Warehouse-Projekten sehr hilfreich bei der Überwindung dieser Hürden sein.

3.4.5 Entwicklungs- vs. Ergebnisdokumentation

Die Projektdokumentationen werden i. A. phasenbezogen erstellt und offiziell abgenommen. Die Dokumentation erfolgt „vorwärts orientiert", d. h. in einer Folgephase werden Änderungen am Konzept, die sich nie ganz vermeiden lassen, nicht "rückwärts orientiert" auch in Dokumenten der Vorgängerphasen eingearbeitet. Bei Projekteinführung sind bereits einige Phasen abgearbeitet worden, der Stand der Dokumente im Fachkonzept entspricht nicht mehr dem Stand im DV-Konzept und beides stimmt nicht mit der tatsächlichen Realisierung überein. Die Dokumente einer Phase sind als Basis zum Start der nächsten Phase jeweils korrekt, darüber hinaus oft nicht. Vermieden werden könnte dies bei einem Phasenvorgehen nur, wenn bei jeder Änderung ein Rückschritt in die früheren Phasen unternommen würde. Darüber hinaus bedeutet dieses Vorgehen z. B. auch, dass von den technischen Datenelementen, den tatsächlichen Datenablagen, die Verbindungen zu den fachlichen Anforderungen oder Begriffen fehlen. Dies erschwert auch eine retrospektive Betrachtung und Qualitätsverbesserung der Projekte bzw. ihrer Ergebnisse und ihre weitergehende fachliche Nutzung.

Für eine mögliche Lösung wurde in den betrachteten Projekten eine genaue Sichtung der erforderlichen Dokumente vorgenommen. Die Teile der Phasendokumente, die in späteren Phasen und in späteren Ausbaustufen (ob in einem weiteren Projekt oder im Rahmen der normalen Wartung) aktuell gehalten werden sollten, wurden ausgelagert. Die ausgelagerten Dokumente müssen über alle Phasen und Ausbaustufen hinweg gepflegt werden. Damit der zusätzliche Aufwand erbracht werden kann, ist es notwendig, nur die wichtigsten und später auch nutzbaren Dokumente auszulagern. Auch unter diesem Gesichtpunkt sind speziell für Data-Warehouse-Projekte entwickelte, dort aber standardisierte Dokumentationsformulare sehr von Nutzen.

Eine solche durchgängige Dokumentation sollte auch Informationen für den produktiven Einsatz enthalten. Nach Übergabe des implementierten Teilsystems in die Produktion wird so der Administrations- und Pflegeaufwand reduziert.

3.4.6 Werkzeugeinsatz

In den betrachteten Projekten wurden die Entscheidungen über den Einsatz von Tools unter der Rahmenbedingung getroffen, dass vorrangig bereits im Konzern eingesetzte Werkzeuge zum Einsatz kommen und ggf. bereits vorhandenen Lizenzen im Konzernverbund genutzt werden sollten. Eine Evaluation der eingesetzten Werkzeuge für die Nutzung in den Fachabteilungen erfolgte daher nur insoweit, als die funktionale Eignung für die jeweiligen Anforderungen der Fachabteilung gegeben sein musste. Darüberhinaus wurde nach den Wünschen der Fachabteilung entschieden. Eine Standardisierung der Schnittstellen erfolgte in allen drei Projekten nicht explizit.

Zur mittel- bis langfristigen Konsolidierung, Vereinfachung und Optimierung der Infrastruktur sollte dieses Verfahren beibehalten werden und bereits unterstützte, im Konzern üblichen Werkzeuge auch in neuen Projekten eingesetzt werden. Nur in Ausnahmefällen sollten zusätzliche Tools, für die bisher noch kein Know-how vorhanden ist, zum Einsatz kommen. Bei einer Vereinheitlichung, Reduzierung und Wiederverwendung von Datenformaten und -strukturen sollten allgemeine, zukunftssichere Standards wie z. B. XML oder CWM Einsatz finden.

4 Data-Warehouse-Vorgehensmodell

4.1 Rahmenbedingungen

Bei der Abwicklung von IT-Projekten der W&W Informatik gelten einige Rahmenbedingungen, die Auswirkungen auf mögliche Vorgehensmodelle haben.

Für einige Phasen eines Software-Engineering-Projektes existiert ein konzernweites Vorgehensmodell, welches die zu durchlaufenden Phasen auf oberster Ebene spezifiziert und obligatorische Ergebnisdokumente der einzelnen Schritte definiert. Dieses Phasenmodell ist auch für Data-Warehouse-Projekte massgeblich. Das zu entwickelnde Data-Warehouse-Vorgehensmodell muss sich sowohl an den Phasen als auch den Ergebnisdokumenten orientieren.

Das Data-Warehouse-Vorgehensmodell soll darüber hinaus explizit die Applikationslandschaft der W&W AG und konzernspezifische Rahmenbedingungen, wie organisatorische Regelungen und Strukturen, berücksichtigen.

Andererseits muss der mehr datenorientierten Ausrichtung der Data-Warehouse-Projekte sowie der Tatsache, dass eine spätere Nutzung durch weitere Anwender zum Zeitpunkt der Projektarbeit nicht bekannt ist, Rechnung getragen werden. Zusätzlich zum herkömmlichen Vorgehen muss auch ein explizit prototypischer Entwicklungsprozess möglich sein und durch spezielle Konstrukte unterstützt werden. Verständigungsproblemen mit dem Auftraggeber sollte vorgebeugt und eine bessere Einbindung der zukünftigen Datenverwender sollte erreicht werden.

Wenn das Vorgehensmodell eine tatsächliche Hilfe in der Projektarbeit sein soll, darf der Detaillierungsgrad der Aktivitäten nicht zu gering sein. Generische Aktivitäten sind zu vermeiden. Die Operationalisierbarkeit der einzelnen Vorgänge soll stets gegeben sein. Leitfäden und Checklisten garantieren eine hohe Praktikabilität und Umsetzbarkeit des Vorgehensmodells und damit die Einsparung von Entwicklungskosten.

4.2 Beschreibung des Modells

Das Data-Warehouse-Vorgehensmodell wird auf oberster Ebene als Phasenmodell bestehend aus fünf einzelnen Phasen vorgeschlagen:

Ausgehend von einer fachlichen Problemstellung wird ein umfassender *Business Case* erstellt, mit dem Ziel, die Ist-Situation zu analysieren, Mängel zu identifizieren, Kosten/Nutzen zu benennen und daraus unter Berücksichtigung der Rahmenbedingungen einen oder mehrere Lösungsvorschläge, ggf. in Form eines Stufenkonzepts zu erarbeiten. Aus dem Business Case resultiert der *Projektauftrag*.

Der Projektauftrag stellt die Grundlage für die Entwicklung des *Fachkonzepts* dar, das die fachlichen Aspekte detailliert. Bei der Dokumentation des Fachkonzepts wird unterschieden zwischen der tatsächlichen Phasendokumentation, die sich nur auf diese Phase und dieses Projekt bezieht und z. B. Ziele, Anforderungen, das Testkonzept und die Beschreibung der weiteren Vorgehensweise enthält, und der Dokumentation, die in späteren Phasen und Ausbaustufen fortgeschrieben werden muss, wie z. B. Datenbeschreibungen, Schlüsselwerte, usw.

Das Fachkonzept wird im Rahmen des *DV-Konzeptentwurfs* an die zu verwendende Informationstechnik angenähert. Im Rahmen des DV-Konzepts wird eine phasen- und projektspezifische Dokumentation erstellt und ausserdem die im Fachkonzept erstellte separate Dokumentation um DV-technische Komponenten und grobe, fachliche Ablaufpläne ergänzt. Ebenfalls Bestandteil des DV-Konzepts sind Programmvorgaben, ggf. auf einer relativ hohen Ebene.

Die eigentliche Implementierung des Data-Warehouse-Systems findet in der *Realisierungsphase* statt. Auch in dieser Phase werden die in Fach- und DV-Konzept erstellten Dokumente weiter gepflegt, die Programmhandbücher werden verfeinert und als separate Dokumente abgelegt, die Ablaufpläne werden detailliert.

Die Produktivschaltung erfolgt im Rahmen der *Einführung*.

Dieser Phasenablauf stellt das idealtypische Vorgehen in einem Entwicklungsprojekt dar. Grundsätzlich jedoch wird nach jeder der fachlich orientierten Phasen ein Managemententscheid über die Fortsetzung bzw. den Abbruch des Projekts eingeholt. Das Phasenmodell des Data-Warehouse-Vorgehens auf der obersten Ebene zeigt Abb. 2.

Als zusätzliche Aktivität im Vorgehen kann parallel zu den ersten drei Phasen optional eine *Projektstudie* initiiert werden. Diese stellt ein eigenständiges Projekt dar mit dem Ziel, eine Expertise zu einem bestimmten Themenkomplex oder einem der Lösungsvorschläge zu erarbeiten.

Das hier dargestellte Phasenmodell sieht auch ein *prototypisches Vorgehen* nach der Erstellung des Business Case vor. Prototypen sind z. B. in Situationen sinnvoll, in denen

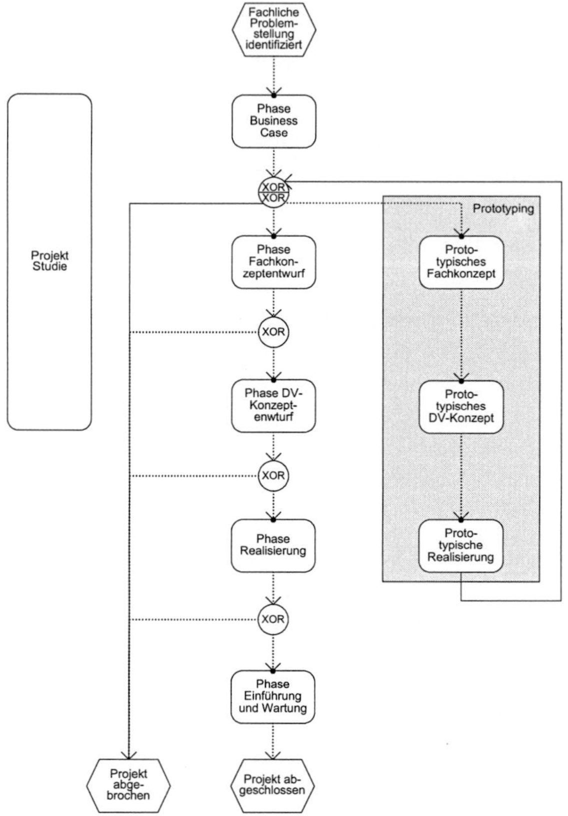

Abb. 2: Phasen des Data-Warehouse-Vorgehensmodells

- die Endbenutzer ihre Anforderungen nicht hinreichend genau explizieren können,
- ein frühzeitig funktionsfähiges, aber nicht vollständiges System gefordert wird oder
- eine Machbarkeitsstudie die Unsicherheiten auf Seiten der Entwickler oder Endbenutzer ausräumen soll.

Beim Prototyping werden, in Anlehnung an das „normale" Vorgehen, ein Fachkonzept, ein DV-Konzept und eine Realisierung durchgeführt. Dabei stellen die jeweils auszuführenden Aktivitäten eine Teilmenge der Aktivitäten dar, die beim herkömmlichen Vorgehen durchlaufen werden. Diese Teilmenge ist abhängig von der Zielsetzung des Prototyps. Es werden Wegwerf-, Demonstrations-, Präsentations- und wiederverwendbare Prototypen unterschieden. Je nach Typ sind unterschiedliche Aktivitäten durchzuführen bzw. zu überspringen. Durch die Berücksichtigung eines prototypischen Entwicklungsprozesses ist eine effizientere und einfachere Kommunikation mit dem Auftraggeber möglich, insbesondere kann ein Prototyp bei der Explikation der Anforderungen an ein Data-Warehouse-System sehr hilfreich sein.

Zu jeder dieser beschriebenen Phasen existieren detaillierte Prozessmodelle, die die durchzuführenden Aktivitäten auf einer sehr feinen Granularitätsebene beschreiben und deren Abarbeitungsreihenfolge festlegen. Als Modellierungssprache wurden Ereignisgesteuerte Prozessketten[2] (EPK) gewählt, da diese trotz eines angemessenen Formalisierungsgrades leicht verständlich sind und durch Modellierungswerkzeuge unterstützt werden. Die Modelle enthalten auch relevante *Dokumente*, die entweder Ergebnis einer Aktivität sind oder als Input für eine bestimmte Aufgabe dienen. Des Weiteren werden allen Aktivitäten konzernspezifische *Rollen* über Beziehungen zugeordnet. Diese Beziehungen drücken den funktionellen Zusammenhang der Rolle zu der jeweiligen Aktivität aus. Durch dieses Rollen-Modell werden u. a. die Verantwortlichkeiten klar geregelt. In Data-Warehouse-Projekten haben sich für die W&W Informatik folgende Beziehungstypen als relevant herausgestellt:

- führt aus,
- ist fachlich verantwortlich für,
- ist dv-verantwortlich für,
- wirkt mit bei,
- muss informiert werden über,
- entscheidet über und
- bringt Interessen ein.

Detailliertes Prozessmodell der Phase Business Case

Da auf eine ausführliche Beschreibung aller Phasen und ihrer Aktivitäten aus Platzgründen verzichtet werden muss, wird die Detaillierung nur beispielhaft an der Phase Business Case erläutert. Die Abbildungen 3 und 4 zeigen das gesamte Prozessmodell der Phase Business Case. Aus Gründen der Übersichtlichkeit werden alle Aktivitäten, aber nur die für den Prozessablauf relevanten Ereignisse angegeben. Auf die Darstellung von Input- bzw. Output-Dokumenten wird ebenfalls verzichtet.

Oberstes Ziel der Phase Business Case ist es, die Zustimmung und Unterstützung des Budgetverantwortlichens bzw. Sponsors zu dem Projekt zu erlangen. Ein Business Case sollte sowohl bei der initialen Durchführung eines Data-Warehouse-Projekts als auch bei nachfolgenden Ausbaustufen aufgestellt werden. Der Business Case dient als Kommunikationsbasis sowie als Planungs- und Entscheidungsbasis für alle Projektbeteiligten.

2 Für eine detaillierte Beschreibung der Ereignisgesteuerten Prozessketten vgl. (Rosemann 2000, S. 59ff.) und (Scheer 2001, S. 125ff.).

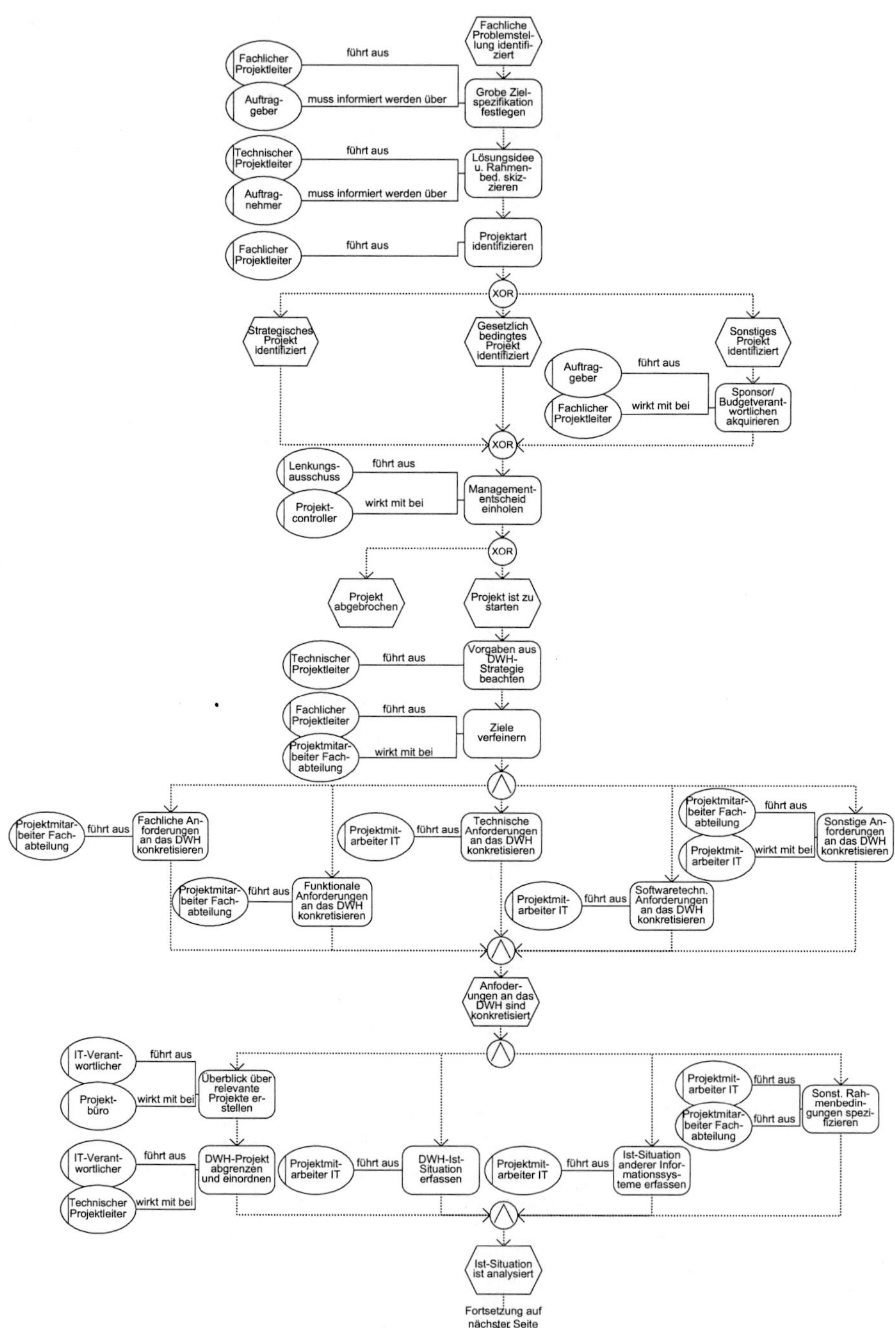

Abb. 3: Prozessmodell „Business Case" (Teil 1)

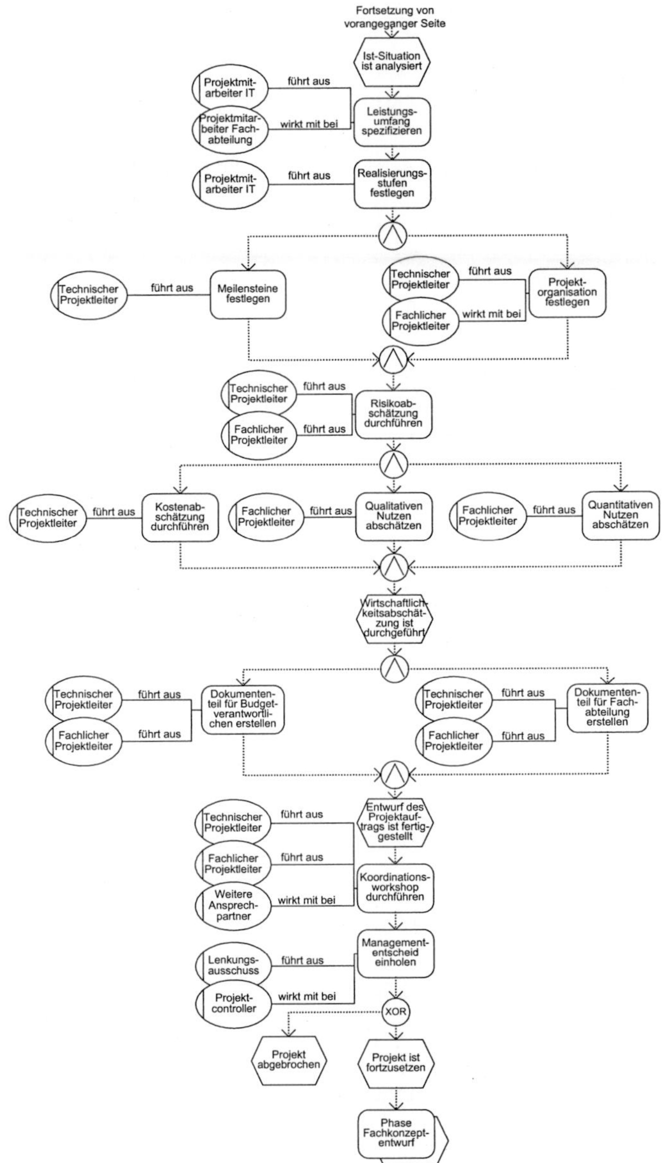

Abb. 4: Prozessmodell „Business Case" (Teil 2)

Erster Schritt dieser Phase ist die Formulierung einer Projektanfrage durch den fachlichen Projektleiter, welche grob die Probleme und Ziele des Projekts spezifiziert. Der technische Projektleiter offeriert daraufhin eine Lösungsidee mit den zugrunde liegenden Rahmenbedingungen. Es lassen sich grundsätzlich verschiedene Auslöser für ein Projekt unterscheiden. Ist ein Projekt gesetzlich oder strategisch bedingt, treten die Finanzierungsfragen in den Hintergrund, da diese umgesetzt werden müssen, um den Unternehmensfortbestand zu sichern. Die verantwortlichen Sponsoren sind in einem solchen Fall durch die Rahmenbedingungen determiniert. Sonstige Vorhaben jedoch werden aus Sicht der Budgetverantwortlichen als Kann-Projekte eingestuft. Deshalb müssen diese von der Wichtigkeit und dem Nutzen des Projektes durch den Auftraggeber und den fachlichen Projektleiter überzeugt werden. Anschliessend wird auf Basis der grob skizzierten Problemstellung und der dazugehörigen Lösungsidee über den Projektfortgang entschieden.

Wird das Projekt fortgesetzt, so werden als nächstes die Projektziele aus der aktuellen Data-Warehouse-Strategie abgeleitet und detailliert. Die noch sehr groben Anforderungen des Projektangebots werden im Folgenden fachlich, funktional, softwarespezifisch und technisch konkretisiert. Nach einer sorgfältigen Analyse der Ist-Situation werden der konkrete Leistungsumfang und die Realisierungsstufen festgelegt. Innerhalb einer Realisierungsstufe werden Meilensteine und organisatorische Rahmenbedingungen definiert.

Im Anschluss daran werden Risiken sowie Kosten und Nutzen des Entwicklungsprojekts abgeschätzt und bewertet. Gerade diese Aktivitäten weisen bei der Data Warehouse-Entwicklung Besonderheiten auf, die für herkömmliche Software-Engineering-Projekte nicht zutreffend sind. Folgende Risiken sind typisch für Data-Warehouse-Entwicklungsprojekte:

- Geringe Relevanz der Daten im Data Warehouse für die Datenverwender,
- unzureichende Datenqualität,
- langfristig Akzeptanz- und Vertrauensverlust in das Data-Warehouse-System,
- kein abgeschlossenes Projekt sondern ständig neue, ausufernde Anforderungen der Nutzer an das Data Warehouse und
- hohes Konfliktpotenzial aufgrund einer Vielzahl unterschiedlichster Anspruchsgruppen im gesamten Unternehmen.

Neben den Risiken stellen die Nutzenpotenziale eines Data Warehouse eine weitere Eigenart von derartigen Entwicklungsprojekten dar. Hierbei überwiegen qualitative, nicht messbare Aspekte im Gegensatz zu den meist quantifizierbaren Nutzengrössen bei der Entwicklung herkömmlicher Softwaresysteme:

- Aktuellere Daten und schnellere Informationsverteilung und –versorgung,
- effiziente und zeitnahe Entscheidungen,
- qualitativ hochwertigere Daten im Data Warehouse und den operativen Systemen,
- Realisierung einer unternehmensweiten Sicht und Analyse,
- Standardisierung von Begriffen und Kennzahlen,

- Vermeidung von Redundanzen und Inkonsistenzen,
- Dezentralisierung von Entscheidungen und
- kürzere Suchzeiten.

Nach einer eingehenden Risiko- und Wirtschaftlichkeitsanalyse wird der Projektauftrag erstellt, der das Hauptergebnis dieser Phase darstellt und auf die beiden Zielgruppen Budgetverantwortlicher und Fachabteilung auszurichten ist. Bestimmte Teile des Projektauftrags sind jeweils auf eine der beiden Zielgruppen fokussiert. Schwerpunkte für den budgetverantwortlichen Entscheidungsträger sind die Nutzenaspekte und die Wirtschaftlichkeitsbetrachtungen. Er muss davon überzeugt werden, dass das Projekt ein Gewinn für ihn und das Unternehmen ist. Die Fachabteilung dagegen fokussiert sich auf fachspezifische Aspekte. Die zusammengetragenen Ergebnisse werden in Form eines Entwurfs des Projektauftrags in einem gemeinsamen Workshop von Fach- und IT-Abteilung diskutiert und abgestimmt. Auf Basis des abgestimmten Projektauftrags wird ein Managemententscheid über den zukünftigen Projektverlauf herbeigeführt. Hiermit endet die Phase Business Case und leitet über in die nächste Phase, nämlich den Fachkonzeptentwurf.

4.3 Erreichte Verbesserungen beim Vorgehen

Grundsätzlich können die Prozessmodelle und deren Beschreibungen als dokumentiertes, organisationales Wissen verstanden werden, welches nun unabhängig von Personen jederzeit allen Mitarbeitern zur Verfügung gestellt und so als Teil des organisationalen Wissensmanagement angesehen werden kann. Das Data-Warehouse-Vorgehensmodell selbst berücksichtigt die Anforderungen der W&W Informatik und versucht, den identifizierten Schwierigkeiten bei den bisherigen Projekten (vgl. Kapitel 3.4) so weit wie möglich entgegenzuwirken.

Durch die explizite Berücksichtigung eines prototypischen Vorgehens wird versucht, erste für die Fachabteilung nutzbare Ergebnisse möglichst schnell zu realisieren und so die Akzeptanz zu steigern und Überzeugungsarbeit hinsichtlich einer Data-Warehouse-Lösung zu leisten. Auch können durch eine prototypische Realisierung die fachlichen Erfordernisse im Rahmen der Anforderungs- und Informationsbedarfsanalyse schneller und umfassender erhoben werden.

Eine weitere wichtige Veränderung stellt die Einführung eines Business Case dar. Dieser bindet bereits vor dem eigentlichen Projektstart die Sponsoren, Budgetverantwortlichen, Nutzer und Entwickler in das Projekt ein und schafft so eine gemeinsame Basis für die Zusammenarbeit. Durch eine zielgruppenspezifische Ausrichtung des Business Case werden alle Projektbeteiligten adäquat angesprochen, indem ihre jeweiligen Informationsbedürfnisse optimal befriedigt werden. Hierdurch lässt sich insbesondere auch die langfristige Unterstützung des Projekts sicherstellen.

Das ausgefeilte Rollenkonzept, welches jeder Aktivität eine oder mehrere Rollen zuordnet, legt Verantwortlichkeiten, Aufgabenbereiche und einzubeziehende Personen genau fest. Hierdurch wird vor allem die Kommunikation und Abstimmung zwischen den Projektbeteiligten erleichtert und Konflikten wird bereits im Vorfeld entgegengewirkt.

Das Vorgehensmodell spezifiziert Dokumente und ordnet diese den Aktivitäten als Input oder Output zu. Eine Auflistung wichtiger Dokumente liefert Tabelle 1. Es wird ersichtlich in welcher Phase welches Dokument erzeugt und genutzt wird. Derartige Übersichten und Checklisten lassen sich in einfacher Weise aus den Prozessmodellen ableiten und können so als Hilfsmittel bei der Durchführung von Data-Warehouse-Projekten eingesetzt werden. Da das gesamte Vorgehensmodell mittels eines Modellierungswerkzeugs erstellt wurde, sind diese Checklisten automatisch oder semi-automatisch generierbar.

Zur Sicherstellung einer konsistenten Dokumentation wird zwischen Entwicklungs- und Ergebnisdokumenten unterschieden. Letztere stellen die Teilmenge der Entwicklungsdokumentation dar, die für zukünftige Tätigkeiten, wie bspw. die Wartung oder die Weiterentwicklung, notwendig erscheinen. Hierdurch wird einerseits der Dokumentations- und Pflegeaufwand auf ein Minimum reduziert und andererseits wird eine ausreichende, aktuelle Dokumentation der Systeme bereitgestellt, die langwierige Einarbeitungsprozesse vermeiden soll.

Ein Beispiel hierfür sind im Rahmen der Data-Warehouse-Entwicklung die Beschreibungen der im Kern-Data-Warehouse enthaltenen Daten. Diese stellen sowohl im Fach- als auch im DV-Konzept einen zentralen Bestandteil dar und müssen auch nach Abschluss der jeweiligen Phase in Form einer Ergebnisdokumentation weitergepflegt werden, da auch nach den Entwicklungsphasen ständig Änderungen und Anpassungen der Datenbasis des Data-Warehouse-Systems notwendig sind. Im Fachkonzept werden die Inhalte des Data Warehouse aus fachlicher Sicht spezifiziert. Hierzu werden die notwendigen Informationsobjekte und dazugehörige Eigenschaften (identifizierende und beschreibende) definiert, die die zentralen Entitäten des Data Warehouse bilden. Es erfolgt ausschliesslich eine fachliche Beschreibung ohne Berücksichtigung technischer Aspekte. Ausgehend von dieser Spezifikation werden den fachlichen Datenbeschreibungen im DV-Konzept techniknahe Datenspezifikationen zugeordnet. Unter anderem werden Datentypen, Datenformate, Wertebereiche, Tabellennamen und Schlüssel festgelegt. Die obigen Informationen sind zentral für die Entwicklung eines Data Warehouse und bleiben auch nach Fertigstellung einer ersten Ausbaustufe von entscheidender Bedeutung. Daher müssen diese Teile des Fach- bzw. DV-Konzepts kontinuierlich gepflegt und aktuell gehalten werden.

Dokument	Kurzbeschreibung	Phasen				
		Business	Fachkonzept	DV-Konzept	Realisierung	Einführung
Projektanfrage	Anforderungen der Fachabteilung für ein zukünftiges Projekt	O, I				
Projektangebot	Erste Lösungsidee der IT-Abteilung bzgl. der Projektanfrage (nicht detailliert)	O, I				
Template Risikobeurteilung	Extern vorgegebene Vorlage zur Bestimmung des Risikos eines Projekts anhand zahlreicher Kriterien	I				
Template Wirtschaftlichkeitsbeurteilung	Extern vorgegebene Vorlage zur Bestimmung der Wirtschaftlichkeit eines Projekts anhand zahlreicher Kriterien	I				
Projektauftrag	Lösungsvorschlag auf konzeptionellem Level; Basis für den Projektentscheid	O	I			
Soll-DWH-Datenmodell	Anzustrebendes Datenmodell des Kern-Data-Warehouse		O, I			
Ist-DWH-Datenmodell	Aktuell vorliegendes Datenmodell des Kern-Data-Warehouse		I			
Fachkonzept	Detaillierter Lösungsvorschlag und Vorgehen auf fachkonzeptionellem Level		O	I		
Externe Marktübersicht	State-of-the-art-Überblick über am Markt verfügbare Tools mit kritischer Beurteilung			I		
DV-Konzept	DV-spezifische Umsetzungen und Erweiterungen des Fachkonzepts			O, I	I	I

Tab. 1: Dokumentenübersicht und phasenbezogene Input-/Output-Beziehung
O: Output, I: Input

5 Zusammenfassung und Ausblick

Der vorliegende Artikel zeigt das Vorgehen zur Entwicklung eines für Data-Warehouse-Projekte spezifischen Vorgehensmodells bei der W&W Informatik auf und beschreibt das so entwickelte Data-Warehouse-Vorgehensmodell.

Ausgehend von drei Entwicklungsprojekten wurden Probleme und Schwierigkeiten im jeweiligen Vorgehen festgestellt und analysiert. Hinzu kamen weitere Anforderungen und relevante Rahmenbedingungen des neu entstandenen W&W-Konzerns, die aufgenommen und berücksichtigt werden mussten. Auf dieser Basis wurde ein idealtypisches Data-Warehouse-Vorgehensmodell entwickelt. Es werden insbesondere detaillierte Aktivitäten sowie konzernspezifische Rollen und Ergebnisdokumente beschrieben. Nach unserer Überzeugung werden dabei sowohl die spezifizierten Anforderungen berücksichtigt als auch die identifizierten Probleme angegangen. Der Praxistest allerdings, der Einsatz des Vorgehensmodells in einem konkreten Projekt, steht noch aus.

Das Data-Warehouse-Vorgehensmodell soll künftig in konzernweiten Data-Warehouse-Projekten als Leitfaden und Hilfsmittel für einen einheitlichen, strukturierten und spezifischen Data-Warehouse-Projektablauf dienen.

Offen sind Änderungen und Erweiterungen, die sich aus der Validierung des erarbeiteten Data-Warehouse-Vorgehensmodells im praktischen Einsatz ggf. ergeben werden. Des Weiteren kann das Data-Warehouse-Vorgehensmodell in zukünftigen Ausbaustufen erweitert werden durch die Zuordnung von Werkzeugen bzw. Informationssystemen zu den Aktivitäten, durch Berücksichtigung von Datenschutzaspekten bspw. durch Kennzeichnung besonders schützenswerter, personenbezogener Daten und durch die Festlegung von Verantwortlichkeiten für anwendungsspezifische und anwendungsübergreifende Daten. Weiterhin können Projektmanagementaspekte sowie detaillierte Techniken noch ergänzt werden, wie bspw. Heuristiken zur Verteilung der Entwicklungskosten eines Data Warehouse auf neu hinzukommende Nutzer nach der Implementierung.

Literatur

Balzert, H.: Lehrbuch der Software-Technik: Software-Management, Software-Qualitätssicherung, Unternehmensmodellierung; Spektrum, Heidelberg und Berlin 1998.

Bremer, G.: Genealogie von Entwicklungsschemata; in Kneuper, R., Müller-Luschnat, G., Oberweis, A. (Hrsg.): Vorgehensmodelle für die betriebliche Anwendungsentwicklung, Teubner-Verlag, Stuttgart, Leipzig, 1998, S. 32-59.

Hansen, W.-R.: Vorgehensmodell zur Entwicklung einer Data Warehouse-Lösung; in Mucksch, H., Behme, W. (Hrsg.): Das Data Warehouse-Konzept: Architektur - Datenmodelle - Anwendungen, Gabler-Verlag, Wiesbaden 1997, S. 311-328.

Heuer, A., Saake, G.: Datenbanken: Konzepte und Sprachen; mitp-Verlag, Bonn 2000.

Holthuis, J.: Der Aufbau von Data Warehouse-Systemen: Konzeption - Datenmodellierung - Vorgehen; Gabler-Verlag, Wiesbaden 1999.

Jung, R., Winter, R.: Data Warehousing: Nutzungsaspekte, Referenzarchitektur und Vorgehensmodell; in Jung, R., Winter, R. (Hrsg.): Data Warehousing Strategie: Erfahrungen, Methoden, Visionen; Springer-Verlag, Berlin u. a. 2000, S. 3-20.

Kachur, R.: Data Warehouse Management Handbook, Prentice Hall, Paramus, NJ 2000.

Meyer, M., Strauch, B.: Organisationskonzepte im Data Warehousing; in Jung, R., Winter, R. (Hrsg.): Data Warehousing Strategie: Erfahrungen, Methoden, Visionen; Springer-Verlag, Berlin u. a. 2000, S. 79-100.

o. V.: Gabler Wirtschaftsinformatik-Lexikon; Gabler, Wiesbaden 1997.

Poe, V., Klauer, P., Brobst, S.: Building a Data Warehouse for Decision Support; Prentice Hall, Upper Saddle River, NJ 1997.

Rosemann, M.: Vorbereitung der Prozessmodellierung; in Becker, J., Kugeler, M., Rosemann, M. (Hrsg.): Prozessmanagement – Ein Leitfaden zur prozessorientierten Organisationsgestaltung; Springer-Verlag, Berlin u. a. 2000, S. 45-90.

Scheer, A.-W.: ARIS – Modellierungsmethoden, Metamodelle, Anwendungen; 4. Aufl., Springer-Verlag, Berlin u. a. 2001.

Simon, A.: 90 Days to the Data Mart; John Wiley & Sons, New York u. a. 1998.

Vossen, G.: Datenmodell, Datenbanksprachen und Datenbank-Management-Systeme; Addison-Wesley, Bonn u. a. 1994.

Datenqualitätsmanagement für Data-Warehouse-Systeme – Technische und organisatorische Realisierung am Beispiel der Credit Suisse

Marcel Winter

Credit Suisse

Clemens Herrmann

Universität St. Gallen

Markus Helfert

Dublin City University

Ein kritischer Erfolgsfaktor zur dauerhaften Etablierung von Data-Warehouse-Systemen in Unternehmen ist eine ausreichende Qualität der dadurch zur Verfügung gestellten Daten. Um ein hohes Datenqualitätsniveau langfristig zu sichern, reichen punktuelle Datenbereinigungsmassnahmen nicht aus. Stattdessen gilt es, ein umfassendes Datenqualitätsmanagement einzuführen, welches kontinuierlich die Qualität der Daten überwacht und bei Qualitätsabweichungen Massnahmen zur Beseitigung der Fehlerursachen einleitet. Am Beispiel der Credit Suisse wird ein solches Datenqualitätsmanagement sowohl aus technischem wie auch aus organisatorischem Blickwinkel betrachtet und detailliert erläutert.

1 Motivation

Die Qualität von Daten und Informationen spielt in der heutigen Informationsgesellschaft eine immer wichtigere Rolle (vgl. Wolf 1999, S. 7 f.). Für die dauerhafte Etablierung eines Data-Warehouse-Systems im Unternehmen stellt die Qualität der Daten mittlerweile eine unabdingbare Notwendigkeit dar (vgl. English 1999, S. 4). Als Folgen unzureichender Datenqualität wurden in einer Studie des TDWI[1] der zusätz-

---

[1] Die Studie des TDWI (The Data Warehouse Institute) zum Themenbereich Datenqualität wurde im Jahr 2001 durchgeführt und basiert im Wesentlichen auf der Auswertung von 647 Fragebögen (vgl. Eckerson 2002).

liche Zeitaufwand zur Integration bzw. Konsistenzerhaltung der Daten, der Verlust an Vertrauen in das Data-Warehouse-System und die zusätzlich entstehenden Folgekosten durch bspw. mehrfaches Versenden von Werbung am häufigsten genannt (vgl. Abb. 1). Weitere Konsequenzen, die aus einer mangelnden Datenqualität erwachsen können, sind Kundenunzufriedenheit, Verzögerungen bei der Einführung neuer Systeme bspw. durch Ungewissheit über die zugrunde liegende Datenqualität, Ertragsverluste z. B. durch fehlerhafte Rechnungen sowie Probleme bei der Erfüllung von gesetzlichen Auflagen z. B. bei der Bilanzerstellung.

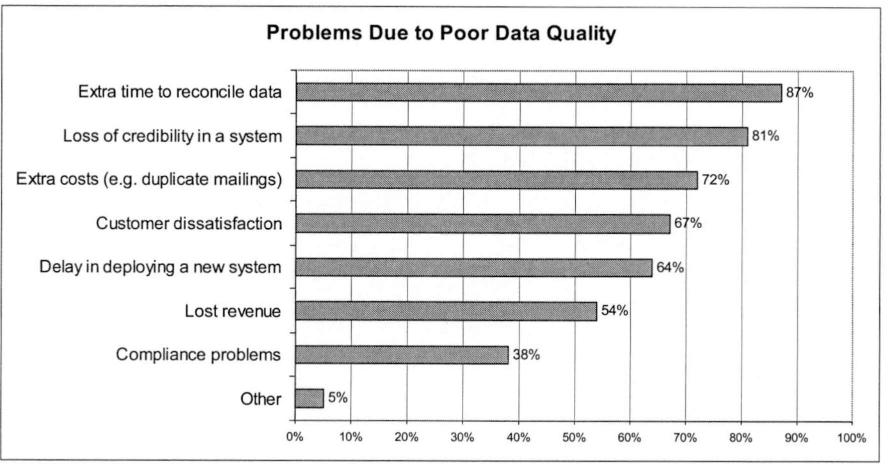

Abb. 1: Probleme aufgrund unzureichender Datenqualität (Eckerson 2002, S. 10)

Trotz der negativen Auswirkungen schlechter Datenqualität auf das gesamte Unternehmen besassen 48% der befragten Unternehmen noch keine Strategie, dieses Problem anzugehen und nur 11% hatten bereits umfassende Massnahmen zur Verbesserung der Datenqualität ergriffen (vgl. Abb. 2). Daher soll in diesem Artikel die erfolgreiche Umsetzung eines ganzheitlichen Datenqualitätsmanagements bei der Credit Suisse aufgezeigt werden und so als Beispiel für andere Unternehmen dienen, die eine systematische Verbesserung ihrer Datenqualität anstreben.

Nach einer Diskussion des Begriffs Datenqualität und dessen Konkretisierung anhand von Qualitätsmerkmalen wird in Kapitel 3 ein Konzept eines ganzheitlichen Datenqualitätsmanagements vorgestellt. Kapitel 4 beschreibt eingehend die Realisierung des Datenqualitätsmanagements bei der Credit Suisse sowohl aus technischer als auch aus organisatorischer Perspektive. Der Artikel schliesst mit einer Zusammenfassung und einem Ausblick auf zukünftige Schritte.

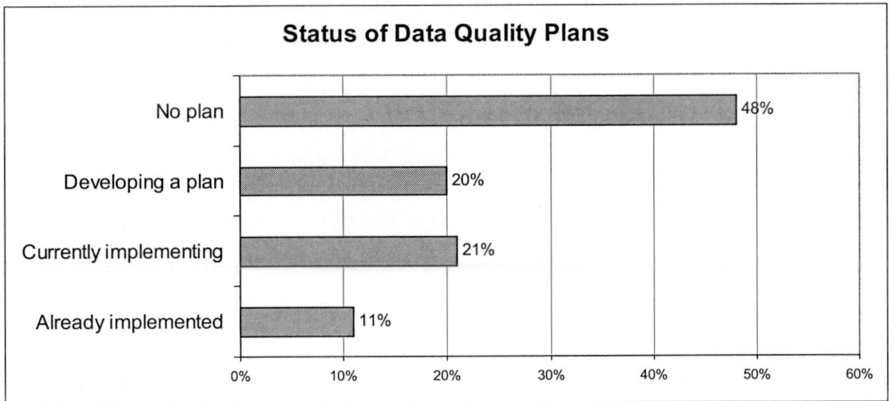

Abb. 2: Datenqualitätsmanagement in der Praxis (Eckerson 2002, S. 6)

2 Datenqualität

2.1 Ansätze aus der Literatur

Der Themenbereich Datenqualität im Data Warehousing wird bereits von einigen Autoren behandelt. Im Folgenden seien einige ausgewählte Ansätze genannt.[2]

WAND und WANG (vgl. Wand, Wang 1996) fokussieren ihre Betrachtung auf die Entwicklung und den Betrieb eines Informationssystems. Datenqualitätsmängel treten bei Inkonsistenzen zwischen der Sicht auf das Informationssystem und der Sicht auf die reale Welt auf. Aus diesen Abweichungen können vier innere Datenqualitätsmerkmale abgeleitet werden: Vollständigkeit, Eindeutigkeit, Bedeutung und Korrektheit. WAND und WANG betrachten in ihrem Ansatz jedoch nicht die funktionalen Anforderungen der Endbenutzer an das Informationssystem.

ENGLISH (vgl. English 1999) unterscheidet zwischen Datendefinitions- und Architekturqualität, der Qualität der Datenwerte sowie der Qualität der Datenpräsentation. Diesen Kategorien ordnet er Merkmale zur detaillierteren Beschreibung zu. Er geht jedoch nicht detailliert auf Überschneidungen und Beziehungen zwischen den einzelnen Merkmalen und den übergeordneten Kategorien ein.

Im Rahmen einer empirischen Untersuchung von WANG und STRONG (vgl. Wang, Strong 1996) zur Bestimmung allgemeiner Datenqualitätsmerkmale werden vier Kategorien (Innere Datenqualität, kontextabhängige Datenqualität, Darstellungs-

2 Ein ausführlicher Vergleich des State-of-the-art im Bereich der Datenqualiät ist zu finden in (Helfert 2002, S. 68-79 und S. 121-130).

qualität und Zugangsqualität) mit jeweils unterschiedlichen Qualitätsmerkmalen ermittelt. Die empirische Untersuchung lief in zwei Stufen ab, wobei die Hauptanalyse auf 355 Fragebögen basiert.

JARKE et al. (vgl. Jarke et al. 1999; Jarke, Vassiliou 1997) gliedern die Datenqualitätsmerkmale anhand der drei Prozesse Entwicklung und Verwaltung, Softwareimplementierung sowie Datennutzung. Die sich hieraus ergebenden Merkmale werden weiter anhand von zugeordneten, auf die Datenwerte bezogenen Kriterien verfeinert.

HINRICHS (vgl. Hinrichs 2001; Hinrichs 2002, S. 29ff.) charakterisiert Datenqualität ausgehend von einer empirischen Erhebung von STRONG et al. (vgl. Strong et al. 1997) anhand der Kategorien Glaubwürdigkeit, Nützlichkeit, Interpretierbarkeit und Schlüsselintegrität. Diesen werden insgesamt 13 unterschiedliche Datenqualitätsmerkmale zugeordnet. Es wird ausdrücklich auf das Problem der Vollständigkeit und Überschneidungsfreiheit einer solchen Klassifizierung hingewiesen.

Nachfolgend soll eine auf den Anforderungen des Datenqualitätsmanagements aufbauende Definition des Begriffs Datenqualität mit dazugehörigen Datenqualitätskriterien gegeben werden, die den Begriff näher beschreiben und operationalisieren sollen.

2.2 Das 3-Ebenen-Modell der Datenqualität

Der Qualitätsbegriff aus der industriellen Fertigung kann auf verschiedenen Ebenen betrachtet und in drei Sichten unterteilt werden (vgl. Helfert 2002, S. 66ff.):

- Die anwenderbezogene, externe Ebene.
- Die produktbezogene, konzeptionelle Ebene.
- Die herstellungsbezogene, prozessorientierte Ebene.

Der anwenderbezogene Qualitätsansatz bezieht sich auf eine externe Sicht und stellt den Endbenutzer mit seinen Anforderungen in den Vordergrund. Im Data Warehousing sind dies vor allem die Informationsbedarfe der Datenverwender. Von diesen Qualitätsforderungen werden eine Produktspezifikation und ein Produktionsplan abgeleitet. Die konzeptionelle Spezifikation eines Data-Warehouse-Systems mit dessen Daten und Funktionen kann auf dieser Ebene eingeordnet werden. Diese Spezifikation bildet die Grundlage für die Gestaltung der Produktionsprozesse. Hierunter werden im Data Warehousing die Datenbereitstellungs- und Datenversorgungsprozesse verstanden. Auf Grundlage dieser Qualitätsebenen lässt sich Qualität, wie in Abb. 3 dargestellt, grundsätzlich in zwei Faktoren untergliedern (vgl. Seghezzi 1996, S. 12 und S. 26):

- Designqualität
- Ausführungsqualität

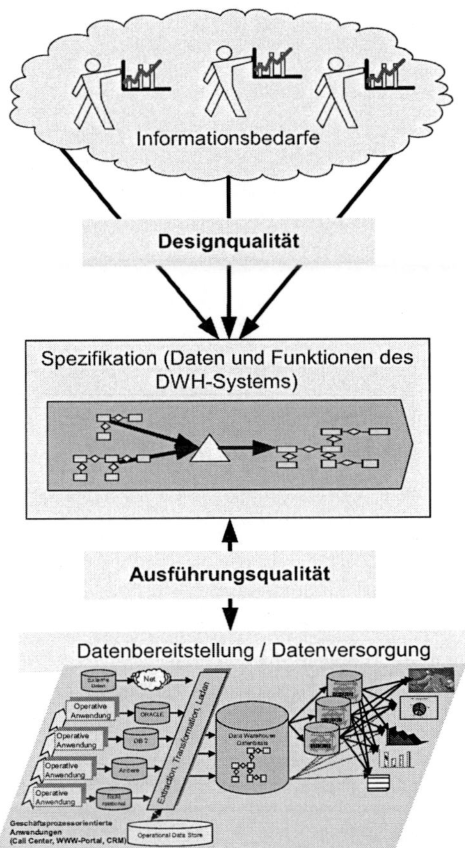

Abb. 3: Qualitätssichten (vgl. Helfert 2002, S. 67)

Zunächst werden die Anforderungen der Endbenutzer erfasst und in Form einer Spezifikation konkretisiert. Es ist die Frage nach den geeigneten Produkteigenschaften zu beantworten. Es sind die Eigenschaften auszuwählen, welche die Bedürfnisse der Anwender am Besten erfüllen und so Kundenzufriedenheit erzeugen. In einer Datenbank werden durch Datenschemata Entitäten und Eigenschaften der zu erfassenden Datenobjekte festgelegt. Diese Datenschemata können so als Spezifikation eingestuft werden (vgl. Juran 1999, S. 1).

Sind die Anforderungen erfasst und in einer Spezifikation festgelegt, ändert sich die Zielsetzung des Qualitätsmanagements auf die Einhaltung der in der Spezifikation festgelegten Qualitätsforderungen. Nicht die Bedürfnisse der Anspruchsgruppen, sondern Konformität und fehlerfreie Erfüllung der in Spezifikationen niedergeschriebenen Anforderungen ist das Ziel (vgl. Juran 1999, S. 2). Die laufenden Prozesse sind dahingehend zu kontrollieren. *Designqualität* bezieht sich auf die Erfassung von Qualitätsforderungen aus Anwendersicht in einer Spezifikation, während *Ausführungsqualität* die Einhaltung der von den Anwendern festgelegten Spezifikation umfasst. Eine unzureichende Gesamtqualität kann sowohl in einer mangelhaften Design- als auch in einer nicht ausreichenden Ausführungsqualität begründet sein.

Die Trennung in Design- und Ausführungsqualität lässt sich auf den Datenqualitätsbegriff übertragen. Es erfolgt dementsprechend eine Unterscheidung nach Datenschema und Datenwerten. Diese beiden übergeordneten Kriterien lassen sich weiter verfeinern in Unterkategorien und Merkmale. Eine ausführliche Beschreibung dieser Merkmale erfolgt in Tabelle 1 und 2. Der Begriff der Datenqualität wird dadurch konkretisiert und definiert.

Kategorie	**Merkmal**	**Beschreibung**
Interpretierbarkeit	Semantik	Die Entitäten, Beziehungen und Attribute und deren Wertebereiche sind einheitlich, klar und genau beschrieben.
	Identifizierbarkeit	Einzelne Informationsobjekte (z. B. Kunden) können eindeutig identifiziert werden.
	Synonyme	Beziehungen zwischen Synonymen sind bekannt und dokumentiert.
	Zeitlicher Bezug	Der zeitliche Bezug einzelner Informationsobjekte ist abgebildet.
	Repräsentation fehlender Werte	Fehlende Werte (Nullwerte / Default-Werte) sind definiert und können abgebildet werden.
Nützlichkeit (Zweckbezogen)	Vollständigkeit	Alle Entitäten, Beziehungen und Attribute sind erfasst. Die Daten ermöglichen die Erfüllung der Aufgabe.
	Erforderlichkeit	Definition von Pflicht- und Kann-Feldern.
	Granularität	Die Entitäten, Beziehungen und Attribute sind im notwendigen Detaillierungsgrad erfasst.
	Präzision der Wertebereichsdefinitionen	Die Definition der Wertebereiche repräsentiert die möglichen und sinnvollen Datenwerte.

Tab. 1: Qualitätsmerkmale bezogen auf das Datenschema (Helfert 2002, S. 83)

Kategorie	Merkmal	Beschreibung
Glaubwürdigkeit	Korrektheit	Die Daten stimmen inhaltlich mit der Datendefinition überein und sind empirisch korrekt.
	Datenherkunft	Die Datenherkunft und die vorgenommenen Datentransformationen sind bekannt.
	Vollständigkeit	Alle Daten sind gemäss Datenmodell erfasst.
	Widerspruchsfreiheit	Die Daten weisen keine Widersprüche zu Integritätsbedingungen (Geschäftsregeln, Erfahrungswerten) und Wertebereichsdefinitionen auf (innerhalb des Datenbestands, zu anderen Datenbeständen, im Zeitverlauf).
	Syntaktische Korrektheit	Die Daten stimmen mit der spezifizierten Syntax (Format) überein.
	Zuverlässigkeit	Die Glaubwürdigkeit der Daten ist konstant.
Zeitlicher Bezug	Aktualität	Datenwerte bezogen auf den gegenwärtigen Zeitpunkt sind erfasst.
	Zeitliche Konsistenz	Alle Datenwerte bzgl. eines Zeitpunktes sind gleichermassen aktuell.
	Nicht-Volatilität	Die Datenwerte sind permanent und können zu einem späteren Zeitpunkt wieder aufgerufen werden.
Nützlichkeit	Relevanz	Die Datenwerte können auf einen relevanten Datenausschnitt beschränkt werden.
	Zeitlicher Bezug	Die Datenwerte beziehen sich auf den benötigten Zeitraum.
Verfügbarkeit	Zeitliche Verfügbarkeit	Die Daten stehen rechtzeitig zur Verfügung.
	Systemverfügbarkeit	Das Gesamtsystem ist verfügbar.
	Transaktionsverfügbarkeit	Einzelne benötigte Transaktionen sind ausführbar, die Zugriffszeit ist akzeptabel und gleich bleibend.
	Zugriffsrechte	Die benötigten Zugriffsrechte sind ausreichend.

Tab. 2: Qualitätsmerkmale bezogen auf die Datenwerte (Helfert 2002, S. 84)

3 Management der Datenqualität

3.1 Operatives Qualitätsmanagement

Nach Klärung des Begriffs der Datenqualität soll nun auf das Qualitätsmanagement näher eingegangen werden. Laut DIN ISO 8402 umfasst Qualitätsmanagement alle Tätigkeiten der Gesamtführungsaufgabe, welche die Qualitätspolitik, die Qualitätsziele und die Verantwortungen für die Qualität festlegt (vgl. o. V. 1995). Die Elemente lassen sich grob, wie in Abb. 4 dargestellt, anhand des St. Galler Managementkonzepts (vgl. Bleicher 1992) einordnen.

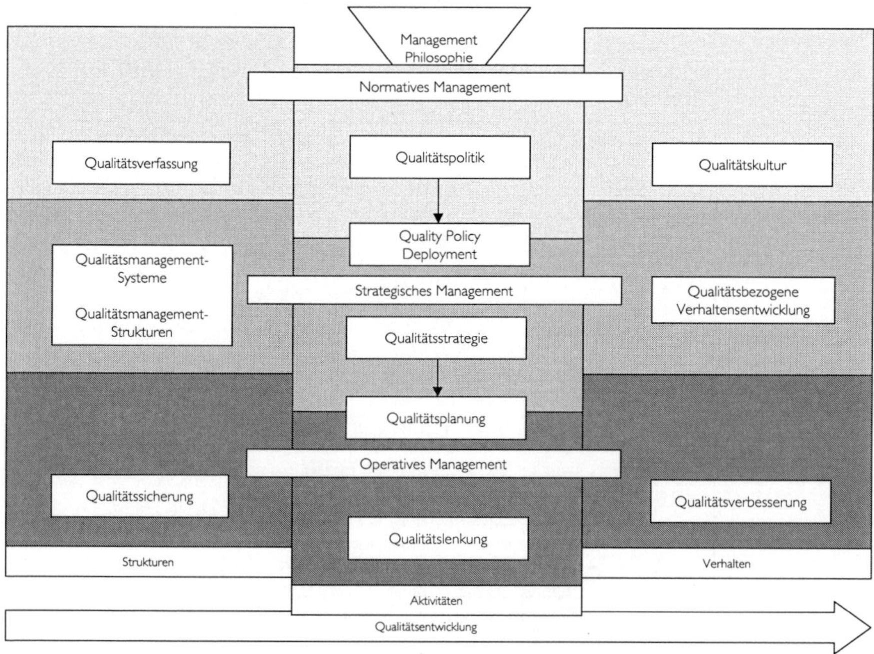

Abb. 4: Integrationsrahmen für ein ganzheitliches Datenqualitätsmanagement (vgl. Seghezzi 1996, S. 48)

Das Qualitätsmanagement wird in die drei Ebenen des normativen, strategischen und operativen Managements untergliedert. Die Visionen der Unternehmensführung sind auf der obersten Ebene angesiedelt. Diese werden durch Missionen auf der strategischen Stufe repräsentiert und deren Umsetzung erfolgt im operativen Qualitätsmanagement. Die mittlere Säule stellt die Aktivitäten dar, die einerseits durch die Strukturen unterstützt und andererseits durch das Verhalten der Führungskräfte und Mitarbeiter geprägt wird. Die dritte Dimension betrifft den zeitlichen Aspekt Qualitätsentwicklung (vgl. Seghezzi 1996, S. 48ff.). Die zur Erreichung von Qualität notwendigen Aktivitäten sind auf der operativen Ebene zu finden und werden daher im Folgenden eingehender betrachtet. SEGHEZZI ordnet die operativen Funktionsbereiche in den prozessorientierten Qualitätsansatz von DEMING ein, wie Abb. 5 verdeutlicht.

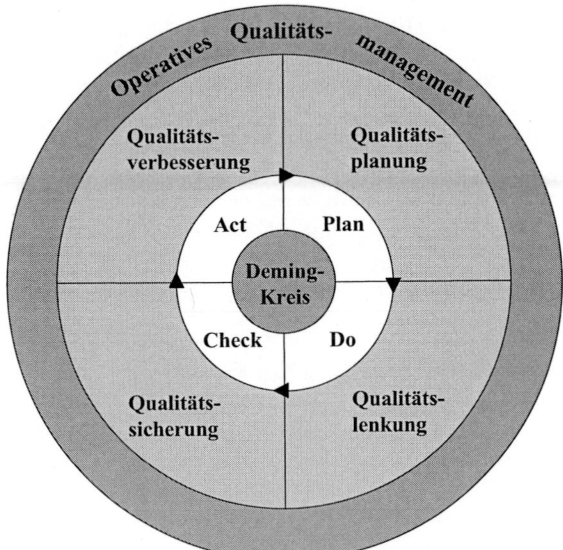

Abb. 5: Operatives Qualitätsmanagement nach dem Deming-Kreis (Seghezzi 1996, S. 53)

Das operative Qualitätsmanagement ist anhand der Geschäftsprozesse auszurichten, um Probleme an den Prozessschnittstellen zu vermeiden. Die von Deming entwickelte Technik zur Prozessverbesserung umfasst die folgenden vier Schritte (vgl. English 1999, S. 42f.):

- Plan: Diese Phase ist gleichzusetzen mit der *Qualitätsplanung*. Aufgabe ist es, Bedürfnisse und Erwartungen zu erfassen, diese in Vorgaben zu transformieren und Leistungen sowie Prozesse zu gestalten (vgl. Seghezzi 1996, S. 72). Im Rahmen der Qualitätsplanung werden Qualitätsanforderungen an die Prozesse festgelegt. Es sind dafür Qualitätsmerkmale auszuwählen, zu klassifizieren und mit Gewichten zu versehen (vgl. Wallmüller 1990, S. 19).
- Do: Das Äquivalent hierzu ist die *Qualitätslenkung*, welche auf die Einhaltung von Spezifikationen und die Beherrschung der Prozesse abzielt (vgl. Seghezzi 1996, S. 76). Hierfür sind zunächst geeignete Prozesse zu identifizieren und Massnahmen zum Erreichen der Prozesskonformität zu ergreifen. Produkt- und Prozessqualität müssen im Rahmen der Qualitätslenkung gemessen und in quantitativen Kennziffern ausgedrückt werden. Ein wichtiges Hilfsmittel für die Qualitätslenkung sind Qualitätsprüfungen (vgl. Wallmüller 1990, S. 19). Letztlich sind Verantwortlichkeiten für die Qualitätslenkung festzulegen und die Messergebnisse als Rückkopplung in Regelkreisen zurückzuführen.

- Check: Dieser Schritt, auch als *Qualitätssicherung* bezeichnet, ist als strukturelle Unterstützung der Qualitätsplanung und Qualitätslenkung zu verstehen, der darauf abzielt, Risiken systematisch zu erkennen, aufzudecken und ihre Wirkung zu bekämpfen (vgl. Seghezzi 1996, S. 108). Voraussetzung der Qualitätssicherung sind Risikoanalysen, wie beispielsweise die der Fehlermöglichkeits- und -einflussanalyse (FMEA) (vgl. Seghezzi 1996, S. 99).
- Act: Die vierte Phase entspricht der kontinuierlichen Verbesserung (*Qualitätsverbesserung*) des operativen Qualitätsmanagements (vgl. Seghezzi 1996, S. 111). Während Qualitätslenkung und Qualitätssicherung stabilisierend und veränderungshemmend wirken, fördert die kontinuierliche Verbesserung die dynamische Steigerung des Qualitätsniveaus. Als wichtigstes Instrumentarium der Qualitätsverbesserung sind Verbesserungsprojekte zu nennen.

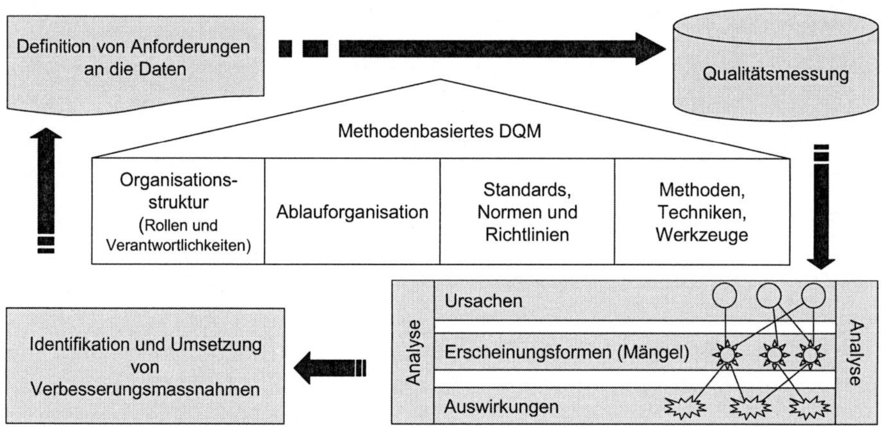

Abb. 6: Ganzheitliches Datenqualitätsmanagement (vgl. Helfert 2000, S. 68)

Ausgehend von obigem Verständnis des operativen Qualitätsmanagements soll im Folgenden ein Ansatz für ein ganzheitliches Datenqualitätsmanagement dargestellt werden.

3.2 Ganzheitliches Datenqualitätsmanagement

Das Datenqualitätsmanagement zielt auf eine kontinuierliche Verbesserung der Datenqualität ab und kann in vier Hauptprozesse untergliedert werden (vgl. Abb. 6). Im Anschluss an die Definition von Qualitätsanforderungen an die Daten, die sowohl technischen als auch fachlichen Charakter haben können, werden Qualitätsmessungen durchgeführt, deren Ergebnis Qualitätskennzahlen über den untersuchten Datenbestand sind. Darauf aufbauend werden Datenqualitätsmängel sowie deren Ursachen und Auswirkungen analysiert, so dass die Wirkungszusammenhänge bekannt sind. In der letzten Phase werden potenzielle Verbesserungsmassnahmen auf Basis einer Problemanalyse identifiziert und umgesetzt. Diese vier Hauptaktivitäten stellen keinen einmalig zu durchlaufenden Prozess dar, sondern sind vielmehr als iterativer Kreislauf zu verstehen, der eine kontinuierliche Datenqualitätsverbesserung sicherstellen soll (vgl. English 1999, S. 70ff.; Helfert 2000, S. 67).

Zur erfolgreichen Umsetzung der Hauptprozesse des Datenqualitätsmanagements im Unternehmen sind die folgenden drei Aspekte zwingend zu berücksichtigen. (vgl. Wolf 1999, S. 74):

- Die Verpflichtung des Managements, Datenqualität als Philosophie und Unternehmenskultur vorzuleben. Auf Basis formulierter Unternehmensgrundsätze und -ziele ist eine Datenqualitätspolitik und eine Datenqualitätsstrategie abzuleiten (vgl. Seghezzi 1996, S. 51).
- Ein Qualitätsmanagementsystem, welches den organisatorischen Rahmen darlegt, ist zu etablieren. Nach DIN ISO 8402 umfasst dieses die Aufbau- und Ablauforganisation, die Zuständigkeiten, Prozesse und Mittel für die Qualitätssicherung. Es stellt sicher, dass in allen Bereichen geeignete Prozesse, Richtlinien, Pläne sowie Test- und Prüfverfahren etabliert sind, die die geforderte Datenqualität gewährleisten. Hierzu ist eine ständige Überprüfung, Analyse und Verbesserung der gewählten Massnahmen und durchzuführenden Prozesse erforderlich.
- Zur Unterstützung der Mitarbeiter bei der Ausübung der Qualitätsprozesse sind in allen Phasen geeignete Methoden, Verfahren und Werkzeuge zur Verfügung zu stellen.

Nach der Darstellung der begrifflichen Grundlagen und der fundamentalen Konzepte soll im Folgenden eine Konkretisierung anhand des Datenqualitätsmanagements bei der Credit Suisse erfolgen. Hierzu wird sowohl auf die technische Realisierung als auch auf die organisatorische Einbettung eingegangen.

4 Datenqualitätsmanagement der Credit Suisse

4.1 Data-Warehouse-Architektur der Credit Suisse

Die Data-Warehouse-Architektur der Credit Suisse ist unterteilt in unterschiedliche Ebenen, die sich an der Data-Warehouse-Referenzarchitektur orientieren (vgl. Abb. 7):

- Datenquellen: Hierunter werden transaktionelle Systeme verstanden, die für das Data Warehouse relevante Daten enthalten. Die Daten werden für das Data Warehouse in Bereiche eingestellt, die als Feeder bezeichnet werden.
- Datenbereitstellung: Aus den Feedern werden die Daten extrahiert, auf der sog. Staging Area temporär zwischengespeichert und für das Data Warehouse aufbe-

reitet. Hierunter fallen Operationen wie Transformation, Integration und Bereiningung.

- Bereichsdatenbanken: Diese Datenbanken sind nach bankfachlichen Aspekten getrennte, historisierte Datentöpfe.
- Data Marts: Die Abfragen der Endbenutzer werden im Wesentlichen auf den Data Marts ausgeführt. Hierunter werden Modelle der Bereichsdatenbanken verstanden, die für bestimmte Analysewerkzeuge optimiert sind.
- Präsentation-Front-Ends: Auf dieser Ebene werden den Endbenutzern die Abfrageergebnisse entweder grafisch oder textuell präsentiert.

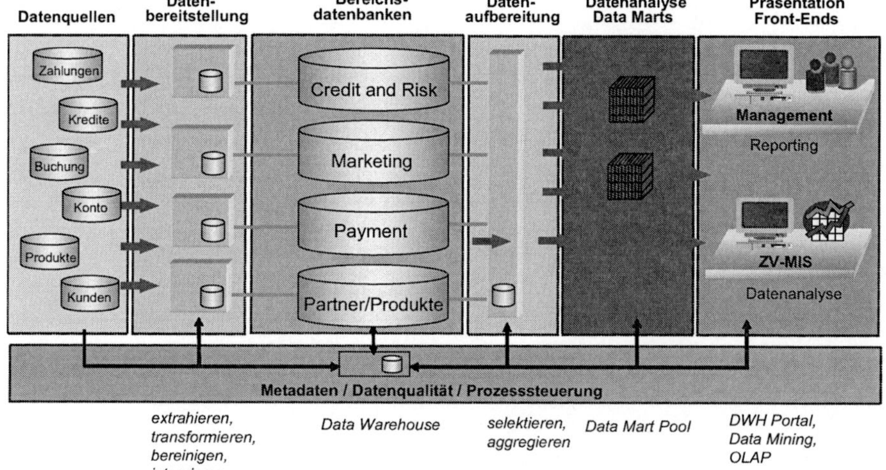

Abb. 7: Data-Warehouse-Architektur der Credit Suisse

Zusätzlich zu oben beschriebenen Ebenen existiert eine Metadatenverwaltung, die zur Steuerung des gesamten Data-Warehouse-Systems und zur Verwaltung aller relevanten Metadaten eingesetzt wird. Auch die Daten des Datenqualitätssystems sowie das Datenqualitätsmodul selbst sind auf dieser Ebene einzuordnen.

4.2 Technische Realisierung

Das Datenqualitätsmodul der Credit Suisse ist eingebettet in die Metadatenverwaltung. Es nutzt und erzeugt folgende Daten und Metadaten:

- Datenqualitätsregeln: Hierbei handelt es sich um Regeln, die auf den zu prüfenden Datenbestand angewendet werden können und feingranulare Qualitätsaussagen liefern. Es sind sowohl Regeln zur Überprüfung technischer als auch fachlicher Sachverhalte denkbar. Den einzelnen Regeln werden auch durchzuführende Aktionen bei Regelverletzungen zugeordnet.

- Datenqualitätsaussagen: Diese Metadaten resultieren aus der Anwendung der Qualitätsregeln auf die Daten. Anhand dieser Ergebnisse lassen sich Aussagen über die Qualität der Daten machen.
- Logfile als Fehlerprotokoll: Treten Regelverletzungen auf, so werden die fehlerhaften Datensätze in ein Logfile geschrieben, um die spätere Problemanalyse zu vereinfachen.

Den grundsätzlichen Aufbau des Datenqualitätsmoduls zeigt Abb. 8. Es werden die Bereiche Regelbildung, Messung und Ursachenanalyse unterschieden, auf die im Folgenden näher eingegangen werden soll.

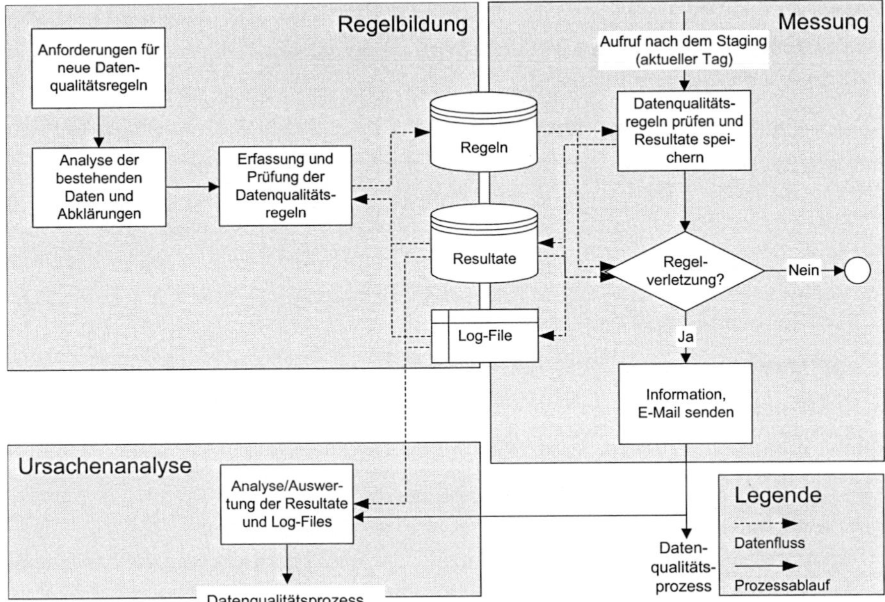

Abb. 8: Datenqualitätsmodul der Credit Suisse

Regelbildung

Die Spezifikation und Erfassung der Regelmengen zur Überprüfung der Datenqualität sind die wichtigsten und zugleich zeitaufwendigsten Aktivitäten des Datenqualitätsmanagements. Das Vorgehen zur Regelbildung gliedert sich in drei Schritte. Nach der Abklärung der Anforderungen an die neuen Datenqualitätsregeln werden die bestehenden Daten in Bezug auf die im ersten Schritt spezifizierten Anforderungen geprüft und analysiert. Anschliessend erfolgt die Erfassung der Datenqualitätsregeln in einer Regelmenge.

Regeln können in Form von SQL-Scripts spezifiziert und abgelegt werden. Pro Regel wird festgelegt, wie das Resultat bewertet wird und was nach der Prüfung geschieht (z. B. Versendung einer E-Mail oder SMS). Die Regeln können jederzeit ergänzt oder verändert werden.

Die Basis zur Regelspezifikation können Integritätsregeln für Datenbanken bilden. Hierbei werden statische, transitionale und dynamische Bedingungen unterschieden. Erstere schränken einen einzelnen Datenbankzustand ein, wohingegen transitionale Bedingungen auf zwei Datenbankzustände bezogen sind. Es werden mögliche Zustandsübergänge eingeschränkt. Dynamische Integritätsbedingungen stellen eine Verallgemeinerung der transitionalen dar, indem Folgen von Zustandübergängen eingeschränkt werden. (vgl. Heuer, Saake 2000, S. 496; Vossen 2000, S. 148f.). Eine weitere Möglichkeit zur Unterscheidung von Integritätsbedingungen stellt die Granularität der Bezugsobjekte dar. Bedingungen können sich auf Attribute, Tupel, Relationen oder Datenbanken beziehen (vgl. Heuer, Saake 2000, S. 507f.). Beispiele für Integritätsbedingungen sind:

- Ober- und Untergrenzen für Werte,
- Menge möglicher Werte,
- Pflichtfelder bzw. Ausschluss der Verwendung von Nullwerten,
- Schlüsselbedingungen,
- Fremdschlüsselbeziehungen und
- Aggregatbedingungen (z. B. Ober- und Untergrenze für die Summe der Guthaben).

Neben diesen Integritätsbedingungen sind noch weitere Regeln denkbar, wie z. B. (vgl. Elmasri, Navathe 1994, S. 149):

- Die Anzahl der Tupel einer Relation steht in Beziehung zur Anzahl der Tupel einer anderen Relation (z. B. die Anzahl der Konten ist grösser als die Anzahl der Kunden).
- Ein Wert ist zeitinvariant (z. B. das Geburtsdatum eines Kunden).
- Ein Attributwert zeigt im Zeitablauf ein ähnliches Verhalten wie ein zweiter Attributwert (z. B. das Kreditvolumen verhält sich linear zur Anzahl der Kunden).

Ein vereinfachtes Beispiel aus der Regelbasis zur Überprüfung der Anzahl der neu hinzugekommenen Zeilen nach einem Load stellt nachfolgender SQL-Ausdruck dar. Die Tabelle wird einmal im Monat aktualisiert und alle neu hinzugekommenen Tupel erhalten als Zeitstempel das Ladedatum, anhand dessen die Überprüfung stattfindet:

```
SELECT  count (*)
FROM    table_x a
WHERE   a.date_per = to_date('31.01.2002','dd.mm.yyyy')
```

Aus der Erfahrung ist dem Fachexperten beispielsweise bekannt, dass zu `table_x` pro Monat ca. 1000 neue Tupel hinzukommen. Weicht das Ergebnis des SQL-Statements jedoch deutlich von diesem Wert ab, so muss eine Fehlerüberprüfung stattfinden.

Ein weiteres Beispiel stellt die folgende Regel dar, die alle Konten zählt, für die das „closed flag" gesetzt ist, aber für die kein „closing date" angegeben ist:

```
SELECT  count(account_id)
FROM    accounts
WHERE   substr(appl_flags_1,8,1) = '1' AND
        account_closing_date is NULL
```

Das Ergebnis dieser Überprüfung muss Null ergeben, da es keine geschlossenen Konten ohne Enddatum geben darf. Grundsätzlich kann das Datenqualitätsmodul alle Regeln verarbeiten, die in Form von SQL-Statements spezifizierbar sind.

Die Oberfläche zur Verwaltung der Regeln zeigt Abb. 9. Einzelne Regeln können zu Regelmengen zusammengefasst werden, die jeweils abgeschlossene Sachverhalte überprüfen. Für jede Regel kann die gewünschte Wertemenge festgelegt werden, welche bei Fehlerfreiheit generiert wird. Hierbei kann bspw. unterschieden werden zwischen einem einzigen Wert und einem Intervall, in dessen Grenzen sich das Ergebnis der Qualitätsüberprüfung befinden sollte.

Messung

Sobald Regeln existieren, kann eine Datenqualitätsmessung durchgeführt werden. Hierbei werden die Regeln auf den Datenbestand angewendet und die Messresultate gespeichert. Des Weiteren werden bei Regelverletzungen die falschen Datensätze in einem Logfile abgelegt und es erfolgt eine Benachrichtigung des Datenqualitätsverantwortlichen bzw. des Entwicklers.

Das Datenqualitätsmodul wird zurzeit täglich auf der Ebene der Datenbereitstellung (vgl. Abb. 9) zur Überprüfung der Datenqualität der Extrakte auf der Staging Area eingesetzt. Diese Qualitätskontrolle stellt den letzten Job dar, bevor die Daten endgültig in die Bereichsdatenbanken geladen werden. Beim Resultat pro Regelprüfung wird anhand von Kennzahlen mit dazugehörigen Massangaben und Bandbreiten zwischen drei unterschiedlichen Qualitätszuständen unterschieden. Entweder sind die Daten nutzbar (grün), eingeschränkt nutzbar (gelb) oder nicht zu verwenden (rot). Diese Bewertung kann sich z. B. an der Anzahl oder der prozentualen Menge fehlerhafter Records ausrichten. Liegt die Qualität im gelben oder roten Bereich, so werden alle fehlerhaften Records ins Log-File geschrieben (Regel, Datum, Schlüssel, wichtige Felder), damit sie analysiert und später richtig nachgeliefert werden können.

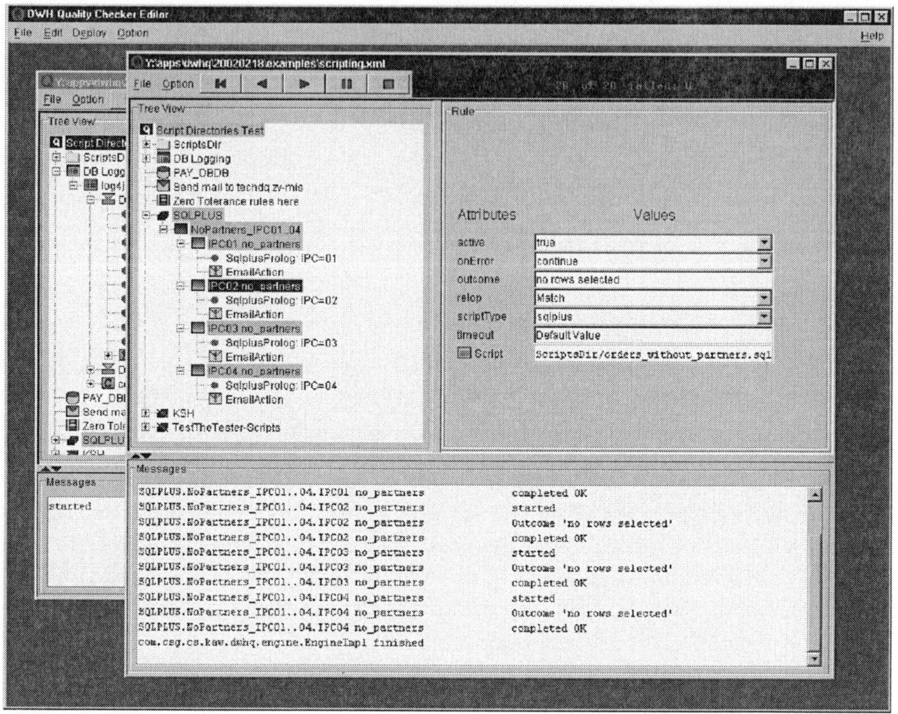

Abb. 9: Screenshot der Regelverwaltung

Ursachenanalyse

In der abschliessenden Ursachenanalyse werden die Messresultate und das Logfile zur eingehenden Analyse und Auswertung herangezogen, um eventuelle Massnahmen zur Qualitätsverbesserung zu identifizieren. Die Ursachenanalyse ist ein organisatorischer Prozess, der beim Auftreten von Fehlern angestossen wird. Prozessverantwortlich hierfür sind zunächst die Datenqualitätsverantwortlichen der IT-Abteilung sowie der Fachabteilung. Eine genauere Erläuterung des Prozessablaufs erfolgt in Kapitel 4.3.

4.3 Organisatorische Einbettung

Neben der technischen Umsetzung wurde im Sinne eines ganzheitlichen Datenqualitätsmanagements auch ein organisatorischer Datenqualitätsprozess spezifiziert. Dieser wird entweder beim Auftreten von Datenqualitätsproblemen oder durch Anforderungen bzgl. neuer Regeln angestossen und gibt sowohl die durchzuführenden Aktivitäten als auch die Verantwortlichkeiten vor (vgl. Abb. 10).

Die zentralen Rollen des Datenqualitätsprozesses besetzen zum einen der Datenqualitätsverantwortliche des IT-Bereichs und zum anderen der Datenqualitätsbeauftrag-

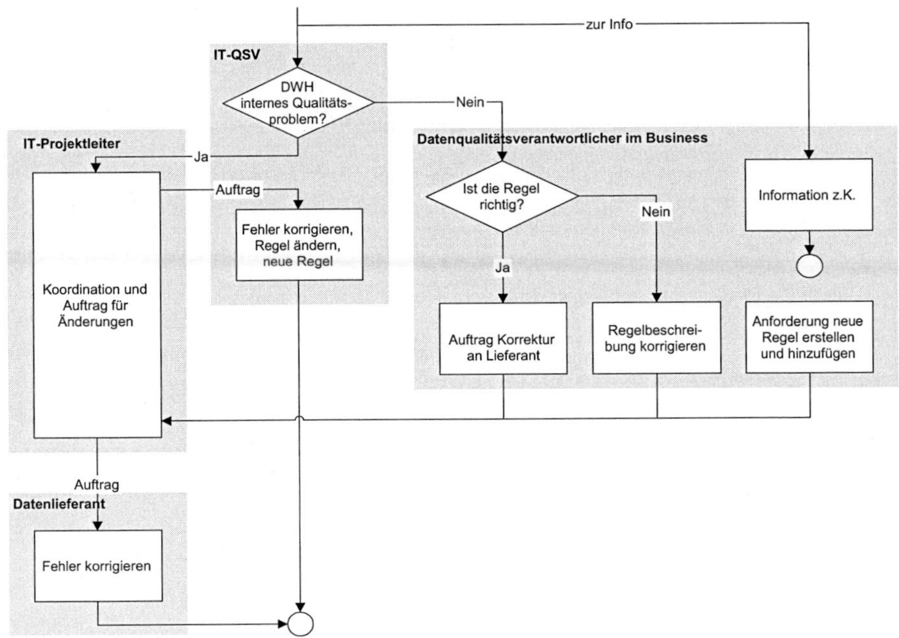

Abb. 10: Datenqualitätsprozess der Credit Suisse

te des Fachbereichs. Wird ein Datenqualitätsproblem durch das Datenqualitätsmodul festgestellt, so werden beide Stellen informiert. Der DQ-Beauftragte im IT-Bereich steht jedoch in der Verantwortung, zunächst zu entscheiden, ob es sich um ein technisches Problem handelt, welches von der IT-Abteilung selbstständig korrigiert werden kann, oder ob die Fachabteilung hinzugezogen werden muss. Im ersteren Fall wird ein entsprechender Auftrag an den IT-Projektleiter gegeben, wohingegen im letzteren Fall der Fachbereich die betroffene Regel prüft und entweder die entsprechende fehlerhafte Regelbeschreibung korrigiert oder andernfalls einen Auftrag an den Lieferanten gibt, das dort vorliegende Problem zu beheben. Die zentrale Rolle zur Koordination aller Änderungsanforderungen hat der IT-Projektleiter inne. In Abhängigkeit von den Anforderungen ist dieser daher verantwortlich, Aufträge zur Fehlerbehebung an den Datenlieferanten oder die IT-Abteilung zu erteilen.

Nach der Beschreibung der technischen und organisatorischen Realisierung des Datenqualitätsmanagements bei der Credit Suisse sollen im Folgenden die Erfahrungen seit Einführung des Datenqualitätsmanagements geschildert werden.

4.4 Erfahrungen

Die grössten Nutzenaspekte des Datenqualitätsmanagements liegen einerseits in der deutlichen Verbesserung der Qualität der Daten sowohl im Data Warehouse als auch in den Quellsystemen. Andererseits wird die Akzeptanz des Data-Warehouse-Systems bei den Endbenutzern gesteigert. Die Glaubwürdigkeit von Berichten und das

Vertrauen in vom Data Warehouse gelieferten Informationen wurden deutlich gestärkt.

Die Entwicklung des Datenqualitätsmoduls wurde in vier Monaten durchgeführt und erforderte einen Aufwand von 70 Personentagen. Das Budget verteilte sich wie folgt auf die unterschiedlichen Projektphasen:

- 50% Definition der Prüfungsregeln und Felderanalyse mit der Fachabteilung
- 30% Entwicklung des Datenqualitätsmoduls und Implementierung der Regeln
- 20% Testen und Einführung

Wie bereits aus der Budgetverteilung ersichtlich, waren insbesondere die Spezifikation betrieblicher Regeln durch die IT-Abteilung in Zusammenarbeit mit der Fachabteilung sowie die iterative Verfeinerung bzw. Prüfung der Regelmengen sehr zeit- und kostenintensiv. Kostentreiber waren sowohl die Identifikation der für das Datenqualitätsmanagement relevanten Felder als auch die Berücksichtigung von Ausnahmefällen, wodurch die Regeln teilweise sehr komplex wurden.

5 Zusammenfassung und Ausblick

Der Artikel konkretisiert den Begriff der Datenqualität, indem verschiedene Betrachtungsebenen unterschieden werden und daraus die zwei Qualitätsfaktoren Designqualität und Ausführungsqualität abgeleitet werden. Des Weiteren werden Qualitätskategorien und -merkmale für diese Faktoren beschrieben, die den Qualitätsbegriff charakterisieren, detaillieren und damit auch operationalisieren. Weiterhin wird der iterative Prozess eines umfassenden Datenqualitätsmanagements aufgezeigt, das nicht die einmalige Datenbereinigung, sondern die kontinuierliche Verbesserung der Datenqualität in allen Informationssystemen des Unternehmens zum Ziel hat.

Die theoretischen Ausführungen werden anhand des Fallbeispiels der Credit Suisse konkretisiert. Hierbei wird das ganzheitliche Datenqualitätsmanagement der Credit Suisse sowohl aus technischer Sicht als auch anhand des organisatorischen Datenqualitätsprozesses eingehend beschrieben. Es zeigt sich, dass vor allem die Spezifikation der Datenqualitätsregeln als auch die Regelverwaltung und -verfeinerung den grössten Teil des Datenqualitätsprojekts der Credit Suisse ausmachen. Das Projekt hat zu einer erheblichen Akzeptanzsteigerung bei den Nutzern des Data Warehouse sowie zu einer nachhaltigen Verbesserung der Datenqualität insbesondere auch in den operativen Systemen geführt.

Für zukünftige Ausbaustufen des Datenqualitätsmoduls ist geplant, sowohl die Messresultate als auch zusätzliche Informationen nicht nur der IT- sondern auch der Fachabteilung zugänglich zu machen, um so eine noch bessere Entscheidungsgrundlage zu bieten, wann Daten hinsichtlich ihrer Qualität nutzbar, bedingt nutzbar oder gar nicht verwendbar sind. Auch ist vorgesehen, das Datenqualitätsmodul auf allen Ebenen des Data-Warehouse-Systems einzusetzen und nicht nur auf der Ebene der Datenbereitstellung für die Bereichsdatenbanken. Weitere Einsatzgebiete sind Migrationsprojekte und Qualitätsvergleiche beim Wechsel von Datenquellen.

Literatur

Bleicher, K.: Das Konzept integriertes Management; Campus, Frankfurt a. M. u. a. 1992.

Eckerson, W. W.: Data Quality and the Bottom Line; TDWI Report, The Data Warehouse Institute 2002.

Elmasri, R., Navathe, S. B.: Fundamentals of Database Systems; 2. Aufl., Addison-Wesley, Reading u. a. 1994.

English, L. P.: Improving Data Warehouse and Business Information Quality: Methods for Reducing Costs and Increasing Profits; Wiley, New York u. a. 1999.

Helfert, M.: Massnahmen und Konzepte zur Sicherung der Datenqualität; in Jung, R., Winter, R. (Hrsg.): Data Warehousing Strategie: Erfahrungen, Methoden, Visionen; Springer, Berlin u. a. 2000, S. 61-77.

Helfert, M.: Planung und Messung der Datenqualität in Data-Warehouse-Systemen; Dissertation Universität St. Gallen, Bamberg 2002.

Heuer, A., Saake, G.: Datenbanken. Konzepte und Sprachen; 2. Aufl., mitp-Verlag, Bonn 2000.

Hinrichs, H.: Datenqualitätsmanagement in Data Warehouse-Umgebungen; in Heuer, A., Leymann, F., Priebe, D. (Hrsg.): Datenbanksysteme in Büro, Technik und Wissenschaft, 9. GI-Fachtagung BTW 2001, Springer, Berlin u. a. 2001, S. 187-206.

Hinrichs, H.: Datenqualitätsmanagement in Data Warehouse-Systemen; Dissertation Universität Oldenburg, 2002.

Jarke, M., Jeusfeld, M., Quix, C., Vassiliadis, P.: Architecture and Quality in Data Warehouses: An Extended Repository Approach; Information Systems, 24. Jg. (1999), Nr. 3, S. 229-253.

Jarke, M., Vassiliou, Y.: Foundations of Data Warehouse Quality – A Review of the DWQ Project; in Strong, D. M., Kahn, B. K. (Hrsg.): Proceedings of the 1997 Conference of Information Quality, MIT, Cambridge, MA 1997, S. 299-313.

Juran, J. M.: How to think about Quality; in Juran, J. M., Godfrey, A. B. (Hrsg.): Juran's Quality Handbook, 5. Aufl., McGraw Hill, New York u. a. 1999, S. 1-18.

o. V.: Qualitätsmanagement und Statistik : Verfahren 3 : Qualitätsmanagementsysteme : Normen; DIN Deutsches Institut für Normung (Hrsg.), Beuth, Berlin 1995.

Seghezzi, H. D.: Integriertes Qualitätsmanagement – das St. Galler Konzept; Hanser, München, Wien 1996.

Strong, D. M., Lee, Y. W., Wang, R. Y.: Data Quality in Context; Communications of the ACM, 40. Jg. (1997), Nr. 5, S. 103-110.

Vossen, G.: Datenmodelle, Datenbanksprachen und Datenbankmanagementsysteme; 4. Aufl., Oldenburg, München u. a. 2000.

Wallmüller, E.: Software-Qualitätssicherung in der Praxis; Hanser, München u. a. 1990.

Wand, Y., Wang, R. Y.: Anchoring Data Quality Dimensions in Ontological Foundations; Communications of the ACM, 39. Jg. (1996), Nr. 11, S. 86-95.

Wang, R. Y., Strong, D. M.: Beyond Accuracy: What Data Quality Means to Data Consumers; Journal of Management Information Systems, 12. Jg. (1996), Nr. 4, S. 5-33.

Wolf, P.: Konzept eines TQM-basierten Regelkreismodells für ein „Information Quality Management“ (IQM); Verl. Praxiswissen, Dortmund 1999.

Konzeption des Metadatenmanagements für das Data Warehousing der Winterthur Versicherungen

Urs Joseph, Paul Wittwer, Martin Stäubli, Toni Kaufmann

Winterthur Versicherungen

Gunnar Auth

Universität St. Gallen

Der vorliegende Beitrag gibt einen Überblick über die wesentlichen Ergebnisse eines Grundlagenprojektes zum Thema Metadatenmanagement im Data Warehousing bei den Winterthur Versicherungen. Ziel der Untersuchung war es, grundlegende Merkmale und Anforderungen eines integrierten Metadatenmanagements aufzuzeigen, den bisherigen Umgang mit Metadaten bei der Winterthur zu analysieren sowie eine Realisierungsempfehlung für das Metadatenmanagement im Kontext des Data-Warehouse-Gesamtprojekts zu erarbeiten.

1 Einleitung

Der vorliegende Beitrag fasst die wesentlichen Ergebnisse eines Grundlagenprojektes zum Thema Metadatenmanagement im Data Warehousing bei den Winterthur Versicherungen zusammen, das im Rahmen des Kompetenzzentrums Data Warehousing 2 (CC DW2) der Universität St. Gallen durchgeführt wurde. Ziel der Untersuchung war es, grundlegende Merkmale und Anforderungen eines integrierten Metadatenmanagements aufzuzeigen sowie eine Realisierungsempfehlung für das Metadatenmanagement im Kontext des Data-Warehouse-Gesamtprojekts zu erarbeiten. Dabei wurde eine primär benutzerorientierte Perspektive eingenommen, da sich der Nutzen eines Data Warehouse erst mit der Nutzung und dem Einsatz wertschöpfender Applikationen erschliesst und zudem wirtschaftlich rechtfertigen lässt (vgl. Joseph et al. (Konzept) 2000, S. 251). Im Verlauf der Untersuchung wurden folgende Teilziele behandelt:

- Schaffung einer theoretischen Grundlage, die einerseits die Bedeutung und Notwendigkeit eines Metadatenmanagements und andererseits die Bildung eines Begriffssystems im Kontext des Metadatenmanagements motiviert;

- Strukturierung der Metadaten auf der Grundlage einer logischen Sicht auf die Data-Warehouse-Architektur entlang eines generalisierten Extraktions- und Transformationsprozesses für Daten;
- Positionierung des vorhandenen WinRepository zur Standardisierung von Datenstrukturen im Metadatenmanagement;
- Entwurf und Beurteilung einer Informationssystemarchitektur und Software-Infrastruktur für das Metadatenmanagement;
- Identifizierung spezifischer Metadatenquellen, um relevante Metadatenobjekte für die Verwendung in einem semantischen Metadatenmodell zu ermitteln.

Zu Beginn des Beitrags stehen ausgewählte Projekte im Mittelpunkt der Ausführungen. Zunächst wird jedes Projekt überblicksartig beschrieben, anschliessend werden erste Schlussfolgerungen gezogen. Überlegungen zur Entwicklung eines Metadatenmanagement-Systems für die Winterthur Versicherungen bilden den Hauptteil des Beitrags. Schlussendlich werden verschiedene Varianten zur Realisierung eines Metadatenmanagement-Systems beschrieben und das weitere mögliche Vorgehen vorgeschlagen.

2 Ausgangssituation und bestehende Metadatenansätze

Um einen Einstieg in den Themenkomplex Metadatenmanagement zu finden, wurde im Juni 2000 in Zusammenarbeit mit dem CC DW2 eine Untersuchung durchgeführt, die darauf zielte, in den existierenden Auswertungssystemen MDB, DAWAMALT, MIS und StatIS Problemfelder zu identifizieren, die von einem integrierten Metadatenmanagement profitieren würden. Hierzu wurden für jedes System der Projektleiter und zwei Endanwender mit Hilfe eines standardisierten Gesprächsleitfadens befragt. Um die Mitarbeiter nicht mit ihnen unbekannten Konzepten zu belasten, wurde der potenzielle Nutzen eines Metadatenmanagements nicht explizit thematisiert. Die Fragen wurden vielmehr so formuliert, dass Probleme bei Entwicklung und Nutzung der Auswertungssysteme möglichst umfassend erhoben werden konnten. Ziel der Befragung der Projektleiter war es, Probleme aus der Informatiksicht aufzudecken. Die Befragung der Projektleiter beinhaltete Fragen zu den sieben Bereichen:

- Metadaten Source Systeme,
- Datenqualität,
- Transformation/ETL,
- Cleansing,

- Organisation,
- Anlieferung (Push-/Pull-Prinzip) und
- laufender Betrieb.

Der Fragebogen für die Endanwender zielte darauf ab, die Anforderungen der Fachabteilungen an erklärenden Informationen (Metadaten) für die Auswertungssysteme zu ermitteln. Dazu wurde in einem ersten Teil nach Zufriedenheit, Nutzungsgewohnheiten, Datenqualität und Datenaktualität gefragt. Im zweiten Teil konnten die Anwender Wichtigkeit, Häufigkeit der Verwendung und Verfügbarkeit von erklärenden Informationen bewerten.

Auf der Grundlage der Untersuchungsergebnisse wurden vom Untersuchungsteam diejenigen Problemfälle identifiziert, die Bezug zum Metadatenmanagement aufweisen. Diese Problemfälle sind in zwei Kategorien von Problemkreisen mit jeweils direktem und indirektem Bezug zum Metadatenmanagement gegliedert. Dabei ist der Bezug als wechselhafte Beziehung zu verstehen: Ein explizit betriebenes Metadatenmanagement würde auf der einen Seite zu direkten/indirekten Verbesserungen der einzelnen Problemkreise führen. Auf der anderen Seite führen auch Verbesserungen in einzelnen Problemkreisen zu einer Verbesserung des gesamten Metadatenmanagements. In möglichen Metadatenprojekten zu einem späteren Zeitpunkt sind daher die Problemkreise mit direktem Bezug vorrangig zu behandeln. Neben der Abgrenzung der Problemkreise wurden bereits erste Anregungen für Lösungsansätze vorgeschlagen.

Problemkategorien mit direktem Bezug zum Metadatenmanagement		
Kategorien	**Probleme**	**Lösungsansätze**
Glossare	Anwender wünschen/ brauchen/verwenden Glossare.	Begriffsdefinitionen müssen vorhanden sein und folgende Anforderungen erfüllen: • leicht auffindbar • einfach bedienbar • schnell kommunizierbar • aktuell • systemübergreifend gültig • organisatorisch klar verankert
Primärsysteme, Schnittstellen, ETL	Qualität der Daten, Organisation der Verantwortlichkeiten, elektronische Kommunikation, Schnittstellen.	Steuerung der Schnittstellen über Metadaten.

Tab. 1: Problemkategorien mit direktem Bezug zum Metadatenmanagement

Problemkategorien mit direktem Bezug zum Metadatenmanagement (Forts.)		
Kategorien	**Probleme**	**Lösungsansätze**
Informations-versorgung der Anwender	Anwender wünschen oftmals aktiven Informationspush durch IT/Entwickler/Administratoren.	Benötigte Informationen durch Metadatensystem bereitstellen. Aktiv Anwender informieren bspw. bei Schema-Änderungen und Ladevorgängen.
Laufender Betrieb aus Projektsicht	Individuelle Abfragen, neue Reports, Kennzahlen oder Änderungswünsche der Anwender.	Implementierung von Änderungen durch konsistentes und aktiv betriebenes Metadatenmanagement unterstützen. Beispiele: Inventarisierung bereits existierender Reports oder Einführung von Change Management für Änderungen.

Tab. 1: Problemkategorien mit direktem Bezug zum Metadatenmanagement (Forts.)

Aus den Ergebnissen wird deutlich, dass ein Bedarf sowohl an einer Versorgung mit fachlichen und technischen Metadaten als auch an organisatorischen Regelungen für die Nutzung und Verwaltung der Metadaten vorhanden ist. Die Untersuchung zeigt weiter, dass die Projektleiter mit dem bisherigen Metadatenmanagement nicht zufrieden sind. Unzufriedenheit herrscht an erster Stelle mit der momentan vorhandenen Datenqualität in den Auswertungssystemen. Hier verspricht man sich von einem integrierten Metadatenmanagement deutliche Verbesserungen. Die Hauptursache für unzureichende Datenqualität in den Auswertungssystemen ist jedoch die Datenqualität der vorgeschalteten Quellsysteme. Hierauf hat das Metadatenmanagement nur indirekten Einfluss durch Bereitstellung von einheitlichen Begriffsystemen und Definitionen. Verbesserungen werden also indirekt durch eine Dokumentationsfunktion für den Nutzer erreicht. Auch den übrigen Problemkreisen wurde von den Projektleitern Bedeutung zugemessen, die sich jedoch in ihrer Gewichtung von Projekt zu Projekt unterschieden.

Bei den Anwendern existiert darüber hinaus nur ein vages Bewusstsein für die Thematik und dadurch bedingt eine geringe Wertschätzung für die Bemühungen zur Verbesserung des aktuellen Zustands. Dies änderte sich bei den befragten Personen schnell in starkes Interesse, wenn die Zusammenhänge und die Auswirkungen auf die Arbeit mit den Auswertungssystemen verdeutlicht wurden.

Im Bereich der analytischen Informationssysteme, die im Data Warehousing der Winterthur zum Einsatz kommen, werden Metadaten bereits in mehr oder weniger ausgeprägtem Mass genutzt. Im folgenden werden die im Rahmen der Studie betrachteten Systeme kurz charakterisiert und der jeweilige Umgang mit Metadaten beschrieben.

Problemkategorien mit indirektem Bezug zum Metadatenmanagement		
Kategorien	**Probleme**	**Lösungsansätze**
Datenqualität	In allen Auswertungssystemen problematisch. Stark abhängig von Primärsystemen. Mangelnde Datenqualität führt zu fehlendem Vertrauen. Verbesserung ist sehr aufwendig.	Datenqualitätsprobleme sind indirekt durch ungenügendes Metadatenmanagement verursacht. Verbesserungen beim Metadatenmanagement bewirken somit Verbesserung der Datenqualität.
Cleansing (insbesondere historisierter Daten)	Wiederaufbereiten historisierter Daten ist sehr zeitaufwendig. Dies ist Ursache für Ungenauigkeiten in Zeitreihenanalysen. Damit können Auswertungssysteme ursprüngliche Ziele nicht mehr erfüllen.	Metadatengesteuerte Datenadministration kann eine spätere Bereinigung und Anpassung an aktuelle Geschäftsbedingungen ermöglichen.
Organisatorische Definitionen	Zusammenarbeit basiert auf freiwilliger Bereitschaft und kollegialen Beziehungen, da Verantwortlichkeiten zwar bekannt aber nicht definiert sind. Dieses Problem stellt sich besonders bei neuen Projekten.	Verantwortlichkeiten für Daten(strukturen) in das Metadatensystem aufnehmen. Gerade für Auswertungssysteme müssen die Projektleiter auch auf Entwicklungen oder Anpassungen in den Quellsystemen Einfluss nehmen können.

Tab. 2: Problemkategorien mit indirektem Bezug zum Metadatenmanagement

2.1 Marketingdatenbank (MDB)

Das Ziel des Projektes „Marketingdatenbank" der Winterthur Versicherungen ist es, bereits vorhandene Daten zu kanalisieren und in Form einer Kundengesamtsicht verfügbar zu machen. Dadurch wird die infrastrukturelle Voraussetzung zur Implementierung des Customer Relationship Management und des Database Marketing geschaffen.

Das Thema Metadaten wurde im Projekt MDB bereits frühzeitig adressiert. Bereits mit dem Beginn der Datenmodellierung wurde über Metadaten diskutiert. Da das Projekt MDB in vielen Fällen neue Technologien einsetzt (Unix, Internet, usw.), griffen die bisherigen Metadatenabläufe nicht mehr. Für das MDB-System wird das kommerzielle ETL-Tool PRISM Warehouse Executive eingesetzt, welches die Metadaten intern verwaltet und welches nicht ohne weiteres ins bestehende Metadaten-Umfeld integriert werden kann. Die Winterthur verfügt ebenfalls über Lizenzen des Produkts PRISM Warehouse Directory, das jedoch vom Markt verschwinden wird und in ein anderes Produkt mit dem Namen Metastage der Firma Ardent integriert werden soll (vgl. Frie, Strauch 1999). Zu früheren Zeitpunkten im Projekt ist der Einsatz von PRISM Warehouse Directory als Metadaten-Tool favorisiert worden, da diese Software eine direkte Schnittstelle zu PRISM Warehouse Executive besitzt. Ebenso können damit laut Herstellerangaben ERWin-Dateien integriert werden. Mehrere Testinstallationen haben gezeigt, dass die Handhabung von PRISM Warehouse Directory sowohl für die Administration als auch für die Anwender sehr komplex ist. Ebenfalls hat sich gezeigt, dass die Schnittstelle zur eingesetzten Modellierungsoftware (ERwin) nicht richtig funktioniert. So wurden die Beschreibungen nicht vollständig übernommen und auch die erfassten Constraints usw. konnten nicht übernommen werden. Da mittelfristig eine Ablösung der gesamten PRISM-Software im Projekt MDB geplant ist, wurde diese Variante nicht weiterverfolgt.

Versuche bei der Herstellerfirma, den Stand der Schnittstellenanpassungen zwischen den PRISM-Produkten und den Metastage-Tools zu erfahren, sind bis zum Sommer 2000 gescheitert. Ebenfalls wären zusätzliche Lizenzkosten in beträchtlicher Höhe auf das Projekt Marketingdatenbank zugekommen. Zusätzlich wurde die Ablösung von PRISM als Extraktionstool mittelfristig geplant, wobei zwingend die gesamte Schnittstellenproblematik neu aufgerollt werden müsste. Deshalb wurde auch die Alternative Metastage nicht mehr weiterverfolgt.

Der Entschluss für die Entwicklung der eigenen Metadaten-Lösung MetaInfo wurde durch das Extraktions-Team getroffen, da Anfragen bezüglich Metadaten von den verschiedenen Datenempfängern immer häufiger wurden und sich keine Entscheidung über eine Metadatenverwaltung im Projekt wie auch allgemein in der Informatik der Winterthur Versicherungen abzeichnete. Als Hauptanforderung der Benutzer stand der Wunsch nach einem Tool im Vordergrund, welches die Beschreibungen der Daten zentral in strukturierter Form ermöglicht. Ein Tool, in dem Informationen aus den verschiedensten Quellen (Modell, Codes, Daten, IT, Fachbereich) zentral zusammenlaufen, kann jederzeit an eine zukünftige Metadatenverwaltung weitergegeben werden.

Von Anfang an wurde MetaInfo nicht als umfassende Metadatenverwaltung konzipiert. Dafür fehlen einige wichtige Eigenschaften. MetaInfo ist vielmehr eine Datenbeschreibungsapplikation, mit welcher der interessierte Benutzer auf einfache Art und Weise sehr schnell und umfangreich zu seinen Informationen kommen kann.

Mittlerweile ist das Tool im produktiven Einsatz und hat sich für seinen beschränkten Zweck gut bewährt. MetaInfo wird von den Anwendern gut angenommen, und es gibt bereits Anforderungen für Erweiterungen. Besonderer Bedarf besteht für eine durchgängige Abbildung der Schnittstellen zwischen den Primärsystemen und der MDB-Datenbank. Ebenfalls fehlt eine Anbindung an das WinRepository für Datenstrukturen auf OS/390. Diese zwei Punkte sind wegen fehlender technischer Grundlagen bisher nicht realisiert worden. Durch eine solche Anbindung könnten viele Probleme gelöst werden. Auch wurde bei der Realisierung der Bereitstellung von technischen Metadaten wenig Beachtung geschenkt.

2.2 Führungsinformationssysteme MIS und StatIS

Das Projekt MIS befasst sich mit der Bereitstellung von Führungsinformationen. Im Mittelpunkt des Führungsinformationssystems stehen insbesondere quantifizierbare Führungsgrössen, die auf allen Hierarchiestufen und Organisationseinheiten operationalisiert werden können. Die Wahl fiel auf die betriebswirtschaftlich relevanten Grössen Wachstum und Ertrag. Hinzu kommen Analysegrössen, die in Verbindung mit den Führungsgrössen gewonnen werden, um bekannte Wirkungszusammenhänge zwischen Führungs- und Analysegrössen zu dokumentieren. Darüber hinaus können Planwerte erfasst werden, um Zielvorgaben für Führungs- und Analysegrössen festzulegen.

Das Projekt StatIS hat die Schaffung einer Datenbasis für Analyse- und Kalkulationszwecke zum Ziel. Die im Rahmen von StatIS aufgebaute Datenbank bedient in erster Linie die Fachabteilung Mathematik mit Informationen. Während die Organisationseinheit Statistik die Datenbasis auswertet, führt die Fachabteilung Mathematik schwerpunktmässig Vertragsanalysen zur Prämienkalkulation durch.

Das Metadatenmanagement in den Projekten MIS und StatIS existiert in der Form eines zweckerfüllenden Hilfesystems, welches zum Beispiel Auskünfte über den Zustand der präsentierten Daten (Aktualität, Qualität etc.) erteilt. Der wichtigste Teil dieses Hilfesystemes ist die Beschreibung von Begriffen und Auswertungspositionen sowie der Berechnungsformeln von berechneten Spalten. Fachabteilung und Mathematik definieren die Beschreibungen zu den Begriffen. Die Projektgruppe MIS übernimmt diese in eine SAS-Applikation. StatIS hat dieses Vorgehen sowie die gesamte technische Lösung von MIS übernommen. Somit sind die beiden Systeme in dieser Hinsicht identisch.

Während die MIS-Anwender zum Zeitpunkt der Studie keine weitergehenden Anforderungen an das Metadatenmanagement stellten, wünschen die StatIS-Anwender vermehrt Informationen rund um die Entstehung der präsentierten Analyseergebnisse wie z. B. die Anzahl ausgeschiedener Verträge wegen „NSK“ (Nicht Systemkonform“), „NTK“ (Nicht Tarifkonform), „Rahmenvertrag ohne Prämie“ etc. oder wieviel Schäden keinem Vertrag zugeteilt werden konnten (Anzahl, Totalaufwand etc.). Gleichermassen interessieren Veränderungsfaktoren und Nachtragsquoten sowie Durchschnittssätze, welche in die Schäden eingerechnet wurden. Zusätzliche Angaben über Besonderheiten im betreffenden Statistikjahr, welche das Ergebnis beeinflussen etc., sind ebenfalls Unterstützungen für die Anwender beim Beurteilen der

Statistikgrössen. Weitere Anforderungen an ein Metadatenmanagement erwachsen aus dem Bereich der Datenqualität. Diesbezüglich wäre für die Statistikmitarbeiter eine entsprechende Informationsplattform über Änderungen und Besonderheiten der operativen Daten von grossem Nutzen. Ebenso hilfreich wäre eine funktionierende Rückkopplung gemachter Erfahrungen in der Datenaufbereitung der Statistik. Durch einen stetigen Kreislauf von Informationen und Rückkopplung würde eine Steigerung der Datenqualität erreicht.

2.3 WinRepository

Seit 1998 wird bei der Winterthur ein Standardwerkzeug für die Metadatenverwaltung auf der Host-Plattform eingesetzt. Mit diesem Werkzeug werden verschiedene, über ein Metamodell verbundene Anwendungen betrieben, wobei zur Zeit der Schwerpunkt auf der Dokumentation und Generierung von Datenstrukturen für die operativen Backend-Systeme der Winterthur liegt. Als Zielgruppe ist vor allem die Systementwicklung/IT angesprochen.

Mit der Anwendung WinDataDictionary werden die Datenstrukturen und DB2-Daten der Backend-Systeme bewirtschaftet, welche im DWH als Quellsysteme fungieren.

Mit der Anwendung WinServiceRepository werden Schnittstellen für CORBA-Services der Backend-Systeme dokumentiert und transparent gemacht. Weitergehende Dokumentationen in Form von unstrukturieren Informationen in Word und Lotus Notes sind ebenfalls eingebunden

Mit der Anwendung WinElementRepository wird die Möglichkeit geschaffen, einzelne Datenelemente als Building Blocks der Informationsverarbeitung gezielt zu bewirtschaften, um bestehende Redundanzen zu dokumentieren und für die Zukunft Standards und gezieltere Wiederverwendung zu ermöglichen. Über diese Anwendung sind auch WinServiceRepository und WinDataDicionary miteinander lose verbunden.

2.4 Zusammenfassung und Schlussfolgerungen

Aus der Umfrage zum Metadatenmanagement und der Analyse des derzeitigen Umgangs mit Metadaten wird deutlich, dass in allen betrachteten Projekten bereits Ansätze eines Metadatenmanagements vorhanden sind, die aus einem Bedarf an Metadaten sowohl der Fachbereiche (primär MIS, StatIS und MDB) als auch der Informatik (primär Repository) resultieren. Einen Überblick über die momentane Applikationslandschaft für die Datenanalyse bei der Winterthur und wichtige Architekturkomponenten sowie die Datenflüsse zwischen diesen zeigt Abb. 1.

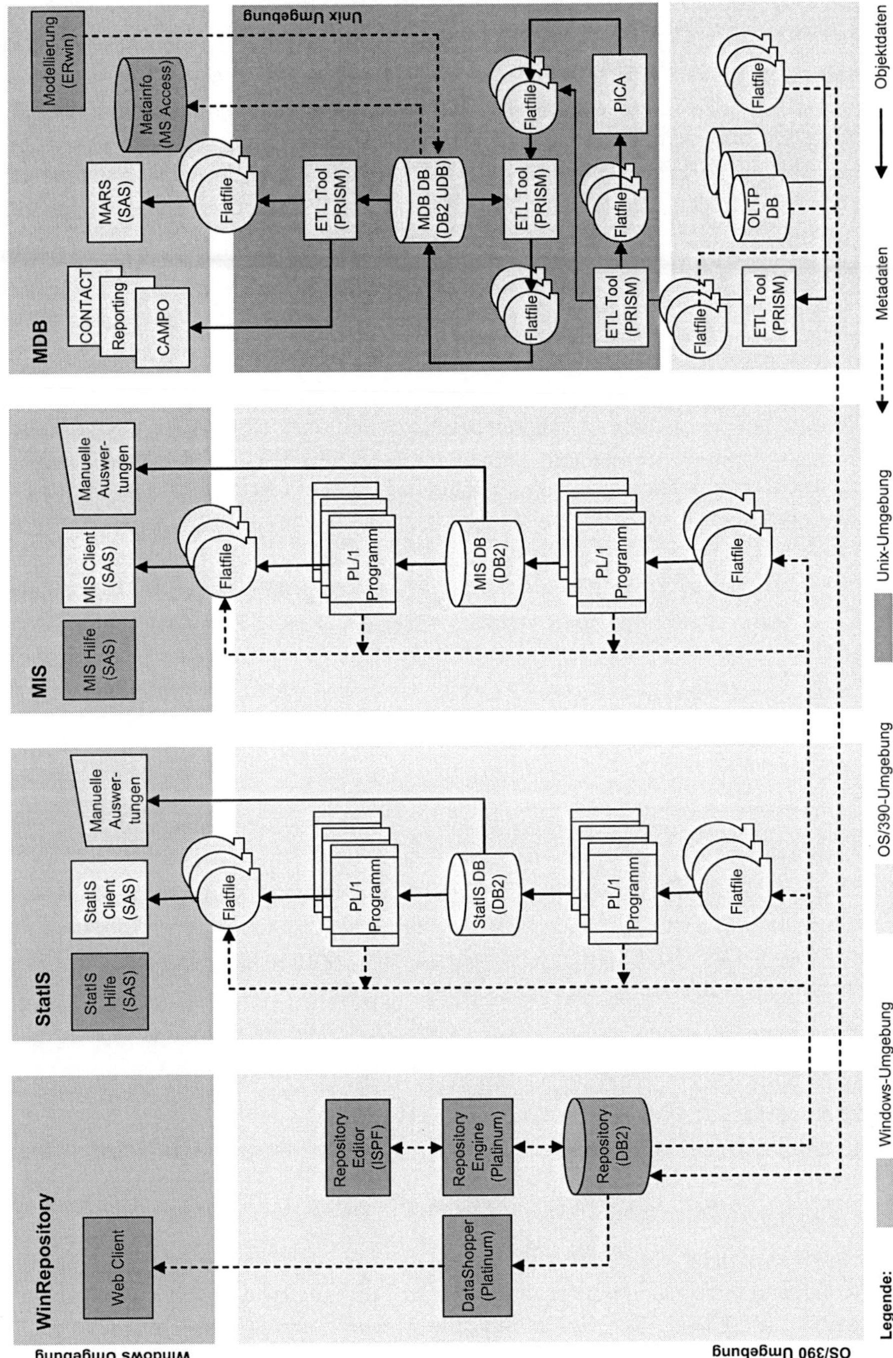

Abb. 1: Ist-Situation der Applikationslandschaft Datenanalyse

Dargestellt sind die Teilarchitekturen der Systeme WinRepository, StatIS, MIS und MDB. Die farbliche Hinterlegung dient der Kennzeichnung der unterschiedlichen Betriebssystem-Plattformen, auf denen einzelne Teilsysteme laufen. Während die Clients mit den Benutzerschnittstellen bei allen vier Systemen auf Windows NT/2000 laufen, findet ein Grossteil der Datentransformation und -speicherung auf OS/390 statt. Eine Ausnahme bildet das MDB-System, bei dem die zentrale Datenbank und grosse Teile der ETL-Abläufe Unix-basiert sind.

Der Fluss der eigentlichen Nutzdaten ist in der Abbildung durch schwarze Pfeile dargestellt. Dagegen ist der Fluss der Metadaten durch gestrichelte Pfeile abgebildet. Architekturkomponenten, die primär die Verwaltung oder Bereitstellung von Metadaten realisieren (z. B. MDB-MetaInfo), sind farblich von den übrigen Komponenten abgehoben.

Die Darstellung zeigt, dass Metadaten bereits an mehreren Stellen der Applikationslandschaft gezielt verarbeitet und genutzt werden. Diese lokalen Metadatenaktivitäten laufen allerdings momentan weitgehend unabhängig voneinander ab. So werden im WinRepository bereits Metadaten für MIS und StatIS verwaltet und zur Generierung der Datenstrukturen genutzt, während MDB eine eigene Metadatenmanagement-Lösung realisiert hat. Bei den im WinRepository integrierten Metadaten aus MIS und StatIS handelt es sich um überwiegend technische Metadaten, wie Datenstrukturen und Programmbeschreibungen, deren Zweck momentan hauptsächlich eine Standardisierung bei der Entwicklung der Primärsysteme ist. Genutzt werden diese Metadaten daher auch nahezu ausschliesslich von Entwicklern. Der Bedarf an fachlichen Metadaten der Endbenutzer (z. B. Begriffsdefinitionen) wird bei MIS und StatIS durch ein SAS-basiertes Hilfesystem gedeckt. Begriffsdefinitionen für das Hilfesystem werden von Fachabteilung und Mathematik festgelegt und von der Projektgruppe MIS in die SAS-Applikation übernommen.

Eine gezielte Realisierung von Nutzenpotenzialen, die auf einem integrierten Metadatenbestand basieren (z. B. Auswirkungsanalysen, Automation von Administrationsprozessen und Verbesserung der Datenqualität), wird in der momentanen Ist-Situation durch mehrere Faktoren behindert:

- Die Verwaltung von vorhandenen Metadaten findet in mehreren logisch und physisch getrennten Systemen statt (WinRepository, MDB, SAS).
- Die vorhandenen Metadaten sind zudem in fachliche und technische Metadaten unterteilt, die nicht zueinander in Beziehung gesetzt werden. Entwickler nutzen wenig bis keine fachlichen Metadaten, während Endbenutzer aus den Fachabteilungen nur beschränkt Zugang zu technischen Metadaten haben.
- Das Bewusstsein für den Nutzen von Metadaten ist noch wenig verbreitet. Entsprechend fehlt auch eine organisatorische Verankerung des Metadatenmanagements. Metadatenprozesse laufen überwiegend implizit ab und sind nicht eindeutig definiert.

- Es werden überwiegend Metadaten verarbeitet, die aus den existierenden Informationssystemen gewonnen werden können. Metadaten, die in Form von unstrukturierten Dokumenten (z. B. Lotus Notes) vorliegen, werden nicht einbezogen.
- Die momentan genutzten Metadaten stellen zwei isolierte Sichten auf die beschriebenen Daten dar: Während in StatIS- und MIS-Hilfe Begriffe aus Sicht der Fachabteilungen beschrieben sind, verwaltet das WinRepository den Begriffen zugrundeliegende Datenstrukturen, die aus Informatiksicht beschrieben sind. MetaInfo/MDB integriert zwar beide Sichten, ist aber nicht mit StatIS/MIS und WinRepository verbunden.
- Es existiert keine Informationssystem-Infrastruktur, die auf die Unterstützung eines ganzheitlichen Metadatenmanagements für das Data Warehousing ausgerichtet ist (Metadatenmanagement-System).

Nachfolgend wird eine Konzeption für ein ganzheitliches Metadatenmanagement bei den Winterthur Versicherungen beschrieben, die auf die Beseitigung der hemmenden Faktoren und eine gezielte Realisierung von Nutzenpotenzialen zielt. Dazu müssen sämtliche Benutzertypen unterstützt werden, um somit zu einer Steigerung von Effektivität und Effizienz des gesamten Data Warehousing zu gelangen.

3 Einsatz- und Nutzenpotentiale einer Metadatenmanagement-Lösung

Ein Data Warehouse soll als unternehmensweite Datenbasis die Informationsversorgung wertschöpfender Geschäftsbereiche und -prozesse mit zuverlässigen, zeitrichtigen, genauen und verständlichen betrieblich relevanten Informationen aus verschiedenen Unternehmensbereichen gewährleisten. Der Aufbau und der Betrieb eines Data Warehouse stiftet noch keinen Nutzen. Erst mit der aufgabenwirksamen Nutzung eines Data Warehouse können die erwarteten Nutzenpotenziale erzielt werden, die sich schliesslich langfristig auch auf den Unternehmenserfolg auswirken werden. Data-Warehouse-Nutzer sollen in die Lage versetzt werden, die zur Bewältigung der Aufgaben benötigten Informationen aus dem Data Warehouse herauszufiltern. Im Rahmen ihrer Aufgabenerfüllung benötigen sie Informationen über Datenquellen, Transformationen und Verdichtungen. Darüber hinaus müssen sie die Relevanz des Datenmaterials für die Aufgabenstellung beurteilen können, um die „richtigen" Daten in den Kontext ihrer Aufgabenstellung einordnen zu können. Die systematische Auswertung und Verknüpfung von Informationen sowie Herstellung von Zusammenhängen stellen einen wichtigen Erfolgsfaktor im Data Warehouse dar. Schliesslich gilt es, Tarife und Produkte unter Berücksichtigung identifizierter Risikofaktoren und Kostenaspekte zu kalkulieren und unmittelbar in erfolgswirksame Massnahmen umzusetzen. Für die Realisierung der Massnahmen sind die verschiedenen Vertriebs- und Kommunikationswege einzubeziehen. Erfolgskontrollen sind unter diesen Umständen nur schwierig durchführbar.

Grundsätzlich ist der Gedanke, Metadaten zum besseren Verständnis von Informationsobjekten und ihren Beziehungen zu verwenden, nicht neu. Das Bewusstsein über die Notwendigkeit und den Nutzen von Metadaten hat jedoch im Rahmen des Data Warehousing neue Bedeutung erlangt. In Verbindung mit dem betrieblichen Informationsmanagement unterstützen und ermöglichen Metadaten bereits seit langem die Administration von Datenhaltungssystemen (Datenbanken, Dateisystemen usw.), der Organisation von Benutzer- und Zugriffsberechtigungskonzepten und dokumentieren Verknüpfungen zwischen Datenfeldern, Programmen und Programm- oder Systemschnittstellen. In diesem Zusammenhang werden Metadaten beziehungsweise Metadaten-Repositories fast ausschliesslich in der Daten(bank)administration oder der Software-Entwicklung eingesetzt, d. h. im operativen Bereich des Informationsmanagements. Diese Erkenntnis hat sich bereits in der Realisierung des WinRepositories manifestiert. Der Einsatz und die Verbreitung von Metadaten-Repositories blieben in der Praxis jedoch hinter den Erwartungen zurück. Dies ist darin begründet, dass während der Systementwicklung die Ressourcen für die Erstellung und Pflege von Metadaten nicht verfügbar gewesen sind beziehungsweise bereitgestellt wurden. Obwohl die Nutzenpotenziale offensichtlich erkannt worden sind, verhindern oft kurzfristig zu erzielende Nutzenerwartungen die Bereitschaft für diese Investition. Metadaten realisieren jedoch nicht kurzfristig einen Nutzen. Die Einführung einer Metadatenmanagement-Lösung muss frühzeitig geplant und konzipiert werden. Zumindest sollte man bei der Entwicklung des Data Warehouse technische, konzeptionelle und organisatorische Integrationsmöglichkeiten antizipieren. Im Idealfall wäre eine Realisierung parallel zur Implementierung des Data Warehouse sinnvoll, was sich jedoch meist aus wirtschaftlichen Überlegungen als kritisch für den Erfolg des Data-Warehouse-Projekts erweisen könnte.

Einen direkten Zugriff auf das Data Warehouse oder die geschäftsbereichsbezogenen Data Marts - im Folgenden zusammenfassend als Data-Warehouse-System bezeichnet - durch den Benutzer unterscheidet sich grundsätzlich nicht von dem Zugriff auf Daten in den operativen Systemen, die mit Hilfe der Applikationslogik der Anwendungssysteme erfolgen würde. Der entscheidende Nutzenvorteil gegenüber einer herkömmlichen applikations- und anwendungsorientierten operativen Systemarchitektur entsteht im Data Warehousing, abgesehen von der zentralen Datenbasis, erst durch die Nutzung. Wie bereits oben ausgeführt, erschwert der direkte Zugang zur Datenbasis die Nutzung des Data-Warehouse-Systems. Der Benutzer ist daher durch eine zusätzliche Informationsbasis neben dem Data-Warehouse-System bei der Suche, dem Zugriff und der Auswertung der Informationsbasis zu unterstützen. Zu diesem Zweck wird im Data Warehousing im Zusammenhang mit dem Metadatenmanagement ein Metadatensystem als zentrale Komponente aufgebaut. Aus Benutzersicht stellt das Metadatensystem ein Art Hilfesystem dar, das die im Data-Warehouse-System enthaltene Informationsbasis beschreibt. In Verbindung mit einer Navigationskomponente sind die Benutzer in der Lage, selbständig und problemorientiert die benötigten Informationen im Data-Warehouse-System aufgabenwirksam zu suchen und einzusetzen. Zu diesem Zweck wird der Benutzer durch Filter-, Selektions- und Manipulationsfunktionen unterstützt, mit denen er die relevanten Informationsobjekte schrittweise ermitteln kann. Unter der Voraussetzung einer funktional mächtigen Navigationskomponente und vorliegender Zugriffs- und Benutzerberechtigungen kann dann aufgrund der Detailbeschreibungen unmittelbar in das entsprechende Anwendungssystem verzweigt werden. Im Detail stehen dem Benutzer unabhängig von den statischen und dynamischen Metadaten Informationen über die verfügbaren Berichte sowie Berichtsstrukturen und -hierarchien oder Integritäts- und Plausibilitätsprüfungen, Aktualisierungszeitpunkte usw. zur Verfügung.

Neben dem Nutzen für die Benutzer unterstützen Metadaten die Arbeiten der für die Entwicklung, Betrieb und Pflege verantwortlichen Mitarbeiter im Rahmen des Data-Warehouse-Managements. Für sie stellt das Metadatensystem alle notwendigen Informationen zur Planung, Steuerung und Kontrolle der ETL-Prozesse sowie für Administrationsaufgaben bereit.

Die Heterogenität der betrieblichen Applikationslandschaft und die daraus erwachsenen Schwierigkeiten des Betriebs und der Nutzung haben nicht nur bei den Winterthur Versicherungen dazu geführt, dass für die Umsetzung neuer Geschäftsmodelle Integrationsbestrebungen initiiert worden sind. Die Erfüllung gesetzter Ziele erfordert zwar spezialisierte, auf bestimmte Funktionen ausgerichtete Anwendungssysteme. Gleichzeitig müssen jedoch bereichsübergreifende vertikale und horizontale Prozesse zunehmend informationstechnisch integriert werden. Sowohl die wertschöpfenden als auch die führungsunterstützenden Prozesse erfordern die Integration existierender Anwendungssysteme mit definierten betriebswirtschaftlichen Funktionalitäten. Überträgt man diese Überlegungen auf die verschiedenen Schichten einer Data-Warehouse-Architektur, so wird die Nutzung und der Betrieb erst durch die Integration verschiedener Ebenen möglich. Ein ebenenübergreifendes Metadatenmanagement verspricht hier Abhilfe zu schaffen. Während jede Architekturschicht eine für sie typische ebenenspezifische Funktion wahrnimmt, kann über die Identifizierung verschiedener Integrationsbereiche das Integrationsziel des Metadatenmanagements strukturiert werden. Ein Metadatenmanagement für eine Data-Warehouse-Architektur entsteht durch die Integration sekundärer Informationen der technischen und fachlichen Applikationsarchitektur sowie statischer und dynamischer Aspekte der im Data Warehousing ablaufenden Prozesse.

4 Endbenutzerorientierte Unterstützung des Data Warehousing mittels Metadatenmanagement

Effizienz und Effektivität von Datenanalysen durch Endbenutzer hängen in hohem Mass von der Qualität der Endbenutzerschnittstelle für den Datenzugriff ab (vgl. Devlin, Murphy 1988). In Anlehnung an Devlins Konzept eines Data Warehouse Catalog (vgl. Devlin 1997, S. 140) wird daher der Aufbau eines Warehouse Information Catalogs (WIC) für das Data Warehousing der Winterhur angestrebt. Es handelt sich beim WIC um eine spezifische Anwendung innerhalb des Metadatenmanagement-Systems. Auf der Basis eines zentralen Metadaten-Repositories[1] gibt der WIC dem Endbenutzer einen Überblick über den Inhalt des Data Warehouses und liefert Informationen über Qualität, Nutzungsstatistik und Strukturierung des Inhalts. Der Zweck des WIC ist die Einordnung von Objektdaten in ihren Business Kontext, d. h. die Objektdaten des Data Warehouse werden aus primär fachlicher Sicht dokumentiert (vgl. Devlin 1997, S. 275). Der WIC bietet dem Endbenutzer einen Einstiegspunkt für die Datenanalyse vergleichbar mit dem Telefonbuch „Gelbe Seiten" oder einem Internet-Portal zum Thema Datenanalyse bei der Winterthur. Der Benutzer kann sich mit Hilfe des WIC bspw. einen Überblick über bereits existierende Reports, Füllgrad und Aktualität des Data Warehouses, Data-Mining-Ergebnisse und verfügbare OLAP-Würfel verschaffen. Mit Hilfe dieser Informationen kann er dann bereits vorhandene Auswertungen nutzen oder auf diesen aufbauend neue Auswertungen erstellen.

Für den Entwurf einer auf die spezifischen Anforderungen der Winterthur zugeschnittenen Metadatenmanagement-Systemarchitektur ist es nötig, den Bedarf und das Angebot an Metadaten genauer zu untersuchen. Hierzu werden einerseits Metadaten-Elemente identifiziert, um im Sinne eines Inventars einen Überblick über die relevanten Metadaten zu erhalten. Auf der anderen Seite wird die Architektur durch den Austausch dieser Metadaten-Elemente zwischen den Komponenten eines DWH-Systems in Form von Metadatenflüssen bestimmt. Die Architektur des Metadatenmanagement-Systems wird somit direkt aus den Metadatenanforderungen eines Data Warehouses abgeleitet. Im folgenden werden ausgehend von der konzeptionellen Architektur der Applikationslandschaft zur Datenanalyse bei der Winterthur (MDB, MIS, StatIS sowie die bestehenden Metadatenapplikationen WinRepository und MDB-MetaInfo) Kategorien von Metadaten abgeleitet und die zugehörigen Metadatenelemente identifiziert. Für die Metadatenelemente werden Konsumenten und Produzenten angegeben und der Zweck des Metadatenaustauschs wird beschrieben. Die Beschreibung jeder Kategorie endet mit einem Überblick über mögliche Probleme und Hindernisse bei der Implementierung.

---

[1] Vgl. zu möglichen Architekturvarianten für Metadaten-Repositories (Do, Rahm 2000, S. 8 ff.).

4.1 Metadatenkategorie Begriffe

Für das Verständnis der Daten im Data Warehouse ist es wichtig, dass sämtliche Benutzer die Bedeutung der verwendeten Begriffe kennen bzw. diese nachlesen können. Dabei kann es sich sowohl um technische Fachbegriffe als auch betriebswirtschaftliche Fachbegriffe handeln. Bei der Winterthur sind wesentliche Quellen von Begriffen das MDB-Glossar, die MIS- und StatIS-Hilfe sowie Lotus Notes. Verwendet werden die Begriffe sowohl im WIC als auch in den Analysen und Auswertungen, die mit BI-Tools erstellt werden. Abbildung 2 gibt einen Überblick über produzierende und konsumierende Architekturkomponenten sowie die zugehörigen Datenflüsse.

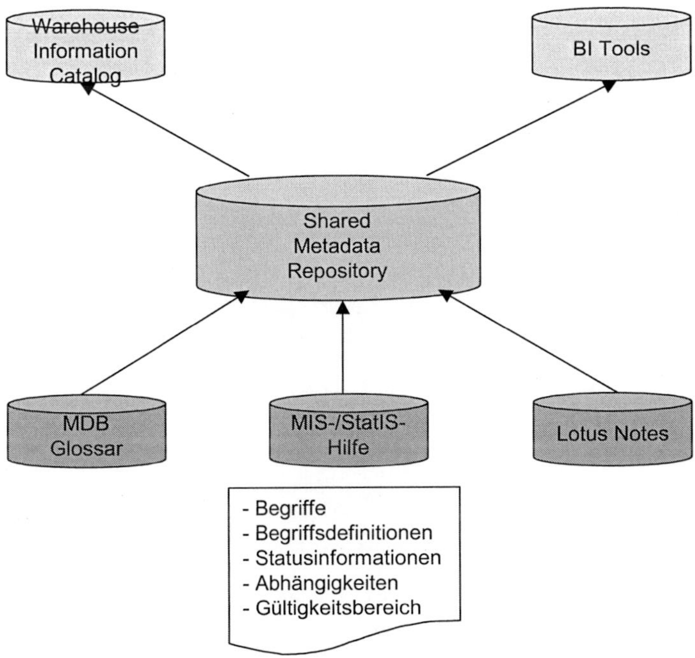

Abb. 2: Metadatenkategorie Begriffe

Neben Begriffsbezeichnungen und -definitionen umfasst die Kategorie Begriffe auch Informationen über den Status des Begriffs (z. B. Gültigkeit, Owner etc.) sowie Informationen über Beziehungen und Abhängigkeiten zu anderen Begriffen sowie den Gültigkeitsbereich.

Neben der Unterstützung durch das Metadatenmanagementsystem erfordert die Begriffsverwaltung insbesondere klare Prozesse zur Abstimmung zwischen beteiligten Interessensgruppen bei Erstellung, Änderung und Abgleich der Begriffe. Ebenfalls geklärt werden muss die Handhabung von Synonymen (verschiedene Begriffe mit gleicher Bedeutung) und Homonymen (gleiche Begriffe mit verschiedener Bedeutung).

4.2 Metadatenkategorie Business Information Directory

Die Metadatenkategorie BID (siehe Abb. 3) bezieht ihre Metadaten aus den BI-Tools (Überblick über vorgefertigte Berichte und deren Ausführung), der ETL-Engine (Protokollinformationen über die Ausführung der ETL-Prozesse und die Staging Area) und den Data Marts (Informationen zu Individuellen Datenauswertungen (IDA), zum Change Management, vorhandene Fakten und Dimensionen sowie zur Datenqualität.)

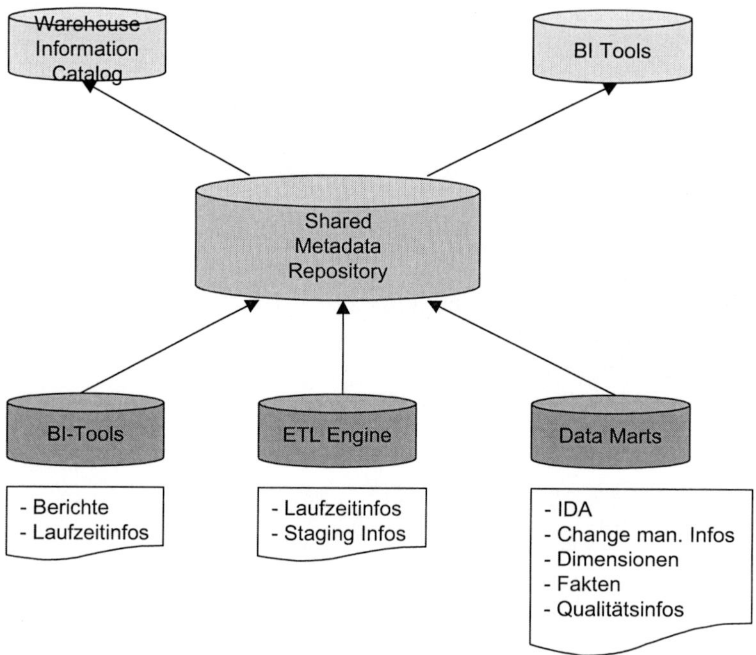

Abb. 3: Metadatenkategorie Warehouse Information Catalog

Problematisch erscheint zum jetzigen Zeitpunkt vor allem die Ermittlung von Informationen zur Datenqualität.

4.3 Metadatenkategorie Data Warehouse Datenbasis

Metadaten dieser Kategorie (vgl. Abb. 4) dienen primär zur Unterstützung der Endbenutzer beim Auffinden und Interpretieren relevanter Daten. Diese Metadaten werden vor allem bei der Nutzung von BI-Tools benötigt und stammen aus einer Vielzahl von Data-Warehouse-Komponenten sowie unstrukturierten Dokumenten (z. B. Dokumentation im Text-Format).

Probleme sind vor allem bei der Integration der unterschiedlichen Sichten auf die Daten (fachlich vs. technisch) und bei Beschreibungen zu erwarten, die in mehreren Sprachen benötigt werden.

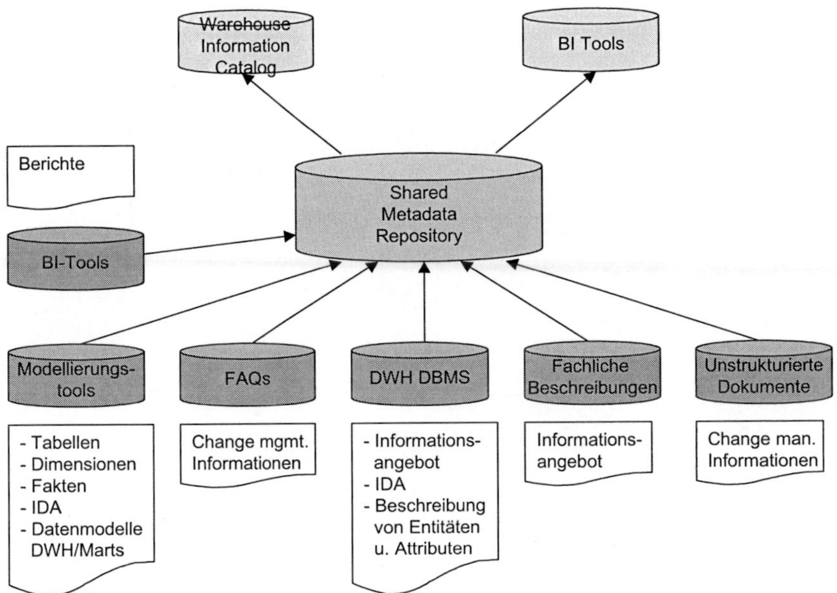

Abb. 4: Metadatenkategorie Data Warehouse Datenbasis

4.4 Metadatenkategorie Ladeinformationen

In dieser Kategorie sind sämtliche Metadaten zusammengefasst, die beim Laden der Daten in das Data Warehouse anfallen (siehe Abb. 5). In den BI-Tools werden diese Metadaten benötigt, um Auskunft über den aktuellen DWH-Status zu erhalten. Produzenten sind in erster Linie die ETL-Engine, das DWH DBMS und zugehörige Scheduling Informationen. Diese liefern Metadaten-Elemente Datenqualitäts- und -umfangsinfos, Logfiles, sowie Lade-Parameter.

Erfahrungsgemäss ist die Nutzung und Akzeptanz solcher zusätzlichen Informationen durch die Endbenutzer am grössten, wenn die Informationen möglichst intuitiv verständlich in grafischer Form aufbereitet werden, z. B. mit Statusanzeigen, die Verkehrsampeln nachempfunden sind.

4.5 Metadatenkategorie Transformation

Transformationsmetadaten dienen zur Bestimmung der Datenherkunft auf fachlicher Ebene, zur Auswirkungsanalyse bei Änderungen auf technischer Ebene sowie zur Versionierung und Historisierung (siehe Abb. 6). Genutzt werden sie in ETL-Tools, Data Marts und BI-Tools, während zu den Produzenten Modellierungstools, ETL-Tools, das DWH DBMS, das WinRepository sowie diverse andere DWH-Tools (z. B. SAS) zählen.

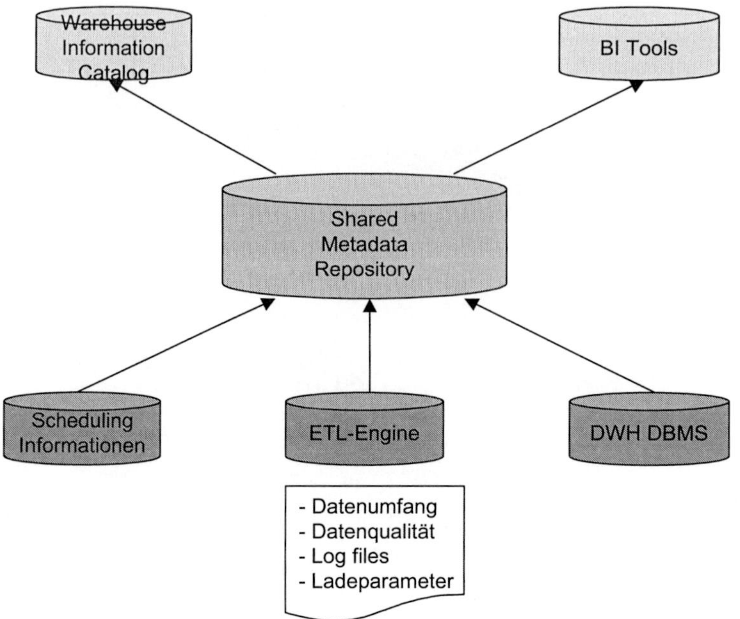

Abb. 5: Metadatenkategorie Ladeinformationen

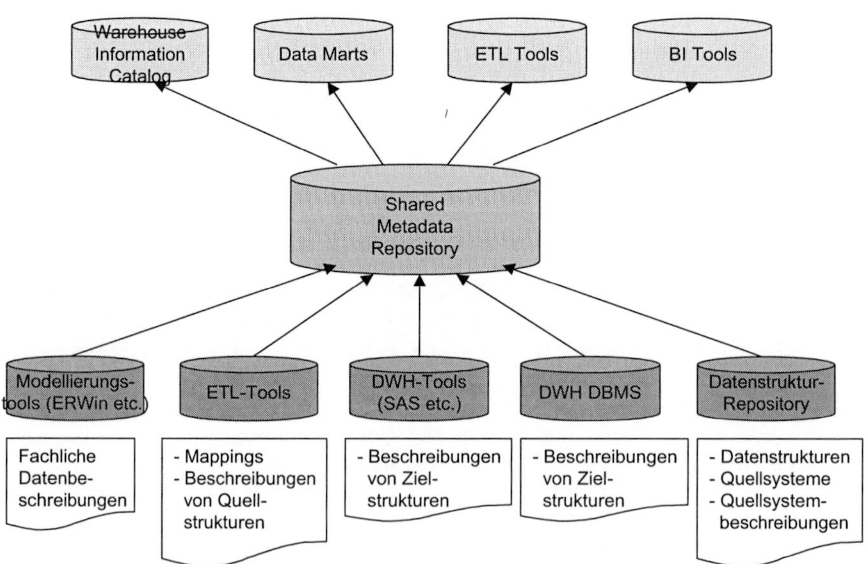

Abb. 6: Metadatenkategorie Transformation

Versionierung und Historisierung sind wichtige Funktionen, die jedoch auch sehr kompliziert zu implementieren sind. Als Hindernisse können sich fehlende bzw. unzureichende Schnittstellen von proprietären Tools (z. B. SAS oder Prism) erweisen.

4.6 Metadatenkategorie Rollenmodell/Sicherheit

Metadaten aus den Bereichen Rollenmodell und Sicherheit lassen sich zur Automatisierung von Administrationsprozessen sowie zu Dokumentationszwecken nutzen. Bei Metadaten dieser Kategorie handelt es sich um Benutzerprofile, Rollenbeschreibungen, Zugriffsrechte und Parameter (siehe Abb. 7).

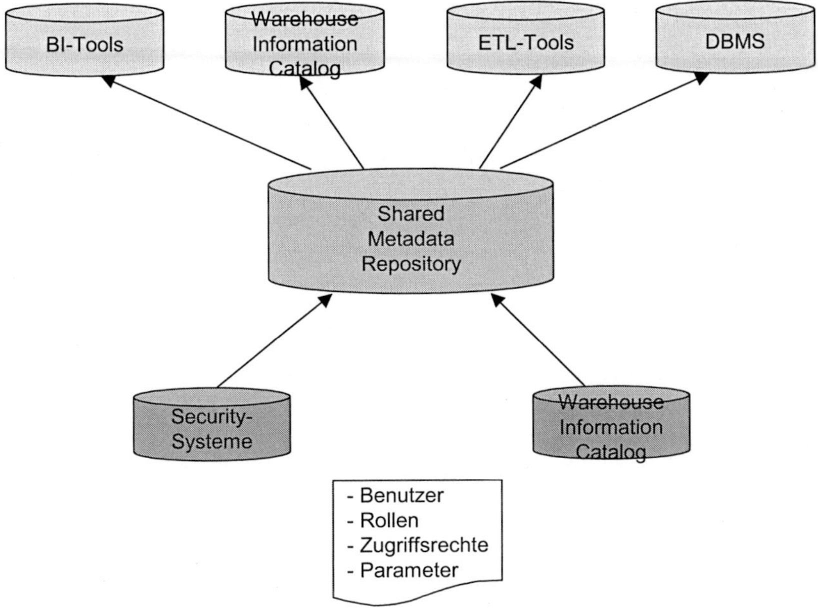

Abb. 7: Metadatenkategorie Rollenmodell/Sicherheit

Produzenten hierfür sind die diversen Security-Systeme sowie der WIC. Genutzt werden diese Metadaten in BI-Tools, ETL-Tools, dem DWH DBMS und im WIC.

Problematisch ist auch hier die Extraktion der Metadaten aus den sie verwaltenden Applikationen.

4.7 Bewertung der Metadatenkategorien

Um erste Anhaltspunkte für eine Bearbeitungsreihenfolge für die identifizierten Metadatenkategorien zu erhalten, wurde von der Autorengruppe eine Bewertung der Kategorien aufgrund der bisherigen subjektiven Erfahrungen mit Metadaten in den einzelnen Projekten vorgenommen. Als Kriterien für die Bewertung wurden der Nutzen der Kategorie für das Data Warehousing der Winterthur, der momentane Abdeckungsgrad durch existierende Teillösungen sowie der zu erwartende Aufwand für die Umsetzung herangezogen. Für den Aufwand wurde darüber hinaus zwischen der nötigen personellen Kapazität sowie der Komplexität der Kategorie unterschieden. In den einzelnen Kategorien wurden jeweils Noten von 1 bis 6 vergeben, wobei die Note 1 für die stärkste Ausprägung in diesem Kriterium und die Note 6 für die schwächste Ausprägung steht. Auf dieser Grundlage wurde anschliessend eine Reihenfolge für die Bearbeitung ermittelt. Tabelle 3 stellt die Ergebnisse der Bewertung zusammen:

Metadaten-kategorie	Nutzen	Abdeckung	Aufwand	
			Manpower	Komplexität
Begriffe	3	2	2	1
BID	4	4	5	4
Datenbasis	1	1	4	5
Ladeinfos	5	5	6	6
Transformation	2	3	3	3
Rollen/Sicherheit	6	6	1	2

Tab. 3: Bewertung der Metadatenkategorien

Unter der Annahme, dass mit der Kategorie mit dem grössten Nutzen und dem geringsten Aufwand begonnen werden sollte, und bei einer Gleichgewichtung der genutzten Kriterien ergibt sich somit folgende Bearbeitungsreihenfolge:

1. Datenbasis
2. Ladeinfos
3. Transformation / BID
4. Begriffe
5. Rollenmodell/Sicherheit.

Diese grobe Bewertung der Kategorien kann jedoch nur ein erster Anhaltspunkt sein, da ihr lediglich subjektive Einschätzungen zugrunde liegen. Für die Durchführung eines konkreten Projekts ist auf jeden Fall eine Wiederholung der Bewertung auf der Grundlage einer detaillierten Analyse der konkreten Situation erforderlich. Der Umfang der Kategorien wurde zunächst bewusst nicht präzise festgelegt und muss für ein individuelles Projekt noch schärfer abgegrenzt werden.

5 Konzeptionelle Architektur eines integrierten Metadatenmanagement-Systems

In der Praxis ergibt sich der Bedarf nach einem Metadatenmanagement meist während oder sogar erst nach dem Aufbau des Data-Warehouse-Systems. Das führt zu der Situation, dass bereits eine Anzahl von Werkzeuge zum Betrieb des Data-Warehouse-Systems im Einsatz ist, die wiederum bereits Metadaten erzeugen und nutzen. Beispiele sind ETL-Tools, welche die ETL-Prozesse mit Hilfe von Metadaten steuern oder das DBMS für das Kern-Data-Warehouse, das die Datenbankstruktur in einem Data Dictionary verwaltet. Das Data-Warehouse-System besteht also aus einer Reihe von Software-Komponenten, die untereinander in Beziehung stehen. Dieses Software-System benötigt zur Ausführung eine Infrastruktur, bestehend aus Hardware-Komponenten und Kommunikationsnetzwerk. Vollständig betrachtet besteht das Data-Warehouse-System also aus den Teilsystemen Software-System und Technik-Infrastruktur. Die Spezifikation und Dokumentation der Komponenten und Beziehungen eines Systems bezeichnet man als seine Architektur. In der Literatur wird in diesem Zusammenhang in Anlehnung an das Bauwesen auch von einem Bauplan gesprochen. Nach dieser Auffassung gehören zu einer Architektur ebenfalls die Konstruktionsregeln für diesen Bauplan.

Im folgenden wird die konzeptionelle Architektur des Metadatenmanagement-Systems als Teilsystem des Data-Warehouse-Systems betrachtet. Wir beschränken uns dabei auf die Software-Architektur und klammern die Hardware-Infrastruktur zunächst aus. Dies liegt in dem Umstand begründet, dass die Software-Komponenten des Data-Warehouse-Systems und auch des Metadatenmanagement-Systems meist kommerzielle Software-Produkte sind, für die bezüglich der Infrastruktur bereits spezifische Anforderungen vorgegeben sind, die nicht umgangen werden können. Die konzeptionelle Architektur als bestimmter Typ von Architektur trägt dem Umstand Rechnung, dass es sich um die ersten Entwurfsentscheidungen im Entwicklungsprozess handelt, bei denen noch nicht alle Bedingungen bekannt sind. Trotzdem handelt es sich um sehr schwerwiegende Entscheidungen, da Fehler in diesem Stadium der Entwicklung später nur noch mit hohem Aufwand zu korrigieren sind. Die konzeptionelle Architektur ist von zentraler Bedeutung für das Erreichen der gesteckten Funktionalitäts- und Qualitätsziele (vgl. Bachmann et al. 2000).

Im Mittelpunkt der Architektur eines Metadatenmanagement-Systems steht in der Regel ein *Repository*, in dem Metadaten aus unterschiedlichen Quellen integriert werden (vgl. z. B. Tannenbaum 1994, S. 263 ff.). Ein Repository ist eine spezielle Datenbankanwendung, die „Informationen über Objekte der Softwareproduktion (z. B. Programme, Datenfelder, Masken, Listen), deren Beschreibungen und Beziehungen untereinander verwaltet, auswertet und bereitstellt" (Habermann, Leymann 1993, S. 15). Byrne und Golder führen als wichtige Eigenschaft eines Repository und als Unterscheidungsmerkmal gegenüber Data Dictionaries zusätzlich die Erweiterbarkeit des Datenschemas an, in dem ein Repository Metadaten ablegt (Byrne, Golder 2003, S. 3). Beim Entwurf der Architektur für ein Metadatenmanagement-System bei den Winterthur Versicherungen konnte auf ein konzeptionelles Architekturmodell zurückgegriffen werden, das im CC DW2 zusammen mit sieben anderen Partnerunternehmen und dem Institut für Wirtschaftsinformatik der Universität St. Gallen entwickelt wurde. Das CC DW2 bzw. das Vorgängerprojekt CC DWS beschäftigt sich seit Anfang 2000 mit dem Metadatenmanagement für Data-

Warehouse-Systeme. Die Architektur für das Metadatenmanagement wurde in einer Reihe von Workshops und Diskussionsrunden mit Experten entwickelt und schrittweise verbessert.

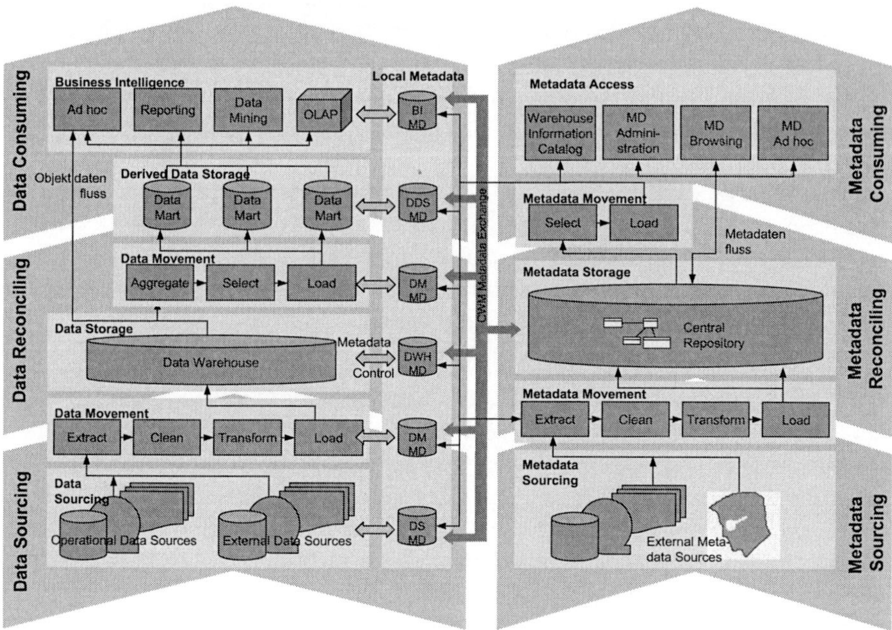

Abb. 8: Konzeptionelle Architektur für ein metadatenunterstütztes Data-Warehouse-System (in Anlehnung an Auth et al. 2002)

Ausgangspunkt ist die klassische DWH-Architektur, die operative Daten über mehrere Transformationsschichten zu analytischen Daten integriert. Auf allen Schichten der DWH-Architektur werden während Entwicklung und Betrieb der dort eingeordneten Software-Komponenten (Werkzeuge, Datenbanken, Schnittstellen etc.) fortwährend Metadaten produziert und konsumiert (z. B. Datenstrukturen, ETL Mappings oder Feldbeschreibungen). Typischerweise werden diese Metadaten in den zugehörigen Komponenten verwaltet, ohne dass andere Komponenten direkten Zugriff auf diese Metadaten haben (z. B. DBMS Catalog mit Schemadefinitionen der DWH-Datenbank). In der konzeptionellen Architektur sind diese lokalen Metadatenbestände in der Schicht „Local Metadata" zusammengefasst.

Ähnlich wie das Data Warehousing zielt das Metadatenmanagement auf die Errichtung und den Betrieb einer Logistik für die Versorgung des Data-Warehousing-Prozesses mit Metadaten. Neben den lokalen Metadaten des DWH-Systems existiert eine Fülle von Metadaten in Form von unstrukturierten Dokumenten (z. B. Benutzerhandbücher) und als Wissen der am Data Warehousing beteiligten Personen (vgl. Devlin 1997, S. 57), die für eine Verarbeitung im MDMS strukturiert und codiert werden müssen. In Abb, 8 sind diese externen Metadaten auf der Schicht „External Metadata" dargestellt. Die Integration von externen Metadaten mit den Metadaten der „Local Metadata"-Schicht wird durch ein zentrales Metadaten-Repository realisiert. Durch die Speicherung im Repository wird darüber hinaus eine werkzeugunabhängige Versionierung und Konfigurationsbildung für die Metadaten ermöglicht. Zugleich dient das Repository den DWH-Komponenten als Drehscheibe zum Austausch von lokalen Metadaten. Es handelt sich um eine verteilte Architektur, bei der das zentrale Repository ein gemeinsames Metamodell auf Basis des Common Warehouse Metamodell der OMG implementiert (vgl. CWM 2001). Der Austausch der Metadaten erfolgt mit Hilfe eines standardisierten Austauschmechanismus, der auf dem XML Metadata Interchange (XMI) Standard beruht (vgl. XMI 2002). DWH-Komponenten, die diesen Mechanismus nutzen wollen, müssen einen sog. Adapter implementieren, der die interne Repräsentation der Metadaten auf das gemeinsame Metamodel abbildet und damit externalisiert. Als Austauschformat sieht das CWM die Metasprache XML vor. Der Einsatz von XMI ermöglicht eine regelbasierte Generierung von XML-Dokumenten, wodurch komplette Metamodelle, Teilmengen von Metadaten oder werkzeugspezifische, d. h. nicht standardkonforme Metadaten in einem Erweiterungsformat ausgetauscht werden können.

Zum Zeitpunkt der Studie begannen die Hersteller von DWH-Tools allerdings gerade erst mit der Implementierung des CWM-Standards in ihre Produkte. Mit der ersten Generation von Tools, die den Standard unterstützen, war also erst bei Erscheinen der jeweils nächsten Version der Tools zu rechnen. Somit waren auch die Möglichkeiten für den Austausch von Metadaten über einen CWM-konformen XMI-Mechanismus stark eingeschränkt. XMI ist zwar ein offener Standard und könnte somit bei einer Eigenentwicklung eingesetzt werden; die zu erwartenden Aufwände sind allerdings vergleichsweise hoch. Da einem Einsatz eines CWM-basierten Metadaten-Austauschmechanismus zu diesem Zeitpunkt also grosse Hindernisse im Weg standen, musste es eine Alternative für den Metadaten-Austausch geben. Aus diesem Grund umfasst der rechte Teil der konzeptionellen Architektur mit dem eigentlichen Metadatenmanagement-System analog zu den Data-Movement-Schichten des DWH-Teils spezielle Metadata-Movement-Schichten. Die untere der beiden Schichten enthält Software-Komponenten zur Extraktion der Metadaten aus den lokalen Metadatenspeichern der DWH-Komponenten sowie aus externen Metadatenquellen, die auch unstrukturiert sein können. Die Metadata-Movement-Schicht sorgt für die Aufbereitung dieser Metadaten und steuert das Laden der Metadaten in das zentrale Metadaten-Repository. Über dem Metadaten-Repository gewährleistet eine zweite Metadata-Movement-Schicht die korrekte Rückführung von benötigten Metadaten in die DWH-Komponenten sowie die Komponenten der Metadata-Access-Schicht.

Die Architekturkomponenten zur Nutzung der Metadaten orientieren sich an den grundlegenden Nutzungsaspekten „Unterstützung von Entwicklung und Betrieb des DWH-Systems" sowie „Unterstützung der Nutzung des DWH-Systems". Entwicklung und Betrieb profitieren primär durch aktive Metadaten-Nutzung der DWH-Komponenten. Für die Endbenutzer werden analytische Applikationen bereitgestellt, die eine Auswertung des Metadaten-Repositories erlauben (vgl. Bauer, Günzel 2001, S. 329). In ähnlicher Weise wie das Data Warehouse die Basis für unterschiedlichste analytische Anwendungen ist (z. B. OLAP, Data Mining), kann ein zentrales Metadaten-Repository unterschiedliche Metadaten-Applikationen bedienen, die nur auf eine bestimmte, daraufhin optimierte Teilmenge des Metadatenbestandes zugreifen. Neben diesen eher endbenutzerorientierten Anwendungen, ist es erforderlich, eher technische Benutzer mit den notwendigen Schnittstellen auszustatten, um auf dem Inhalt des Repositories direkt zu navigieren und ihn zu durchsuchen. Darüber hinaus ist eine Administrationskomponente erforderlich, mit deren Hilfe die Verfügbarkeit des Repositories gewährleistet werden kann. Andere denkbare Metadaten-Applikationen unterstützen z. B. das Management von Begriffssystemen oder die Abfrage von Qualitätsinformationen.

6 Varianten für die Realisierung eines Metadatenmanagement-Systems für die Winterthur

Zum Zeitpunkt der Studie erfüllten die vorhandenen Metadaten-Lösungen (MetaInfo, MIS-/StatIS-Hilfe, WinRepository) ihre jeweiligen begrenzten Einsatzzwecke in befriedigendem Masse. Könnte man davon ausgehen, dass sich die Applikationslandschaft für die Datenanalyse bei der Winterthur langfristig nicht grundlegend ändert, wäre auch das Beibehalten des Status Quo eine gangbare Alternative. Mit den jetzigen Bedingungen ist allerdings kein umfassendes, integriertes Metadatenmanagement möglich und die Nutzenpotenziale einer solchen Lösung können nur teilweise ausgeschöpft werden.

Aus den vorangegangenen Ausführungen wird deutlich, dass es für die Realisierung eines integrierten Metadatenmanagement für das Data Warehousing bei der Winterthur grundsätzlich drei verschiedene Varianten gibt. Diese Varianten werden im folgenden beschrieben und auf ihre Machbarkeit unter wirtschaftlichen Gesichtspunkten hin analysiert.

6.1 Variante 1: Ausbau von MDB-MetaInfo

MetaInfo entstand, um die Antworten auf sich ständig wiederholende Fragen von Business Usern und Extraktionsteam an das MDB-Team allgemein verfügbar zu machen. Es handelt sich nicht in erster Linie um eine Metadatenverwaltungssystem, sondern eher um ein Dokumentationstool für die Datenbank. MetaInfo wurde in erster Linie für Business User von MDB entwickelt, um diesen Metadaten mit speziellem Fokus auf die Marketing-Datenbank zur Verfügung zu stellen. Das Tool deckt daher auch nur einen Teil der unter Absatz 4 identifizierten Metadatenkategorien ab. Da die Lösung möglichst schnell und mit geringem Aufwand umgesetzt und die

Notwendigkeit von Benutzerschulungen vermieden werden sollte, entschied man sich bei der Realisierung für Microsoft Access. Bereits existierende Metadaten in vorhandenen Tools sollten damit wiederverwendet werden können. MetaInfo hat sich für den ursprünglich vorgesehenen Einsatzzweck gut bewährt und erfüllt seine vorgesehene Funktion.

Um MetaInfo zu einem umfassenden Metadatenmanagement-System auszubauen, müssten in der Endausbaustufe sämtliche Metadatenkategorien abgedeckt werden. Hierzu wäre es erforderlich, eine Schnittstelle zum WinRepository sowie zu anderen in Absatz 4 identifizierten Metadaten-Produzenten zu implementieren, um Metadaten aus diesen Systemen nach MetaInfo überführen zu können. Die Benutzerschnittstelle von MetaInfo ist momentan speziell auf die Anforderungen der MDB-Benutzergruppen zugeschnitten. Die Benutzung erfolgt aus dem MDB-Kontext und ist ohne Kenntnisse des MDB-Systems nicht ohne ein Minimum an Schulungsaufwand möglich. MetaInfo verfügt momentan nicht über ein Web-Interface, um Metadaten über das Intranet verfügbar zu machen.

Auch durch den Einsatz von Access entstehen einige Limitierungen: Zunächst ist die Nutzung von MetaInfo auf Windows-Plattformen beschränkt. Weiterhin ist Access eine sogenannte Desktop-Datenbank und skaliert nicht in befriedigendem Masse bei einer grossen Anzahl von Benutzern und grossen Datenmengen. Zwar kann Access als Front-End seine Daten von nahezu jedem relationalen Datenbankserver beziehen, allerdings würde dies eine Migration nötig machen, die wiederum mit Entwicklungsaufwand verbunden ist.

6.2 Variante 2: Ausbau des WinRepositories

Das WinRepository basiert auf einem Repository-Produkt der Firma Platinum (mittlerweile von Computer Associates übernommen) und weist dadurch einige Vorteile im Vergleich zu MetaInfo/Access auf. Die Repository-Komponente läuft unter OS/390 und ist für einen anspruchsvollen Einsatz unter grösserer Last ausgelegt. Zusätzlich ist ein Web-Client verfügbar, der es ermöglicht, von jeder beliebigen Betriebssystem-Plattform über einen Webbrowser auf das Repository zuzugreifen. Allerdings bietet der Web-Client momentan nur rudimentäre Funktionalitäten und müsste für einen grossflächigen Einsatz noch weiter ausgebaut werden. Auf dem WinRepository laufen momentan bereits mehrere Anwendungen zur Verwaltung von Metadaten für operative (Backend)-Systeme. Das Produkt wurde allerdings von der Firma CA unter dem Namen Advantage Repository weiterentwickelt und wird explizit auch für die Verwaltung von Metadaten für Data-Warehouse-Systeme positioniert. Das Repository verfügt über ein API, über das nahezu beliebig auf die Inhalte zugegriffen werden kann. Als vollwertiges Repository-Produkt werden darüber hinaus spezielle Funktionen für Versionierung, Auswirkungsanalysen (Impact analysis) sowie standardisierte Benennungen (Naming standards) zur Verfügung gestellt.

Um die momentan nicht abgedeckten Metadatenkategorien in das WinRepository mit aufzunehmen und es somit zu einer umfassenden Metadatenverwaltung auszubauen, wäre zunächst eine Anpassung und Erweiterung bzw. die Neuerstellung eines eigenen Datenmodells für DWH-Metadaten nötig. Ebenso wie bei Variante 1 müssten zudem Schnittstellen zu den diversen Metadatenproduzenten entwickelt werden. Dies wird allerdings durch das Repository-Produkt mit einer Anzahl von vorgefertigten Scannern und Schnittstellen unterstützt. Eine weitere wichtige Massnahme wäre der Ausbau des Web-Interfaces. Für den Entscheid, das WinRepository weiter auszubauen, müsste weiterhin der langfristige Produkt-Support durch den Hersteller sichergestellt werden.

6.3 Variante 3: Beschaffung eines dedizierten DWH-Metadaten-Werkzeugs

Die Beschaffung eines neuen Metadaten-Werkzeugs würde bedeuten, die Thematik Metadaten von Anfang an neu aufzurollen. Hierzu müsste ein umfassendes Projekt mit dem entsprechenden Management-Support aufgesetzt und mit hoher Wahrscheinlichkeit auch externes Berater-Know-How eingekauft werden. Voraussetzung für den Erwerb eines neuen Tools wäre eine gründliche Marktanalyse und anschliessende Tool-Evaluation. Für die Umsetzung dieser Variante würde zunächst der grösste Ressourcenverbrauch anfallen, der allerdings unter Umständen mittel- bis langfristig durch ein leistungsfähiges, auf Metadatenmanagement spezialisiertes Tool wieder kompensiert werden könnte. Anzumerken ist, dass nach heutigem Wissensstand der Autoren auf dem Markt kein Tool verfügbar ist, das die beschriebenen Anforderungen vollständig abdeckt.

6.4 Ein Vorschlag für das weitere Vorgehen

Auf Basis der vorliegenden Studie wird folgendes weiteres Vorgehen empfohlen:

- Detailanalyse und Vergleich der skizzierten Varianten. Hierbei sind besonders die Kriterien Machbarkeit und Wirtschaftlichkeit zu berücksichtigen. Auf dieser Grundlage kann der Ressourcenverbrauch der jeweiligen Varianten fundiert eingeplant werden. Danach erfolgt die Auswahl einer Variante zur Realisierung eines Metadatenmanagements. Zunächst sollte die Variante mit der besten Einschätzung hinsichtlich Machbarkeit und Aufwand-/Nutzenverhältnis ausgewählt werden. Schliesslich werden eine oder mehrere der zentralen Metadatenkategorien für ein Pilotprojekt ausgewählt. Aus den zuvor beschriebenen Metadatenkategorien sollten unter Nutzung der beschriebenen sowie gegebenenfalls weiterer Kriterien die wichtigsten Kategorien ausgewählt werden, die dann zunächst in einem Pilotprojekt realisiert werden.
- Durchführen eines Pilotprojektes. Das Pilotprojekt dient zum einen zur Überprüfung der Machbarkeit unter den realen Bedingungen in der Winterthur und zum anderen zum Erzielen erster Ergebnisse.